양도소득세 절세 전략

양도박사 송견근과 함께하는

양도소득세 절세 전략

송견근 지음

어깨 위 망원경

프롤로그

세금, 피할 수 없으면 그 세금을 디자인하자! 양도소득세, 취득세, 증여세, 상속세 등 다양한 세금을 모두 디자인하자!
양포세무사, 임포세무사라는 신조어까지 생길 정도로 양도소득세 등 부동산 관련 세금(세법)은 어렵고 상당히 복잡하다.
양포세무사란 양도소득세 신고 수임을 포기하는 세무사를 뜻하며, 임포세무사는 주택임대소득세 신고 수임을 포기하는 세무사를 가리킨다.

안 그래도 복잡하고 어려운 세법인데 정부 정책에 따라 세법이 수시로 개정이 되고 있다. 오죽하면 누더기 세법이라는 말이 나오고 각자도생이라는 말까지 나오고 있을까.

세금, 내가 스스로 알아서 잘 챙겨야 한다. 물론 그래야 한다는 걸 모르지 않는다. 하지만 어렵다. 그래서 세무 전문가의 도움이 필요한 것이다. 전문가의 도움을 받아 절세해야 한다. 즉, 세금도 디자인이 필요하다는 뜻이다.

본 저자는 공인중개사 및 양도소득세 등 부동산 세금에 큰 관심을 가지고 있는 투자자부터 앞으로 부동산 세금을 접하게 될 수도 있는 분들까지, 모든 분들의 절세 전략에 작은 도움이 되길 바라는 마음으로 이 책을 집필하게 되었다.

이 자리를 빌려 대전 멘토포럼 회원분(임원진 등 포함)들과 저자를 알고 있는 모든 분들께 감사의 말씀을 드린다. 그리고 사랑하는 나의 가족, 아내 김혜진, 딸 송아영, 아들 송승언. 항상 고맙고 사랑해요. I love you forever. 그리고 주기적으로 치료를 받고 있는 처남(김덕환)의 빠른 완치를 기원합니다.

2025년 10월의 어느 날, 대전 서구 용문동에서

양도박사 송견근

머리말

한순간의 잘못된 판단으로 양도소득 비과세가 부인되어 적게는 수백만 원에서 많게는 수천·수억 원까지 추징(가산세 포함)당하는 안타까운 상황을 자주 본다.

CASE 1   아파트 1채(종전주택)와 다가구주택 1채(신규주택)를 보유하고 있는 1세대가 신규주택을 취득한 날부터 3년 이내에 종전주택을 양도(일시적 2주택 비과세)하였으나 다가구주택에서 사용하는 주택의 층수가 4개 층(다세대주택)에 해당하여 비과세를 부인당한 경우. (결과적으로 가산세 포함 1억 원이 넘는 양도소득세 등 납부)

CASE 2   다가구주택 1채를 보유하고 있는 1세대가 다가구주택을 양도하였으나 주택으로 사용하는 층수가 4개 층에 해당하여 주인세대 외 나머지 전부를 비과세 부인당한 경우.

CASE 3   시골에 농가주택 1채, 그리고 도시에 아파트 1채를 보유하고 있는 1세대가 시골에 있는 농가주택은 주택의 수에서 제외한다는 말을 듣고 도시 아파트를 양도하였으나 2주택에 해당하여 양도소득세 비과세를 부인당한 경우.

CASE 4   주거용 오피스텔과 아파트 1채를 보유하고 있는 1세대가 오피스텔은 주택이 아닌 업무용으로 되어 있고 임차인도 전입신고를 하지 않았으니 해당 오피스텔이 주택이 아니라고 판단하여 아파트를 양도하였으나 2주택에 해당하여 양도소득 비과세가 배제되어 1억 원이 넘은 세금을 추징당한 경우.

CASE 5   취득세를 6백만 원 정도로 생각하고 주택분양권을 취득했는데 5천만 원 넘게 납부를 한 경우.

CASE 6   ⇒ 2주택(A, B)을 보유하고 있는 1세대가 주택분양권(C)을 취득한 경우로서 C분양권에 의해서 완성되는 C주택의 잔금을 납부하기 이전에 기존주택을 처분한다고 해도 C주택의 취득세는 1.1%가 아닌 8.4%다(非 조정대상지역의 경우).

앞선 사례에서 보듯이 부동산 매매 등에서 발생하는 소득에 부과되는 양도소득세는 개인의 재정에 큰 영향을 미친다. 따라서 부동산 등을 거래하는 데에 있어서 이를 정확히 이해해야 한다.

세법은 복잡하다. 심지어 다양한 경제 현상과 급변하는 조세정책을 수시로 반영하여 개정된다는 특수성 때문에 더욱 어렵고 복잡하다. 특히 양도소득세 관련 세법은 정부 정책에 따라 수시로 개정되고 있으며, 때로 조세저항이 미비한 부분은 소리소문없이 개정되기도 한다.

또한 소득세법, 특히 양도소득세 항목은 경우의 수가 워낙 많고 상당히 복잡하다. 그러다 보니 일반인뿐만 아니라 공인중개사나 세무업계 종사자분들도 올바르게 세법을 이해하고 적용하는 데 상당한 어려움을 겪고 있다.

이 책은 개인 재정의 손실을 줄이고 위와 같은 어려움을 해소할 수 있도록 최신 법령 및 사례와 설명을 통해 독자들이 복잡한 세법을 쉽게 이해하고 적용할 수 있도록 기획되었다.

세법은 용어부터가 어렵다 보니 누구나 편하게 읽을 수 있도록 최대한 쉽게 설명을 하였다. 특히 그중에서도 양도소득세에 대한 깊이 있는 이해를 돕기 위해 노력하였다.

이 책은 많은 분들이 큰 관심을 갖고 있는 아파트 등 주택의 양도소득세와 취득세에 주안점을 두고 있다. 임대주택 그리고 농지 등 토지에 대한 양도소득세도 다루고 싶었지만, 그러기 위해서는 책의 부피가 너무 늘어나게 되고, 결국 독자분들의 피로감만 증가할 것이라 생각했다.

이 책에서 다루지 않는 증여세·상속세 및 주택임대사업자 등의 거주 주택 비과세와 농지·임야 등에 대한 세금은 후속편에서 다룰 예정이다.

Tax 세금을 디자인하는 남자

세법은 정부 정책에 따라 수시로 개정이 되고 있고, 또한 매우 어렵고 복잡하다. 필요하다면, 국세상담센터(126번)로 문의하거나 세무사 사무소 등을 방문하여 도움을 받으시길 바란다. 실무 적용 시에는 해당 세법 등을 꼭 확인하시길 바란다. 최신 개정 세법 등 각종 세법 개정안 등은 저자의 네이버 블로그 〈양도박사 송견근 「세금을 디자인하는 남자」〉와 네이버 카페 〈세금을 디자인하는 카페〉에서도 확인하실 수 있다.

- 블로그   https://blog.naver.com/taxtour4848
- 카페   https://cafe.naver.com/taxtour4848

목차

프롤로그   4
머리말   6

01. 양도소득세 세율   15
02. 장기보유특별공제   31
03. 양도 또는 취득시기   39
04. 1세대 1주택 비과세   49
05. 보유기간 및 거주기간의 제한을 받지 않는 경우   83
06. 상생임대주택에 대한 비과세 특례   103
07. 일시적 2주택 비과세   121
08. 일시적으로 3주택 이상이 된 경우   185
09. 인구감소지역주택 비과세 특례규정   193
10. 증여받은 부동산 등을 양도하는 경우   207
11. 상속받은 주택으로 2주택이 된 경우   223
12. 주택임대사업자 등이 임대주택 외 일반주택을 양도하는 경우   271
13. 고가주택 및 고가 겸용 주택   285
14. 재건축·재개발 입주권 등을 양도하는 경우   299
15. 취득세   319

부록

부록 1.	2024년 8.8 부동산 대책	377
부록 2.	2024년 세법 개정안	379
	– 증여세·상속세 과세표준 인하 및 공제액 상향 개정안 포함	
부록 3.	2024년 세법개정에 따른 후속 시행령 개정	384
부록 4.	증여세·상속세 세율(법 개정안 포함)	390
부록 5.	종합부동산세	392
부록 6.	주택임대소득에 대한 소득세 과세	397
부록 7.	2025년 세법 개정안	400
부록 8.	유산취득세[1]로 상속세 과세체계 전면 개편에 따른 세법 개정안	405

마치며	413

> 세법은 변화무쌍하다. 실무 적용 시에는 최신 세법과 최신유권해석 등을 꼭 확인할 필요가 있다. 또한 유권해석은 자주 변한다. 저자가 작성한 각종 사례에 대한 유권해석은 언제든지 바뀔 수 있다. 따라서 최신 세법과 최신유권해석을 우선으로 한다.

---

1) 증여세, 취득세처럼 각자 받은 재산을 가지고 상속세를 계산하여 신고 납부.

01

양도소득세 세율

■ 1년 이상 소유한 나대지 위에 주택을 지어 1년 미만 소유한 주택과 부수토지를 함께 양도하는 경우

"100분의 70의 세율을 적용하여 계산한 금액을 그 산출세액으로 하는 것입니다." (기획재정부 재산세제과-1354, 2022.10.27.)

상가주택 복합건물을 1년 이상 2년 미만 보유하고 양도하는 경우

"주택부분과 상가부분을 구분하여 주택부분은 일반세율, 상가부분은 40%의 세율을 적용하는 것임." (서면-2016-부동산-4318, 2016.12.12.)

즉, 2025.1.1.의 세율을 기준으로 하면 주택부분은 60%, 상가부분은 40%의 세율을 적용한다.

양도소득세 세율

1. 양도소득세 세율 2025.1.1. 기준

1) 누진세율 (보유기간 2년 이상) ※10% 지방소득세 별도

과세표준	① 누진세율	비사업용 토지	누진공제액
1,400만 원 이하	6%	16%	-
1,400만 원 초과~5,000만 원 이하	15%	25%	126만 원
5,000만 원 초과~8,800만 원	24%	34%	576만 원
8,800만 원 초과~1억 5천만 원	35%	45%	1,544만 원
1억 5천만 원 초과~3억 원 이하	38%	48%	1,994만 원
3억 원 초과~5억 원 이하	40%	50%	2,594만 원
5억 원 초과~10억 원 이하	42%	52%	3,594만 원
10억 원 초과	45%	55%	6,594만 원

① 누진세율: 이 책에서는 '기본세율' 또는 '일반세율'이라 한다.

양도소득세 세액을 산출하는 계산법

※ 합산 대상 소득금액 또는 차손이 없다는 전제

※ 250만 원 기본공제 가능 전제

❶ 양도차익 = 양도가액 − 취득가액 등 각종 필요경비

❷ 양도소득금액 = ❶ 양도차익 − 장기보유특별공제액

❸ 양도소득 과세표준 = ❷ 양도소득금액 − 250만 원(양도소득 기본공제)

▲ 비전문가도 양도소득 ❸ 과세표준 여기까지는 어렵지 않게 계산할 수 있다.

❹ 양도소득세 = 과세표준 × 세율 − 누진 공제

과세표준이 230,000,000원이라고 했을 때, 양도소득세를 빠르게 계산하는 방법

230,000,000원 × 38% − 1,994만 원(누진 공제) = 67,460,000원(양도소득세)

지방소득세는 67,460,000원 × 10% = 6,746,000원이다.

2) 보유기간 2년 미만 (단일세율)

※ 10% 지방소득세 별도

보유기간	양도하는 자산	'21.06.01. 전(前)	'21.06.01. 이후
1년 미만	주택 외	50%	50%
	주택 (입주권 포함)	40%	70%
2년 미만	주택 외	40%	40%
	주택 (입주권 포함)	누진세율	60%
2년 이상	주택 외	누진세율	6%~45% (누진세율)
	주택 (입주권 포함)		

3) 주택분양권을 양도하는 경우

구분	보유기간	'21.06.01. 전(前)	'21.06.01. 이후		
非 조정지역	1년 미만	50%	전국	1년 미만	70%
	2년 미만	40%			
	2년 이상	누진세율		1년 이상	60%
조정대상지역	보유기간에 상관없이	50% (예외규정 있음)			

- 조합원입주권·상가분양권·주거용 오피스텔 분양권은 3)번 세율을 적용하지 않고, 보유기간에 따라 1)번 일반세율 또는 위 2)번 세율을 적용한다.

- 2021.05.31. 이전 양도소득세 세율 개정 연혁은 저자의 블로그에서 '양도소득세 세율'로 검색한 후 찾고자 하는 년도의 세율을 확인하시기 바랍니다.

양도소득세가 중과되는 다주택자가 **조정대상지역에 있는 주택을 양도하는 경우**에는 양도소득세 세율을 중과[2]하고 있으나 2년 이상 보유한 주택을 '22.5.10.~'26.5.9.까지 양도하는 경우 중과세가 아닌 일반세율을 적용한다.

fact 다주택자라고 해서 무조건 양도소득세가 중과되는 것은 아니다. 소유하고 있는 주택의 소재지 및 공시가격 3억 원 초과 여부에 따라서 양도하는 주택(조정대상지역)의 중과여부가 결정된다. 즉, 3주택 이상 보유하더라도 다주택 중과세 대상이 아닌 경우가 있다.

2025년 5월 기준 조정대상지역은 서울 강남·서초·송파·용산구 4개 지역만 지정이 되어 있다. 다주택자 양도소득세 중과 유예가 큰 의무가 없어 보이는 이유다. 그래서 이 책에서는 다주택자 중과세는 따로 다루지 않고 있다.

서울 전 지역 및 경기 12개 지역이 조정대상지역으로 2025.10.16. 지정·고시되었다.

'09.03.16. ~ '12.12.31. 이 기간에 취득한 토지는 비사업용 토지와 무관하게 2년 이상 보유 시 누진세율을 적용하고 있다. 또한 비사업용 토지도 장기보유특별공제가 가능하다.

---

2) 중과:
- 2주택 중과 : 누진세율 + 20%p
- 3주택↑ 중과 : 누진세율 + 30%p

4) 취득원인에 따라 세율 적용 시 보유기간 계산

취득 원인	취득일	세율 적용	장기보유 특별공제 적용
매매 (유상거래)	잔금청산일과 소유권 이전 등기접수일 중 빠른 날	취득일 ~ 양도일	취득일 ~ 양도일
상속	상속개시일(사망일)	피상속인(사망자)의 취득일 ~ 양도일	상속개시일 ~ 양도일
증여	증여등기 접수일	증여등기 접수일 ~ 양도일	증여등기 접수일 ~ 양도일

5) 증여받은 부동산 등을 10년 또는 5년[3] 이내에 양도하는 경우

구분	세율 적용	장기보유 특별공제 적용
① 취득가액 등을 수증인의 증여 가액으로 하는 경우	증여등기 접수일 ~ 양도일	증여등기 접수일 ~ 양도일
② 취득가액 등을 증여인의 취득 가액으로 해야 하는 경우 (이월과세 등)	증여자의 취득일 ~ 양도일	증여자의 취득일 ~ 양도일

- 무조건 이월과세 등을 적용하지는 않는다. 수증인의 1세대 1주택 비과세 등 경우에 따라 다르게 적용한다.
- ② 이월과세를 적용한 세액보다 ① 이월과세를 적용하지 않은 세액이 더 큰 경우에는 이월과세를 적용하지 않는다. (비교 과세)

---

[3] 2023.01.01. 전(前)에 증여받은 자산은 5년.

양도소득세가 중과되는 다주택자가 '09.03.16. ~ '12.12.31. 중 취득한 주택을 2년 이상 보유하고 '18.4.1. 이후에 양도(조정대상지역에 있는 주택)한 경우로서 양도소득세를 중과로 신고·납부한 경우 경정청구를 통해 양도소득세 환급이 가능하다.

> 2009년 3월 16일부터 2012년 12월 31일까지의 기간 중 취득한 주택의 소재지가 추후 「주택법」에 따른 조정대상지역으로 지정된 경우로서,
>
> "해당 주택을 양도하는 경우에는 법률 제9270호 부칙 제14조 제1항에 따라 소득세법 제104조 제1항 제1호에 따른 세율(그 보유기간이 2년 미만이면 같은 항 제2호 또는 제3호에 따른 세율)을 적용하는 것입니다. 동 해석은 회신일 이후 결정·경정하는 분부터 적용됩니다." (기획재정부 재산세제과-1422, 2023.12.26.)
>
> 즉, 양도소득세가 중과되는 다주택자가 '09. 03. 16. ~ '12. 12. 31. 중 취득한 주택을 2년 이상 보유하고 '18. 4. 1. 이후에 양도(조정대상지역에 있는 주택)한 경우에는 양도소득세를 중과하지 않고 일반세율을 적용한다.

그렇다면 장기보유특별공제 적용 여부는 → "장기보유특별공제가 적용되지 않는 것입니다."(기획재정부 재산세제과-477, 2024.04.17.)

> **경정청구 기간***
> - 2018년 양도분: '24년 5월 말일까지
> - 2019년 양도분: '25년 5월 말일까지
> - 2020년 양도분: '26년 5월 말일까지

* 경정청구 기간은 5년이다.

6) 양도소득 과세표준과 세액의 계산

❶ 양도차익 = 양도가액 − 취득가액 등 필요경비
❷ 양도소득금액 = 양도차익 − 장기보유특별공제액
❸ 양도소득 과세표준 = 양도소득금액 − 250만 원(양도소득 기본공제)
❹ 산출세액 = 과세표준 × 세율 − 누진 공제

> 합산대상(과세대상 중 누진세율) 양도소득금액(이하, 기신고양도소득금액)이 있는 경우 당해 주택의 양도소득금액에 기신고양도소득금액(차손 포함)을 합산한 금액에서 기본공제 250만 원을 공제한 금액이 과세표준이다.

(예시) 같은 연도에 양도(단, 소유자가 동일인인 경우에만 소득금액을 합산한다)

❶번 양도소득금액 8,500만 원 (납부세액 14,040,000원)
❷번 양도소득금액 4,300만 원

❶번과 ❷번을 각각 놓고 보면

❶번의 세율은 24% (누진 공제 576만 원)
❷번의 세율은 15% (누진 공제 126만 원)

그러나 ❷번의 양도소득세를 계산할 때 과세표준은 125,500,000원(❶+❷)이다. 세율이 35%로 구간으로 올라가게 되므로 세 부담이 증가한다.

○ 125,500,000원 = 4,300만 원 + 8,500만 원 - 250만 원(기본공제)

　28,485,000원 = 125,500,000원 × 35% - 1,544만 원(누진공제)

* 14,445,000원 = 28,485,000원 - 14,040,000원(1번에서 납부한 세액)

* 결과: ❷번에서 납부할 양도소득 세액은 14,150,000원이다.

7) 같은 연도에 (1월 1일 ~ 12월 31일) 2개 이상의 부동산 등을 양도하는 경우

합산(같은 연도)에 대한 개념을 많은 분들이 잘못 알고 있다. 먼저 양도한 주택에서 기본공제 250만 원을 공제받았다고, 두 번째 양도한 주택의 양도소득세를 계산할 때 기본공제 250만 원을 받지 않고 세액을 계산하는 분들이 생각보다 많다.

(공통 예시) 양도인은 김세종, 보유기간은 5년.

사례 1   많은 분들이 범하는 잘못된 계산

구 분	3월 양도(과세)	10월 양도(과세)
양도가액	700,000,000원	230,000,000원
취득가액 등	315,000,000원	75,000,000원
기타 필요경비	8,500,000원	1,000,000원
양도차익	376,500,000원	154,000,000원
장기보유특별공제	37,650,000원	15,400,000원
양도소득금액	338,850,000원	138,600,000원
기신고·결정·경정된 양도소득금액 합계	-	-
양도소득 기본공제	2,500,000원	0
과세표준	336,350,000원	138,600,000원
세율	40%-2,594만 원(누진공제)	35%-1,544만 원(누진공제)
산출세액	108,600,000원	33,070,000원
기신고 결정세액	-	-
납부할 세액	108,600,000원	33,070,000원

※10% 지방소득세 별도

● 사례 1번의 계산은 잘못된 계산이다.

사례 2 10월 양도분에서 기본공제 250만 원을 또 받는다. (보유기간 5년)

구분	3월 양도(과세)	10월 양도(과세)
양도가액	700,000,000원	230,000,000원
취득가액 등	315,000,000원	75,000,000원
기타 필요경비	8,500,000원	1,000,000원
양도차익	376,500,000원	154,000,000원
장기보유특별공제	37,650,000원	15,400,000원
양도소득금액	338,850,000원	138,600,000원
기신고·결정·경정된 양도소득금액 합계	–	338,850,000원
양도소득 기본공제	2,500,000원	2,500,000원
과세표준	336,350,000원	477,450,000원
세율	40%-2,594만 원(누진공제)	40%-2,594만 원(누진공제)
산출세액	108,600,000원	160,040,000원
기신고 결정세액	–	108,600,000원
납부할 세액	108,600,000원	55,440,000원

※ 10% 지방소득세 별도

● 2주택 중 한 개의 주택이라도 비과세 대상이면 합산대상이 아니므로 같은 연도에 양도해도 무방하다.
또한 2개의 자산 중 한 개라도 단기 보유(2년 미만)를 하고 양도하는 경우에도 소득금액을 합산하지 않는다.

사례 3 차손(−)이 있는 경우 (보유기간 5년)

구분	3월 양도(과세)	10월 양도(과세)
양도가액	700,000,000원	230,000,000원
취득가액 등	315,000,000원	280,000,000원
기타 필요경비	1,500,000원	1,000,000원
양도차익	376,500,000원	−51,000,000원
장기보유특별공제	37,650,000원	−
양도소득금액	338,850,000원	−51,000,000원
기신고·결정·경정된 양도소득금액 합계	−	338,850,000원
양도소득 기본공제	2,500,000원	2,500,000원
과세표준	336,350,000원	285,350,000원
세율	40%−2,594만 원(누진공제)	38%−1,994만 원(누진공제)
산출세액	108,600,000원	88,493,000원
기신고 결정세액	−	108,600,000원
납부할 세액	108,600,000원	−20,107,000원

※ 10% 지방소득세 별도

- 10월 양도분에서 양도소득세 20,107,000원을 환급받게 된다. 그러나 3월 양도분 또는 10월 양도분이 비과세 대상인 경우에는 환급 대상이 아니다.

사례 4 보유기간 5년인 주택과 2년 미만 단기 보유한 주택을 양도하는 경우

구분	3월 양도(과세)	10월 양도 (2년 미만)
양도가액	700,000,000원	230,000,000원
취득가액 등	315,000,000원	150,000,000원
기타 필요경비	1,500,000원	3,000,000원
양도차익	376,500,000원	77,000,000원
장기보유특별공제	37,650,000원	0
양도소득금액	338,850,000원	77,000,000원
기신고·결정·경정된 양도소득금액 합계	–	0
양도소득 기본공제	2,500,000원	0
과세표준	336,350,000원	77,000,000원
세율	40%−2,594만 원(누진공제)	60%
산출세액	108,600,000원	46,200,000원
기신고 결정세액	–	0
납부할 세액	108,600,000원	46,200,000원

※ 10% 지방소득세 별도

합산 대상이 아니다. 10월 양도분에서 기본공제 250만 원을 받지 못한다.

사례 5 누진세율 주택과 비사업용 토지를 같은 연도에 양도하는 경우

합산하여 계산한 누진세율에 해당하는 납부세액보다 합산하지 않고 계산한 비사업용 토지 세율에 해당하는 납부세액이 더 많은 경우에는 소득금액을 합산하지 않는다.

8) 양도소득세가 중과되는 다주택[4]을 보유하고 있는 1세대가 조정대상지역에 소재하고 있는 단기 보유한 주택을 양도하는 경우

단기 양도 세율(1년 미만 : 70%, 2년 미만 : 60%)로 계산한 세액과 중과세율(일반세율 + 20%p or 30%p)로 계산한 세액 중 더 큰 세액으로 신고 납부한다.

3주택	보유기간	과세표준	세율	산출세액
❶	2년 미만	6억 2천만 원	60%	372,000,000원
❷			72%(42%+30%p)	410,460,000원*

※ 10% 지방소득세 별도

*410,460,000원 = 620,000,000(과세표준) × 72% − 3,594만 원(누진 공제)

| 저자 견해 | 주택의 경우 보유기간 2년 미만은 세율 자체가 높다보니 사실상 큰 의미가 없다. |

---

4) 다주택자라고 해서 무조건 양도소득세가 중과되는 것은 아니다. 보유하고 있는 주택의 소재지 및 공시가격 3억 원 초과 여부에 따라서 양도하는 주택(조정대상지역)의 양도소득 중과 여부가 결정된다.

02

**장기보유
특별공제**

장기보유특별공제

소득세법 제95조

아파트 등 부동산을 3년 이상 장기보유를 하고 양도하는 경우 양도소득금액을 계산할 때 양도차익의 일정 금액을 공제하는데 이를 장기보유특별공제라고 한다. 양도가액이 12억 원을 초과하는 고가주택[5]을 양도하는 경우 그 주택에서의 거주기간에 따라 장기보유특별공제가 최대 80%까지 가능하다.

○ 양도차익 = 양도가액 - 취득가액 등 필요경비
○ 소득금액 = 양도차익 - 장기보유특별공제액

---

[5] 양도소득세가 과세되는 주택임에도 불구하고 양도가액이 12억 원을 초과한다고 고가주택이라고 운운하는 사람들이 있다. 기본적으로 해당 주택이 비과세 주택이라는 전제가 있다.

> **고가주택**
>
> 양도가액이 12억 원을 초과하는 주택으로서 12억 원을 초과하는 소득금액은 1세대 1주택 비과세 규정을 적용하지 않는다.
>
> 즉, 12억 원을 초과하는 소득금액은 양도소득세를 과세한다.

1. 장기보유특별공제율

표 1) 일반적인 경우

보유기간	공제율	보유기간	공제율
3년~4년	6%	10년~11년	20%
4년~5년	8%	11년~12년	22%
5년~6년	10%	12년~13년	24%
6년~7년	12%	13년~14년	26%
7년~8년	14%	14년~15년	28%
8년~9년	16%	15년 이상	30%
9년~10년	18%	보유기간 × 2%	

표 2) 양도가액이 12억 원을 초과하는 고가주택을 양도하는 경우 (일시적 2주택 비과세 등 1세대 1주택으로 보는 경우를 포함한다) 소세령 제159조의 4

구분		보유기간 (연 4%)							
		3년	4년	5년	6년	7년	8년	9년	10년↑
거주기간 (연 4%. 다만, 2년은 8%)	2년	20%	24%	28%	32%	36%	40%	44%	48%
	3년	24%	28%	32%	36%	40%	44%	48%	52%
	4년	–	32%	36%	40%	44%	48%	52%	56%
	5년	–	–	40%	44%	48%	52%	56%	60%
	6년	–	–	–	48%	52%	56%	60%	64%
	7년	–	–	–	–	56%	60%	64%	68%
	8년	–	–	–	–	–	64%	68%	72%
	9년	–	–	–	–	–	–	72%	76%
	10년↑	–	–	–	–	–	–	–	80%

보유기간과 거주기간이 교차하는 지점에 있는 공제율을 적용한다. 거주기간이 없거나 2년 미만인 경우에는 표 1)의 공제율을 적용한다.

● 양도하는 고가주택이 상생임대주택에 해당하는 경우 표 2) 상의 거주기간의 제한을 받지 않는다.

> **Tip**
> 고가주택을 양도하는 경우로서 상생임대주택 여부에 따라 장기보유특별공제가 최대 50%까지 차이가 난다.

질문 12억 원 초과분에 해당하는 양도차익에서 공제할 장기보유특별공제율은 얼마인가?

사례 1   상생임대주택에 해당하는 경우   (보유기간: 8년, 거주기간: 無)

▲ 설명: 장기보유특별공제율은 표 2)를 적용해서 32%. (8년×4%)

사례 2   상생임대주택에 해당하지 않는 경우   (보유기간: 8년, 거주기간: 無)

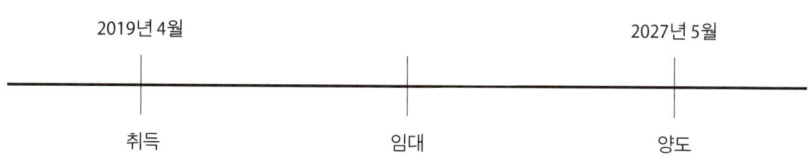

▲ 설명: 장기보유특별공제율은 표 1)을 적용해서 16%. (8년×2%)

취득원인에 따라 장기보유특별공제 적용 시 보유기간 계산

취득원인	취득일	장기보유특별공제 적용
매매 (유상거래)	잔금청산일과 소유권이전 등기접수일 중 빠른 날	취득일 ~ 양도일
상속	상속개시일(사망일)	상속개시일 ~ 양도일
증여	증여등기 접수일	증여등기 접수일 ~ 양도일

증여받은 자산을 10년(2023.01.01. 前 증여 분은 5년) 이내에 양도하는 경우

구 분	장기보유특별공제 적용
① 취득가액을 수증인의 증여가액으로 하는 경우	증여등기 접수일 ~ 양도일
② 취득가액을 증여인의 취득가액으로 해야 하는 경우(이월과세 등)	증여자의 취득일 ~ 양도일

- 무조건 이월과세 등을 적용하지는 않는다. 수증인의 1세대 1주택 비과세 등 경우에 따라 다르게 적용한다.

- ② 이월과세를 적용한 세액보다 ① 이월과세를 적용하지 않은 세액이 더 큰 경우에는 이월과세를 적용하지 않는다. (비교과세)

- 증여를 받은 날부터 10년(2023.01.01. 前 증여분은 5년) 이후에 양도하는 경우에는 이월과세 등을 적용하지 않는다.

장기보유특별공제율 표2 적용 시 근무상 형편으로 거주하지 않은 기간을 포함할 수 있는지 여부

"「소득세법」 제95조 제2항에 따른 [표2]의 공제율 적용 시 근무상 형편 등으로 세대 전부가 거주하지 못한 기간은 공제대상 거주기간에 포함하지 않는 것임." (사전-2022-법규재산-0189, 2022.02.23)

장기보유특별공제율 표2 적용 시 세대원 일부가 사업상 형편으로 거주하지 않은 기간 포함 여부

"「소득세법」 제95조제2항 표2에 따른 장기보유특별공제 거주기간별 공제액 계산 시 거주자가 사업상의 형편 등 부득이한 사유로 본래의 주소 또는 거소에서 일시 퇴거한 경우 나머지 세대원이 양도 대상 주택에 거주한 기간을 거주기간에 포함할 수 있는 것입니다." (기획재정부 재산세제과-942, 2022.08.10.)

세대원의 일부가 근무상 형편으로 처음부터 거주하지 않은 경우 장기보유특별공제 적용 여부

"「소득세법」 제95조 제2항 표2에 따른 장기보유특별공제 거주기간별 공제액 계산 시, 근무상의 형편 등 부득이한 사유로 세대원 일부가 거주하지 못한 기간을 포함할 수 있는 것임." (부동산 납세과 - 790, 2023. 03. 24.)

03

양도 또는 취득시기

양도 또는 취득시기

1. 취득시기 등

아파트 등 자산의 양도차익을 계산할 때 그 취득시기 및 양도 시기는 대금을 청산한 날이 분명하지 아니한 경우 등 대통령령으로 정하는 경우를 제외하고는 해당 자산의 대금을 청산한 날로 한다.

다만, 대금을 청산하기 이전에 소유권이전등기를 완료한 경우(대금을 청산한 날이 분명하지 않은 경우 포함)는 등기부 등본에 기재된 소유권이전등기 접수일이 취득일 및 양도일이다.

1) 매매(유상거래)로 취득한 경우

대금(잔금)청산일과 소유권이전 등기접수일 중 빠른 날

2) 신규(분양계약 및 분양권 취득자)로 입주하는 신축아파트의 경우 취득일

①	사용승인일 이후에 잔금을 완납하는 경우	▶ 분양대금 잔금완납일
②	사용승인일 이전에 잔금을 완납하는 경우	▶ 사용승인일
③	사용승인일 이후 분양대금을 완납하기 이전에 소유권 이전등기가 완료된 경우	▶ 소유권 이전등기접수일

※사용승인일 이전에 임시사용승인을 받은 경우에는 그 사실상의 사용일 또는 임시사용승인을 받은 날 중 빠른 날

소득세법 집행기준 98-162-3 【대금청산일의 의미】

대금청산일은 원칙적으로 거래대금의 전부를 지급한 날을 의미하지만, 그 전부를 이행하지 않았어도 사회 통념상 거의 지급되었다고 볼만한 정도의 대금 지급이 이행된 날을 포함한다.

수원지방법원-2020-구단-6390, 2020.12.11.

"사회 통념상 매매계약에 토지에 대한 대가적 급부가 거의 전부 이행되었다고 볼 만한 정도에 이른 시기를 양도시기로 보아야 함."

> 대법원-82-누-286, 1984.02.14.

"양도라고 함은 자산이 유상으로 사실상 이전되는 경우를 말한다고 규정되어 있는 바, 토지소유권이 유상으로 사실상 이전되는 것이라 함은 매매와 같은 경우에는 그 토지의 대가가 사회 통념상 대금의 거의 전부가 지급되었다고 볼 만한 정도의 대금 지급이 이행되었음을 뜻한다고 보아야 할 것이다."

3) 증여로 취득한 경우

증여 등기접수일

4) 상속으로 취득한 경우

상속개시일(사망일)

5) 재건축 등이 완료된 신축아파트를 양도하는 경우

1세대 1주택 비과세 등 보유기간 판정 시

① 조합에 기존주택(관리처분계획인가일 이전에 취득)을 제공한 원조합원의 경우: 기존주택의 취득일. 단 재건축 등이 완료된 아파트의 대지권 지분이 기존주택 부수 토지의 면적을 초과한 경우에는 그 초과 부분은 사용승인일. 다만 사용승인일 이전에 임시사용승인을 받은 경우에는 사실상의 사용일 또는 임시사용승인일 중 빠른 날(대지권 지분이 증가하는 경우가 간

혹 있다. 주의가 필요하다)

② 원조합원으로부터 승계 취득한 승계조합원(조합에 주택 외 부동산을 제공한 조합원 포함)의 경우: 사용승인일. 다만 사용승인일 이전에 임시사용승인을 받은 경우에는 사실상의 사용일 또는 임시사용승인일 중 **빠른 날**

> 기획재정부령이 정하는 장기할부조건*의 경우에는 소유권이전등기(등록 및 명의개서를 포함한다) 접수일·인도일 또는 사용수익일 중 **빠른 날**이 취득·양도일이다.

* 장기할부조건: 소득세법 제94조 제1항 각호에 규정된 자산의 양도로 인하여 해당 자산의 대금을 월부·연부 기타의 부불방법에 따라 수입하는 것 중 다음 각호의 요건을 갖춘 것을 말한다.

1. 계약금을 제외한 해당 자산의 양도대금을 2회 이상으로 분할하여 수입할 것
2. 양도하는 자산의 소유권이전등기(등록 및 명의개서를 포함한다) 접수일·인도일 또는 사용수익일 중 빠른 날의 다음 날부터 최종 할부금의 지급기일까지의 기간이 1년 이상인 것

소득세법 집행기준 98-162-1 【일반적인 자산의 양도 및 취득시기】

집행기준 98-162-1 【일반적인 자산의 양도 및 취득시기】

대금청산일이 분명한 경우
- 원칙: 자산의 대금을 청산한 날
- 예외: 대금을 청산하기 전에 소유권이전등기를 한 경우에는 등기부·등록부 또는 명부 등에 기재된 등기·등록접수일 또는 명의개서일

대금청산일이 불분명한 경우
- 등기부·등록부 또는 명부 등에 기재된 등기접수일 등

자기가 건설한 건축물
- 원칙: 사용승인서(사용검사필증) 교부일
- 예외:
  - 사용승인전에 사실상 사용: 사실상의 사용일
  - 임시사용을 승인받은 경우: 임시사용승인일
  - 건축허가를 받지 아니하고 건축하는 건축물: 사실상의 사용일

상속·증여로 취득
- 상속(유증 포함)이 개시된 날 또는 증여를 받은 날

점유 취득 (민법 §245)
- 해당 부동산의 점유를 개시한 날

공익사업에 수용되는 경우
- 대금을 청산한 날, 수용의 개시일[1] 또는 소유권이전 등기접수일 중 빠른 날 다만, 소유권에 관한 소송으로 보상금이 공탁된 경우에는 소유권 관련 소송 판결 확정일

1) 2010.2.18. 이후 양도하는 분부터 적용

집행기준 98-162-13 【미완성 자산의 취득시기】

미완성 자산의 취득시기 (일반분양아파트)
- 대금청산일까지 완공되지 않은 경우: 완성된 날(사용승인일) 사용승인전에 사실상 사용하거나 임시사용승인을 얻은 경우에는 그 사실상 사용일 또는 임시사용승인일
- 준공일 이후에 잔금이 청산되는 경우: 잔금청산일

6) 아파트 분양권의 취득시기

① 입주자모집공고에 따른 청약이 당첨된 경우

※ A주택과 B주택만 놓고 보면 A는 일시적 2주택 비과세 대상

▲ 설명: "입주자 모집공고에 따른 청약이 당첨되어 분양 계약한 경우 「소득세법」 제88조 제10호에 따른 분양권의 취득시기는 청약당첨일이다." 기획재정부 재산세제과-85, 2022.1.14.

위 사례의 경우 분양권 포함 3주택에 해당하므로 A주택은 일시적 2주택 비과세 특례규정을 적용받을 수 없다. 그러나 2023년 11월에 나온 조금 특이한 유권해석[6] (사전-2023-법규재산-0739, 2023. 11. 15.)을 참고하면 A주택은 두 가지 비과세 조항을 중첩 적용하여 일시적 2주택으로 비과세가 가능했으나 2024년 7월에 나온 유권해석(기획재정부 재산세제과-906)은 "두 가지 비과세 조항을 중첩 적용할 수 없다."라고 하고 있다. 즉, 일시적 2주택 비과세 특례규정을 적용받을 수 없다.

---

6) 특이한 그 유권해석에 대한 설명은 저자의 블로그에서 확인이 가능하다(「일시적 2주택 비과세 대상자가 분양권을 취득하여 1세대 3주택이 된 경우에도 종전주택(A)은 일시적 2주택으로 비과세가 가능했으나, 8개월 후 새로운 유권해석이 나와서 비과세 안됨」).

분양권 그 자체는 주택이 아니다. 다만 2021. 01. 01. 이후 취득하는 분양권은 '부동산을 취득할 수 있는 권리'임에도 불구하고 주택의 수에 포함하고 있다.

② 최초 분양계약자 甲으로부터 그 권리(분양권)를 乙이 매매로 취득한 경우

*프리미엄 포함, 乙이 甲에게 지불해야 하는 금액 8천만 원. (계약금 8백만 원 / 잔금 7,200만 원)

▲설명: 乙의 C분양권 취득일은 잔금 7,200만 원을 지불하는 2025년 10월이다. 즉, A주택은 일시적 2주택 비과세 특례규정을 적용받을 수 있다.

서면인터넷방문상담4팀-1348, 2008. 06. 03

"부동산을 취득할 수 있는 권리의 증여 시기는 권리의무승계일이며, 거주자가 배우자로부터 증여받은 경우 10년간 증여가액의 합계액에서 6억 원을 공제하는 것임."

관련 규정 | 소득세법 기본통칙 98-162…2

"부동산의 분양계약을 체결한 자가 해당 계약에 관한 모든 권리를 양도한 경우에는 그 권리에 대한 취득시기는 해당 부동산을 분양받을 수 있는 권리가 확정되는 날(아파트 당첨권은 당첨일)이고 타인으로부터 그 권리를 인수 받은 때에는 잔금청산일이 취득시기가 된다."

관련 규정 | 소득세법 집행기준 98-162-16

"부동산의 분양계약을 체결한 자가 해당 계약에 관한 모든 권리를 양도하는 경우 그 권리에 대한 취득시기는 해당 부동산을 분양받을 수 있는 권리가 확정되는 날(아파트 당첨권은 당첨일)이고 타인으로부터 그 권리를 인수 받은 때에는 잔금청산일이 취득시기가 된다."

선착순 방법으로 취득한 분양권의 취득시기 | 서면-2021-법규재산-7612, 2022. 06. 15.

"「주택공급에 관한 규칙」에 따른 선착순의 방법으로 취득하는 분양권의 취득시기는 부동산을 분양받을 수 있는 권리가 확정된 날이며, 선착순의 방법으로 동·호수를 지정하고 당일 사업주체와 공급계약을 체결한 경우 당해일자가 취득시기임."

요약

상속·증여·이혼으로 취득한 주택의 비과세 판정 시 보유기간 계산

취득 구분		보유 및 거주기간 계산
상속	같은 세대원 간 상속인 경우	같은 세대원으로서 피상속인의 보유 및 거주기간과 상속인의 보유 및 거주기간 통산
	같은 세대원 간 상속이 아닌 경우	상속이 개시(사망일)된 날부터 양도한 날까지 계산
증여	같은 세대원 간 증여인 경우	같은 세대원으로서 증여자의 보유 및 거주기간과 증여 후 수증인의 보유 및 거주기간 통산
	같은 세대원 간 증여가 아닌 경우	증여받은 날부터 양도한 날까지 계산
이혼	재산분할로 취득 (민법 제839조의 2)	재산분할 전 배우자가 해당 주택을 취득한 날부터 해당주택 양도일까지 보유 및 거주기간 통산
	위자료로 취득	소유권이전 등기접수일까지 양도한 날까지 계산

주택분양권 주택 수에 가산하는 기준일

구 분		소득세법 (양도소득세)	지방세법 (취득세)
기준일		'21. 01. 01. 이후 취득분	'20. 08. 12. 이후 취득*분
취득시기	청약 당첨자	당첨일	계약일
	예비당첨자	계약일(추첨 당일)	계약일
	선착순 계약자	계약일	(좌동)
	전매 취득자	분양권의 잔금 지불일	(좌동)

* 2020.08.11. 이전에 매매계약을 한 주택분양권은 주택의 수에 가산하지 않는다. (취득세)

04

1세대 1주택 비과세

비과세 판정 시 등 주택 보유기간을 계산할 때 주택분양권을 취득한 날부터 보유기간을 계산하시는 분들이 생각보다 많다. 주택분양권 그 자체는 주택이 아니다. 그저 주택의 수에 포함하고 있는 것뿐이다.

A 주택의 취득일은 2025년 4월이다. 보유기간이 2년 미만에 해당하여 양도소득세 세율은 60%를 적용받는다.

▲ A 주택의 보유기간 계산을 2024년 4월부터 하는 분들이 간혹 있다. 아니다, 2025년 4월부터 보유기간을 계산해야 한다.

1세대 1주택 비과세 양도소득

소득세법 제89조
소세령 제154조

거주자인 1세대가 양도일 현재 1주택[7]을 보유하고 있는 경우로서 양도일 현재 비과세 요건을 충족한 주택을 양도하면서 발생한 양도소득에 대한 양도소득세를 과세하지 않는다는 규정이다.

다만 양도하는 주택의 양도가액이 12억 원을 초과하는 고가주택의 경우 12억 원을 초과하는 소득금액은 1세대 1주택 비과세 규정을 적용하지 않는다.

> '21. 1. 1. 이후부터 공급계약, 매매 또는 증여 등으로 취득하는 분양권은 1세대 1주택 비과세 등 판정 시 주택의 수에 포함하고 있다. 또한 조합원입주권도 주택의 수에 포함한다.

---

7) 일시적 2주택 등 각종 특례에 따라 1세대 1주택으로 보는 경우를 포함한다.

조정대상지역 2년 거주(2017. 08. 02. 대책) 요건 신설 때 나온 부칙

부칙 (2017. 9. 19. 대통령령 제28293호)

제2조【1세대 1주택 비과세 요건에 관한 적용례 등】

① 제154조 제1항·제2항 및 같은 조 제8항 제3호의 개정규정은 이 영 시행 이후 양도하는 분부터 적용한다.
② 다음 각호의 어느 하나에 해당하는 주택에 대해서는 제154조 제1항·제2항 및 같은 조 제8항 제3호의 개정규정 및 이 조 제1항에도 불구하고 종전의 규정에 따른다.

1. 2017년 8월 2일 이전에 취득한 주택
2. 2017년 8월 2일 이전에 매매계약을 체결하고 계약금을 지급한 사실이 증빙서류에 의하여 확인되는 주택 (해당 주택의 거주자가 속한 1세대가 계약금 지급일 현재 주택을 보유하지 아니하는 경우로 한정한다)
3. 2017년 8월 3일 이후 취득하여 이 영 시행 전에 양도한 주택

주택취득일 현재 조정대상지역에 있는 주택의 경우 1세대 1주택 비과세 판정 시 2년 이상 거주요건이 있다. 다만, 조정대상지역의 공고가 있은 날 이전에 해당 지역의 주택을 취득하기 위하여 매매계약(분양 및 분양권포함)을 체결(단, 계약금 지불일 현재 무주택 세대일 것)하고 그 계약금을 지불한 사실이 증빙서류에 의하여 확인이 되는 주택은 2년 거주요건을 적용하지 않는다.

사례 1 2주택을 보유하고 있는 1세대가 1개의 주택을 양도한 후 남은 주택을 다음날에 양도하는 경우

▲ 주의: 소유자가 동일인인 경우로서 A주택이 고가주택에 해당하는 경우 12억 원을 초과하는 소득금액의 양도소득세를 계산할 때 B주택에서 발생한 소득금액을 합산한다. (세 부담이 증가)

사례 2 2주택을 보유하고 있는 1세대가 2개의 주택을 같은 날에 양도하는 경우

▲ 2개의 주택을 같은 날에 양도한 경우에도 납세자가 선택하는 순서에 따라 주택을 양도한 것으로 본다. 즉, 양도소득 산출세액이 더 많은 주택은 비과세한다.

1. 1세대 1주택 비과세

1) 1세대 1주택 비과세 요건

1세대 1주택 비과세는 1세대가 양도일 현재 1주택을 보유하고(일시적 2주택 등 각종 특례에 따라 1세대 1주택으로 보는 경우를 포함한다) 다음 ① ❷요건을 모두 갖추고 양도하는 경우에 적용한다. (소득세법 시행령 제154조 ①)

① 주택취득일부터 양도일까지의 보유기간이 2년 이상일 것
❷ 주택취득일 현재 조정대상지역에 있는 주택은 보유기간 중 세대원 전원[8]의 거주기간이 2년 이상일 것

구분	2012. 06. 29. 이후	2017. 08. 03. 이후 취득 분
거주	무(無)	❷ 주택취득일 현재 조정대상지역의 경우 그 주택은 보유기간 중 2년 이상 거주
	주택임대사업자 등 보유주택의 경우 2년 이상 거주	
보유	2년 이상	〈좌동〉

---

[8] 취학, 근무상의 형편 등 그밖에 부득이한 사유로 세대의 구성원 중 일부가 거주하지 못한 경우에도 나머지 세대원이 거주하였으면 세대원 전원이 거주한 것으로 본다.

- 배우자가 가정불화로 인한 별거 등 부득이한 사유로 해당 주택에서 일시 퇴거한 경우로서 나머지 세대원이 거주요건을 충족한 경우에는 1세대 1주택 비과세 규정을 적용받을 수 있는 것이다. (부동산거래관리과-338, 2010.03.05.)

❷ '17. 8. 2 이전에 무주택세대가 매매계약(분양계약 및 분양권포함)을 하고 계약금을 지급한 사실이 확인되는 경우에는 종전규정(거주요건 없음)을 적용한다.

❷ 무주택세대가 비조정지역일 때 매매계약(분양계약 및 분양권포함)을 하고 계약금을 지급한 사실이 확인되는 경우에는 종전규정(거주요건 없음)을 적용한다.

풀이

다음 어느 하나에 해당하는 경우에는 해당 주택이 주택취득일 현재 조정대상지역으로 지정 고시가 되어 있어도 종전규정(2년 거주요건 없음)을 적용한다.

① 2017년 8월 2일 이전에 취득(조정대상지역)한 주택.
(조정대상지역에 있는 주택을 '17.08.02. 이전에 취득한 경우 그 주택은 2년 거주요건 없다)
❷ 2017년 8월 2일 이전에 매매계약(분양 당첨 및 분양권포함)을 체결한 주택.
❸ 조정대상지역으로 지정 고시가 되기 이전에 매매계약(분양 당첨 및 분양권포함)을 체결한 주택.

다만 ❷, ❸의 경우 계약금⁹⁾을 지급한 사실이 증빙서류에 의하여 확인되고 해당 거주자가 속한 1세대가 계약금 지급일 현재 주택을 보유하지 아니하는 경우로 한정한다. (52 페이지 부칙 2항 1호, 2호 참고)

같은 시기에 분양 청약 당첨이 된 경우에도 2년 거주 여부가 다르다.

구분	비조정지역일 때 계약(계약금 지불)을 했으나 주택취득일 현재 조정대상지역인 경우	계약일: 조정대상지역 취득일: 조정대상지역
거주	무(無). 단, 계약금 지급일 현재 무주택 세대일 것	2년 거주
보유	2년 보유	〈좌동〉

---

09) 계약금 지급은 계약금을 완납한 경우를 말하는 것으로서 계약금의 일부를 '17.08.02. 이후에 납부한 경우에는 2년 거주요건을 적용한다." (서면-2019-부동산-0377, 2019.08.26.)

2) 사례별로 보는 2년 이상 거주 여부

주택을 소유하고 있는 1세대가 非 조정지역일 때 분양 청약에 당첨이 되고 계약을 한 경우

사례 1 B주택은 1세대 1주택 비과세 판정 시 2년 거주요건이 없다. 그 이유는 B주택 취득일 현재 조정대상지역이 아니기 때문.

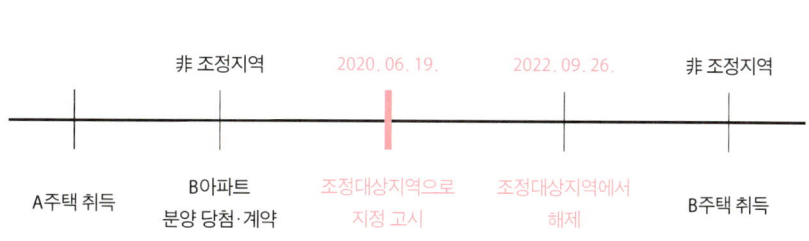

위 사례와 같이 B주택 취득일 현재 조정대상지역에서 해제가 되었음에도 불구하고 당첨.계약일 현재 무주택 세대가 아니라는 이유로 B주택은 2년 이상 거주요건이 있다고 말하는 분들이 생각보다 많다. 아니다. 2년 거주 요건 없다.

계약의 범위에는 분양권계약 및 주택을 계약한 경우를 포함한다.

사례 2   B주택은 1세대 1주택 비과세 판정 시 2년 거주요건이 있다. 그 이유는 계약금 지급일 현재 A주택을 보유하고 있었기 때문.

사례 3   무주택 세대인 아들(乙)이 비조정지역일 때 별도 세대원인 아버지(甲)로부터 분양권을 증여받은 경우

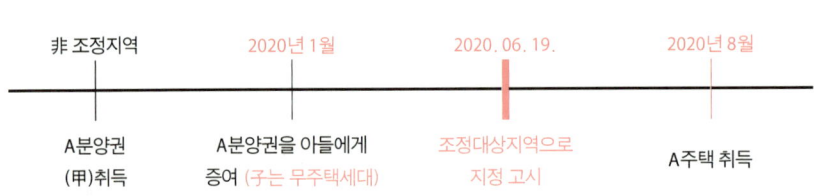

※ 父와 子는 소득세법상 별도 세대

▲ "A주택은 1세대 1주택 비과세 판정 시 2년 거주요건이 있다." (기획재정부 조세법령운용과-988, 2021. 11. 17.)

| 저자 견해 | 별도 세대원인 자녀가 분양권을 매매가 아닌 증여로 취득했기 때문이다. |

사례 4 무주택자(甲)가 비조정지역일 때 취득한 분양권을 조정대상지역으로 지정·고시가 되기 이전에 동일세대원에게 증여한 경우로서 분양권에 따라 취득한 주택이 완공된 후 세대 분리한 경우

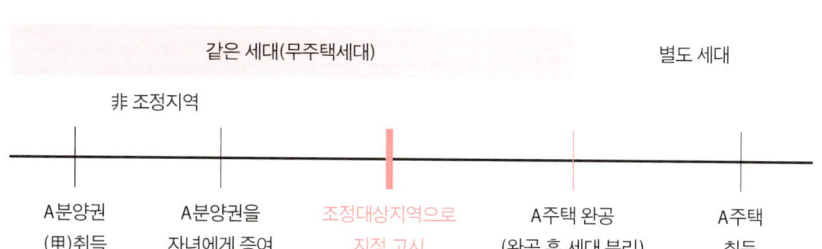

▲ "A주택의 양도일 현재 별도세대인 경우 1세대 1주택 비과세 적용 시 2년 거주요건을 적용하지 않는다." (기획재정부 조세정책과-2235, 2024. 12. 09. 참고)

무주택 세대가 조정대상지역일 때 분양 청약에 당첨이 되고 계약을 한 경우

사례 5   A주택은 1세대 1주택 비과세 판정 시 2년 거주요건 없다.

사례 6   A주택은 1세대 1주택 비과세 판정 시 2년 거주요건이 있다. 그 이유는 계약일도 조정대상지역이고 주택취득일도 조정대상지역이기 때문에

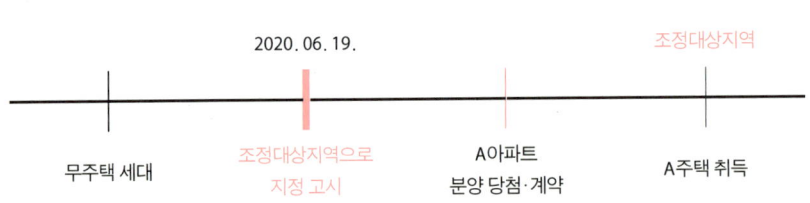

주택을 소유하고 있는 1세대가 조정대상지역일 때 분양 청약에 당첨이 되고 계약을 한 경우

사례 7 B주택은 1세대 1주택 비과세 판정 시 2년 거주요건이 있다.

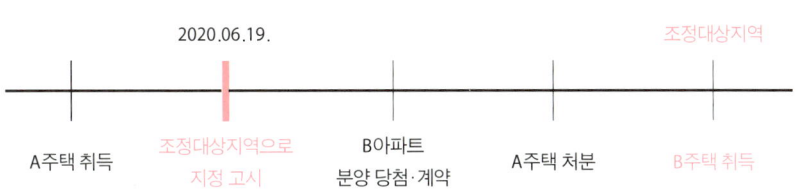

사례 8 B주택은 1세대 1주택 비과세 판정 시 2년 거주요건은 없다.

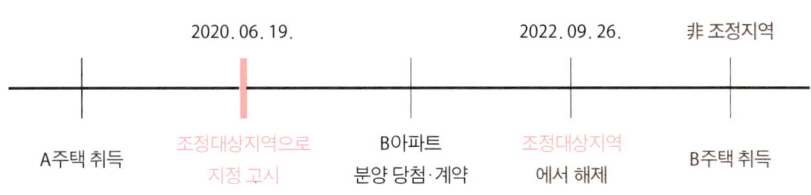

관련 규정 | 소득세법 시행령 제154조

① "법 제89조 제1항 제3호 가목에서 "대통령령으로 정하는 요건"이란 1세대가 양도일(주택의 매매계약을 체결한 후 해당 계약에 따라 주택을 주택 외의 용도로 용도변경하여 양도하는 경우에는 해당 주택의 매매계약일을 말한다. 이하 이 항에서 같다) 현재 국내에 1주택을 보유하고 있는 경우로서 해당 주택의 보유기간이 2년(제8항 제2호에 해당하는 거주자의 주택인 경우는 3년) 이상인 것[취득 당시에 「주택법」 제63조의 2 제1항 제1호에 따른 조정대상지역(이하 "조정대상지역"이라 한다)에 있는 주택의 경우에는 해당 주택의 보유기간이 2년(제8항 제2호에 해당하는 거주자의 주택인 경우에는 3년) 이상이고 그 보유기간 중 거주기간이 2년 이상인 것을 말한다. 다만, 1세대가 양도일 현재 국내에 1주택을 보유하고 있는 경우로서 제1

호부터 제3호까지의 어느 하나에 해당하는 경우에는 그 보유기간 및 거주기간의 제한을 받지 않으며 제5호에 해당하는 경우에는 거주기간의 제한을 받지 않는다." (2025. 02. 28. 개정)

〈중략〉

5. 거주자가 조정대상지역의 공고가 있은 날 이전에 매매계약을 체결하고 계약금을 지급한 사실이 증빙서류에 의하여 확인되는 경우로서 해당 거주자가 속한 1세대가 계약금 지급일 현재 주택을 보유하지 아니하는 경우 (2018. 02. 13. 개정)

3) 2년 보유기간 기산일 변천사

구분	'20. 12. 31. 이전	'21. 01. 01. 이후	'21. 02. 17. 이후	'22. 05. 01. 이후
2년 보유기간 기산일	해당 주택의 취득일부터	직전 주택의 양도일부터	직전 주택의 처분일부터	해당 주택의 취득일부터

● 보유기간 리셋 규정은 삭제되었다. 보유기간 계산은 해당 주택의 취득일부터 양도일까지. 또한 거주기간 계산도 해당 주택의 취득일부터 양도일까지 거주한 기간으로 한다.

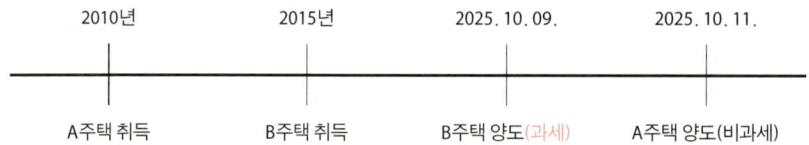

조정대상지역 지정일 및 해제일

지역	지정일	해제일
대전광역시	2020. 06. 19.	2022. 09. 26.
세종시	2016. 11. 03.	2022. 11. 14.

조정대상지역 지정·해제일 전국 정보는 372페이지를 참고.

요약

1세대 1주택 비과세 판정 시 2년 이상 거주 여부

주택 취득일	보유		거주
2017. 08. 02. 이전	2년 이상		無
2017. 08. 03. 이후	주택취득일 조정대상지역	2년 이상	2년 이상 (다만, 비조정지역일 때 계약을 한 경우로서 계약금 지불일 현재 무주택세대의 경우 2년 거주요건 없음)
	주택취득일 비조정지역	2년 이상	無

> 주의 주택임대사업자 등이 보유하고 있는 일반주택의 경우 조정대상지역 여부와 상관없이 1세대 1주택 비과세 규정을 적용할 때는 2년 이상 거주요건이 있다. (이하 '주택임대사업자 등의 거주주택 비과세'라고 한다.)

주택임대사업자의 거주주택 비과세 '생애한차례규정[10]'('19.02.12.이후 취득하는 주택부터)을 주의할 것. 또한 '직전거주주택' 양도일 이후에 발생한 소득금액만 비과세가 가능하므로 주의가 필요하다.

주택임대사업자 등의 거주주택 비과세 이 부분은 후속편에서 더 자세하게 다루어 보려고 한다.

요약

조정대상지역에 있는 주택을 취득한 경우 그 주택은 1세대 1주택 비과세 판정 시 2년 거주요건이 있다(2년 거주 요건이 없는 경우도 있다).

---

10) 2025년 2월 28일 이후 주택을 양도하는 경우부터는 생애한차례규정이 삭제되어 횟수 제한 없이 거주주택 비과세규정이 적용 가능하다. (소세령 제155조 ⑳)

그러나 중개사님들과 여러 고객님들과 대화하다 보면 많은 분들께서 그 2년 거주 여부 판단을 하는 데에 착각을 하고 있다.

그래서 정리를 해본다. 우선 해당 주택의 취득일이 ㉮조정대상지역이었는지 ㉯非조정지역이었는지 그 판단을 먼저 한다.

구분	해당 주택의 취득일 현재			
	㉮ 조정대상지역			㉯ 非조정지역
보유	2년 이상			2년 이상
거주	비조정지역일 때 계약을 체결하고 계약금을 지급한 경우		조정대상지역일 때 계약을 체결하고 계약금을 지급한 경우	무(無)
	계약금 지급일 현재 무주택 세대인 경우	계약금 지급일 현재 무주택 세대가 아닌 경우	계약금 지급일 현재 무주택세대 여부 그런 거 상관없이	
	▼	▼	2년 이상	
	무(無)	2년 이상		

※ 분양권 or 조합원입주권을 보유한 경우에는 무주택 세대로 본다.

㉮ 1세대 1주택 비과세 판정 시 소유자의 주택으로 보지 않는 조세특례제한법 미분양주택 및 상속주택 등 각종 특례주택도 위 무주택 세대 여부를 판단할 때는 소유자의 주택으로 본다. 그러나… (다음 페이지 판례 참고)
㉮ 무주택 세대이다. 세대 기준을 꼭 이해해야 한다.

관련 사례 | 기획재정부 재산세제과-941, 2018. 11. 01.

"2017. 8. 2. 이전에 매매계약을 체결하고 계약금을 지급한 사실이 증빙서류에 의하여 확인되는 주택으로서 해당 주택의 거주자가 속한 1세대가 계약금 지급일 현재 「조세특례제한법」 제99조의 2 적용 대상 주택을 보유하고 있는 경우에는 「소득세법 시행령」 부칙(대통령령 제28293호, 2017. 09. 19.) 제2조 제2항 제2호 규정이 적용되지 않는 것입니다." (즉, 무주택 세대가 아님)

그러나 아래 판례에서는 무주택 세대로 본다. (국 패)

관련 판례 | 수원지방법원-2022-구단-7953, 2023. 02. 03. (심급 : 1심)

"소득세법상 무주택 세대 여부 판정할 때 조세특례제한법 제99조의 2 제1항을 적용받는 주택(특례주택)은 주택 수에서 제외되어야 함.

조세특례제한법 제99조의2 제1항을 적용받는 주택(특례주택)만을 소유하고 있는 사람이 2017. 8. 2. 이전 주택 매매계약을 체결했다면 그 주택은 구 소득세법 시행령 부칙 제2조 제2항 제2호의 적용 대상에 해당한다."

조세특례제한법 제99조의 2 【신축주택 등 취득자에 대한 양도소득세의 과세특례】

② 「소득세법」 제89조 제1항 제3호를 적용할 때 제1항을 적용받는 주택은 해당 거주자의 소유 주택으로 보지 아니한다.

2. 1세대의 범위

취득세 중과 규정이 생기면서 소득세법(양도소득세)과 지방세법(취득세)에서 말하는 1세대를 판단하는 데에 많은 분들이 혼선을 빚고 있다. 양도소득세는 실지현황으로 동일세대를 판단하지만 취득세는 주민등록법상 세대별 주민등록표 현황으로 동일세대를 판단하고 있다.

양도소득 1세대 1주택 비과세 판정 시 1세대는 주택 양도일 현재를 기준으로 판정하는 것이며, 같은 장소에서 생계를 같이하는 가족의 주민등록상 현황과 사실상 현황이 다른 경우에는 사실상 현황에 의한다.

○ 서류상으로만 주소를 분리하고 양도해도 비과세가 가능한가요?
○ 주소를 분리했다가 비과세를 받고 다시 주소를 합쳐도 문제가 없나요?
○ 과세 2주택자인데 1개의 주택을 부모님 등에게 소유권을 이전하고 나머지 1주택을 비과세로 양도한 이후에 부모님 등에게 처분한 주택의 소유권을 다시 가지고 와도 되나요?

등 여러 가지로 질문하시는 분들이 많다. 다 안 된다. 사실조사가 나올 가능성이 아주 높다.

■ 30세 미만 성인 미혼의 경우

30세 미만 성인 미혼의 경우 변함없이 일정한 소득[11]이 계속적·반복적으로 발생하고, 소유하고 있는 주택 또는 토지를 관리·유지하면서 독립된 생계를 유지할 수 있는 경우 1세대로 본다.

1) 1세대의 요건

① 동일한 장소에서 생계를 같이하는 가족의 주민등록상 현황과 사실상 현황이 다른 경우에는 사실상 현황에 따른다.
② 1세대 1주택 비과세 규정을 적용하는 경우 부부가 각각 세대를 달리 구성하는 경우에도 동일한 세대로 본다.

---

11) 기획재정부령으로 정하는 소득이 「국민기초생활 보장법」 제2조 제11호에 따른 기준 중위소득을 12개월로 환산한 금액의 100분의 40 수준 이상.

자녀와 부모(대전시)는 같은 주소지(대전시)에 주민등록이 되어 있다.

자녀는 서울시에서 거주하며 직장생활을 하고 있다.

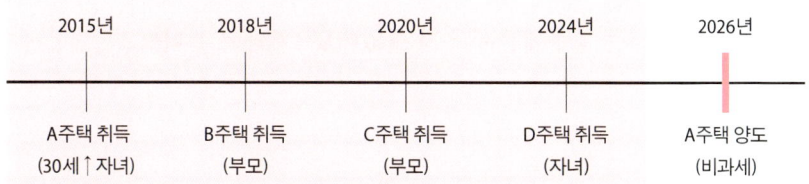

▲ 같은 1세대가 아니다. 즉, 양도하는 A주택은 일시적 2주택 비과세

남편은 주소가 서울이고 서울에서 거주

부인은 주소가 대전이고 대전에서 거주

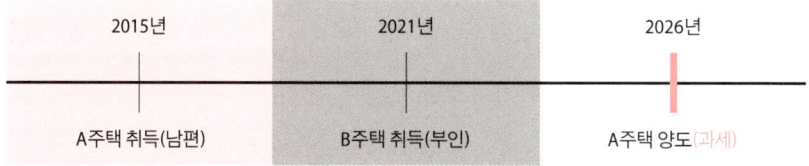

▲ 같은 1세대로 본다. 즉, 양도하는 주택은 비과세가 불가능하다.

2) 1세대의 정의

"1세대"란 거주자(주택을 양도한 자)와 그 배우자(법률상 이혼을 하였으나 생계를 같이 하는 등 사실상 이혼한 것으로 보기 어려운 관계에 있는 사람을 포함한다. 이하 이 호에서 같다)가 그들과 같은 주소 또는 거소에서 생계를 같이 하는 자[거주자 및 그 배우자의 직계존비속(그 배우자를 포함한다) 및 형제자매를 말하며, 취학, 질병의 요양, 근무상 또는 사업상의 형편으로 본래의 주소 또는 거소에서 일시 퇴거한 사람을 포함한다]와 함께 구성하는 가족[12]단위를 말한다. 다만, 대통령령으로 정하는 경우에는 배우자가 없어도 1세대로 본다.

3) 배우자가 없는 때에도 1세대로 보는 경우

다음의 어느 하나에 해당하는 경우 독립된 1세대로 본다.

① 해당 거주자의 연령이 30세 이상인 경우
② 배우자가 사망·이혼한 경우
③ 30세 미만 성인 미혼의 경우에는 계속적 · 반복적으로 「소득세법」 제4조에 따른 소득이 「국민기초생활 보장법」에 따른 기준중위소득의 40% 이상으로서 소유하고 있는 주택을 관리·유지하면서 독립된 생계를 유지할 수 있는 19세 이상인 성년자는 배우자가 없는 경우에도 1세대 1주택 비과세를 적용받을 수 있다.

다만, 미성년자가 결혼하거나 가족의 사망 그밖에 기획재정부령이 정하는 사유로 1세대의 구성이 불가피한 경우에는 1세대로 본다.

---

12) 가족의 범위에 해당하지 않는 자와 세대를 구성하고 있는 경우에는 1세대로 보지 않는다.

관련 규정 | 소득세법 시행령 제152조의 3 【1세대의 범위】

"법 제88조 제6호 단서에서 "대통령령으로 정하는 경우"란 다음 각호의 어느 하나에 해당하는 경우를 말한다.

1. 해당 거주자의 나이가 30세 이상인 경우
2. 배우자가 사망하거나 이혼한 경우
3. 법 제4조에 따른 소득 중 기획재정부령으로 정하는 소득이 「국민기초생활 보장법」 제2조 제11호에 따른 기준 중위소득을 12개월로 환산한 금액의 100분의 40 수준 이상으로서 소유하고 있는 주택 또는 토지를 관리·유지하면서 독립된 생계를 유지할 수 있는 경우. 다만, 미성년자의 경우를 제외하되, 미성년자의 결혼, 가족의 사망 그밖에 기획재정부령이 정하는 사유로 1세대의 구성이 불가피한 경우에는 그러하지 아니하다." (2024. 02. 29. 개정)

관련 규정 | 소득세법 시행규칙 제70조 【1세대의 범위】

"영 제152조의 3 제3호 본문에서 "기획재정부령으로 정하는 소득"이란 다음 각호의 소득(비과세소득은 제외하며, 제1호 및 제3호의 경우에는 필요경비를 공제한 금액으로 한다)을 합한 금액을 말한다. (2024. 03. 22. 신설)

1. 법 제19조 제1항 각호의 사업소득
2. 법 제20조 제1항 각호의 근로소득
3. 법 제21조 제1항 제5호·제15호 및 제19호의 기타소득
4. 그밖에 제1호부터 제3호까지의 소득에 준하는 계속적·반복적 성격의 소득으로서 국세청장이 인정하는 소득"

관련 규정 | 소득세법 집행기준 88-152의3-1 【1세대의 정의】

"거주자(주택을 양도한 자)와 그 배우자*가 그들과 동일한 주소 또는 거소에서 생계를 같이하는 가족을 1세대라고 하며, 이 경우 가족은 거주자와 그 배우자의 직계존비속(그 배우자를 포함한

---

* 법률상 이혼을 하였으나 생계를 같이 하는 등 사실상 이혼한 것으로 보기 어려운 관계에 있는 사람을 포함함

다) 및 형제자매를 말하며, 취학·질병의 요양, 근무상 또는 사업상의 형편으로 본래의 주소 또는 거소를 일시퇴거한 자를 포함한다.

[참고] 국민기초생활보장법상 기준 중위소득 (월)

연도	1인 가구	2인 가구	3인 가구	4인 가구	5인 가구
2023년 (40%)	2,077,892원 (831,157)	3,456,155원 (1,382,462)	4,434,816원 (1,773,926)	5,400,964원 (2,160,386)	6,330,688원 (2,532,275)
2024년 (40%)	2,228,445원 (891,378)	3,682,609원 (1,473,044)	4,714,657원 (1,885,863)	5,729,913원 (2,291,965)	6,695,735원 (2,678,294)
2025년 (40%)	2,392,013원 (956,805)	3,932,658원 (1,573,063)	5,025,353원 (2,010,141)	6,097,773원 (2,439,109)	7,108,192원 (2,843,276)

3. 생계를 같이 하는 자

거주자 및 그 배우자의 직계존비속(그 배우자를 포함한다) 및 형제자매를 말하며, 취학, 질병의 요양, 근무상 형편 등으로 주소지에서 일시 퇴거한 사람도 생계를 같이 하는 자에 포함한다.

1) 가족의 범위
나의 직계존비속, 나의 형제, 나의 장인, 장모, 처남, 처제, 사위, 며느리 등

형제자매의 배우자

내 형제자매의 배우자(매형 등)는 나와 동일한 주소지에서 생계유지를 같이 하고 있더라도 가족의 범위에 해당하지 아니하므로 매형이 보유한 주택은 소유주택으로 보지 아니합니다.

양자가 동일세대에 해당하는지

"1세대 1주택 비과세 규정을 적용함에 있어 "1세대"란 거주자 및 그 배우자가 그들과 동일한 주소 또는 거소에서 생계를 같이하는 가족과 함께 구성하는 1세대를 말합니다. 이 경우 "가족"이라 함은 거주자와 그 배우자의 직계존비속(그 배우자를 포함) 및 형제자매를 말하는 것이며, 양자도 가족에 포함됩니다."(재산세과-185, 2009. 01. 14.)

내연의 처

1세대 1주택 비과세요건을 적용함에 있어 1세대라 함은 거주자 및 그 배우자가 그들과 동일한 주소 또는 거소에서 생계를 같이 하는 가족과 함께 구성하는 1세대를 말하는 것이며, 이 경우 배우자에는 내연 관계에 있는 자를 제외하는 것임. (재일 01254-44, 1992. 02. 24.)

사실혼 관계에서 자녀를 출생한 경우

"1세대의 범위에서 "배우자"는 법률상 배우자와 법률상 이혼을 하였으나 생계를 같이 하는 등 사실상 이혼한 것으로 보기 어려운 관계에 있는 사람을 의미하는 것입니다." (기획재정부 재산세제과-529, 2021. 05. 31.)

즉, 같은 세대로 보는 배우자란 다음의 어느 하나에 해당하는 경우를 말한다.

① 법률상 배우자(혼인신고)
② 위장 이혼한 경우

조카와 생계를 같이하는 경우

"주택 양도일 현재 본인과 같은 주소지에서 생계를 같이하는 조카는 주택을 양도한 본인과 같은 세대에 해당하지 않는 것입니다." (사전-2020-법령해석재산-0641, 2020. 12. 17.)

숙모와 생계를 같이 하는 경우

"1세대 1주택 판정 시 1세대를 구성하는 가족이라 함은 생계를 같이하는 거주자와 그 배우자의 직계존비속 및 형제자매를 말하는 것이므로 거주자의 숙모(叔母)가 생계를 같이하는 경우라 하더라도 이에 포함되지 아니하는 것입니다." (재일 46014-981, 1998. 06. 01.)

1주택을 소유한 자녀가 거주자(주택을 양도하는 자. 아래 표에서 父)와 같은 주소지에서 생계를 같이 하고 있는 경우

"1주택을 소유한 거주자가 「소득세법」 제88조 제6호에 따른 1세대 구성요건을 갖춘 아들과 함께 1세대를 구성하여 생계를 같이하고 있는 경우로서 자녀가 주택을 보유한 경우 1세대 2주택에 해당된다." (집행기준 88-152의 3-8)

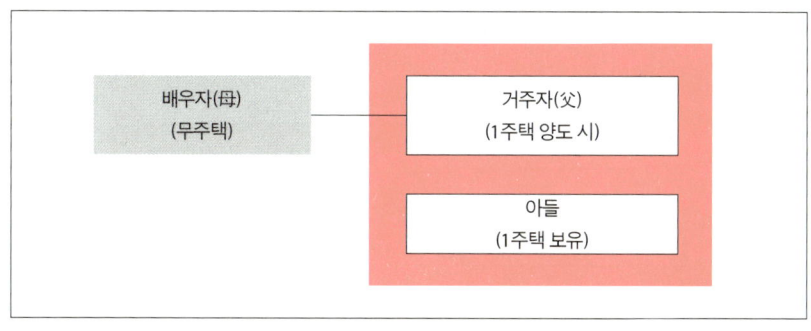

(자녀와 父는 같은 주소지에서 거주)

▲ 풀이: 거주자 父는 1가구 2주택에 해당하여 양도소득세가 과세된다. 또한 아들도 본인 주택을 양도하는 경우 1세대 2주택에 해당한다.

거주자(주택을 양도하는 자. 아래 표에서 父)의 배우자만 1주택을 소유한 자녀와 같은 주소지에서 생계를 같이 하고 있는 경우

"거주자(父)가 단독으로 1세대를 구성하고 있고 그 거주자의 배우자는 그들의 아들과 함께 1세대를 구성하여 생계를 같이하고 있는 경우에 거주자와 그 배우자는 세대 또는 생계를 달리하여도 같은 세대원으로 보는 것이나, 그 아들이 「소득세법」 제88조 제6호에 따른 1세대 구성요건을 갖춘 경우에는 거주자와 그 아들은 같은 세대원으로 보지 아니한다." (집행기준 88-152의 3-9)

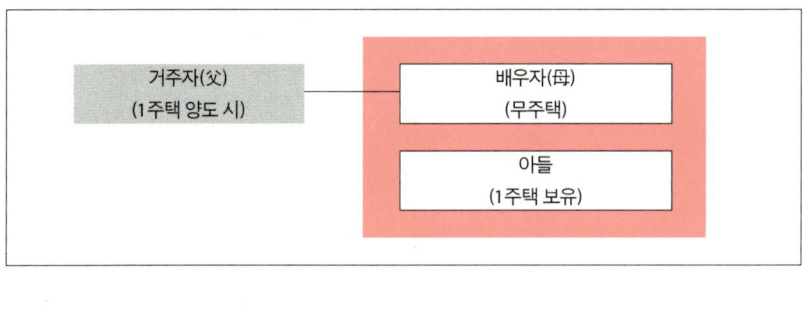

(자녀와 母는 같은 주소지에서 거주)

▲풀이: 아들이 30세 이상(30세 미만 성인 미혼인 경우 독립적인 1세대로 보는 소득요건을 충족하는 경우 포함)인 경우 아버지와 아들은 같은 세대로 보지 아니하므로 아버지가 양도하는 A주택은 1세대 1주택 비과세 규정을 적용한다.

매매 특약에 따라 잔금일이 도래하기 이전에 주택을 멸실 또는 상가 등으로 용도변경을 하는 경우 1세대 1주택 비과세 여부

세법개정 및 유권해석 등은 일관성이 중요하다고 본다. 최소한 국민이 예측 가능해야 하는데 수시로 개정되는 세법부터 고무줄 식의 유권해석을 자주 접하기 때문에 쉽게 예측할 수가 없다.

"1세대 1주택의 비과세 판정 시 주택판정은 원칙적으로 양도일 기준으로 한다. 다만 매매 특약에 따라 잔금일이 도래하기 이전에 주택을 멸실하거나 상가로 용도변경을 한 경우에는 양도일이 아닌 매매계약일 기준으로 주택을 판정하여 비과세를 해주고 있었다.

그러나 2022년에 나온 유권해석으로 인해 매매계약일이 아닌 양도일을 기준으로 하고 있었으나 주택 외의 용도로 변경을 한 경우에는 계약일을 기준으로 한다." (2025년 2월 28일 개정)

비과세 판정 및 장기보유특별공제 표2* 적용 시 주택판정 기준일

구 분	2022. 10. 20. 이전 계약분	20022. 10. 21. 이후 계약분	2025. 02. 28. 이후 계약분
용도변경	계약일	양도일	계약일

○ 멸실의 경우 주택판정은 양도일을 기준으로 한다.

구 분	2022. 12. 19. 이전 계약분	2022. 12. 20. 이후 계약분	개정안
멸실	계약일	양도일	개정안 없음

---

* 거주기간에 따라 최대 80%. (34 페이지 참고)

소득세법 기본통칙 89-154…12

【매매 특약이 있는 주택의 1세대 1주택 비과세 판정】(2024. 03. 26. 삭제)

"영 제154조 제1항의 규정에 따른 1세대 1주택 비과세의 판정은 양도일 현재를 기준으로 한다. 다만, 매매계약 후 양도일 이전에 매매 특약에 의하여 1세대 1주택에 해당되는 주택을 멸실한 경우에는 매매계약일 현재를 기준으로 한다."

Q. 양도소득세가 비과세 되는 1주택을 보유하고 있는 1세대가 매매 특약에 따라 잔금일이 도래하기 이전에 주택을 멸실한 경우

① 2022. 12. 19. 이전에 매매계약을 체결한 경우

주택(A): 1세대 1주택 비과세 요건을 충족한 주택

멸실(B): 매매 특약에 따라 잔금일이 도래하기 이전에 주택을 멸실.

❷ 2022. 12. 20. 이후에 매매계약을 체결한 경우

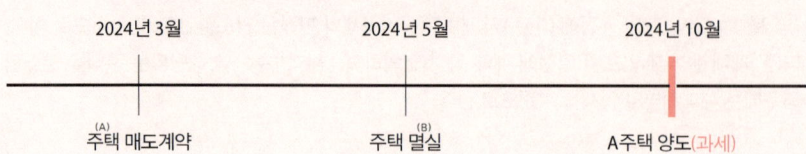

(A) 주택: 1세대 1주택 비과세 요건을 충족한 주택

(B) 멸실: 매매 특약에 따라 잔금일이 도래하기 이전에 용도변경

관련유권해석 | 기획재정부 재산세제과-1543, 2022.12.20.

매매 특약에 따라 잔금청산 전에 주택을 멸실한 경우 양도 물건의 판정 기준일은 양도일(잔금청산일)이며, 2022.12.20. 이후 매매계약을 체결한 분부터 적용.

Q. 양도소득세가 비과세 되는 1주택을 보유하고 있는 1세대가 매매 특약에 따라 잔금일이 도래하기 이전에 주택을 상가로 용도 변경한 경우

❶ 2022.10.20. 이전에 매매계약을 체결한 경우

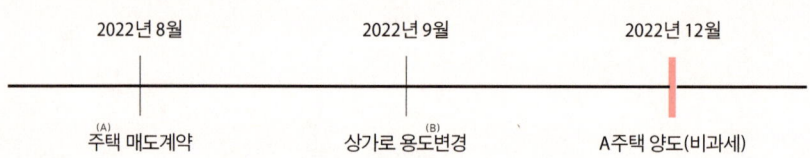

(A) 주택: 1세대 1주택 비과세 요건을 충족한 주택

(B) 용도변경: 매매 특약에 따라 잔금일이 도래하기 이전에 용도변경

❷ 2022.10.21. 이후~2025.02.28. 前에 매매계약을 체결한 경우

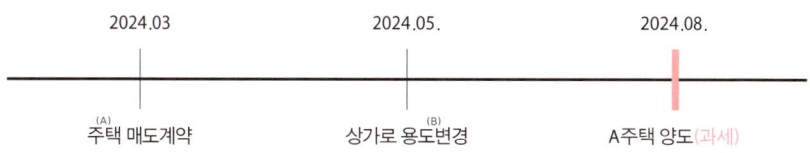

(A) 주택: 1세대 1주택 비과세 요건을 충족한 주택

(B) 용도변경: 매매 특약에 따라 잔금일이 도래하기 이전에 용도변경

관련 유권해석 | 기획재정부 재산세제과-1322, 2022.10.21.

매매 특약에 따라 잔금청산 전에 주택을 상가로 용도 변경한 경우 2022. 10. 21. 이후 매매계약을 체결 분부터 양도일 현재 현황에 따라 양도 물건을 판정함.

❸ 2025년 2월 28일 이후에 매매계약을 체결하고 양도한 경우

(A) 주택: 1세대 1주택 비과세 요건을 충족한 주택

(B) 용도변경: 매매 특약에 따라 잔금일이 도래하기 이전에 용도변경

A 주택이 고가주택에 해당하는 경우로서 10년 이상 보유·거주한 경우에는 장기보유특별공제(표2) 80%를 적용받을 수 있다.

| 관련 규정 | 소득세법 시행령 제154조

① "법 제89조 제1항 제3호 가목에서 "대통령령으로 정하는 요건"이란 1세대가 양도일(주택의 매매계약을 체결한 후 해당 계약에 따라 주택을 주택 외의 용도로 용도변경하여 양도하는 경우에는 해당 주택의 매매계약일을 말한다. 이하 이 항에서 같다) 현재 국내에 1주택을 보유하고 있는 경우로서 해당 주택의 보유기간이 2년(제8항 제2호에 해당하는 거주자의 주택인 경우는 3년) 이상인 것[취득 당시에 「주택법」 제63조의 2 제1항 제1호에 따른 조정대상지역(이하 "조정대상지역"이라 한다)에 있는 주택의 경우에는 해당 주택의 보유기간이 2년(제8항 제2호에 해당하는 거주자의 주택인 경우에는 3년) 이상이고 그 보유기간 중 거주기간이 2년 이상인 것]을 말한다. 다만, 1세대가 양도일 현재 국내에 1주택을 보유하고 있는 경우로서 제1호부터 제3호까지의 어느 하나에 해당하는 경우에는 그 보유기간 및 거주기간의 제한을 받지 않으며 제5호에 해당하는 경우에는 거주기간의 제한을 받지 않는다." (2025. 02. 28. 개정)

부 칙 (2025. 02. 28. 대통령령 제35349호)

제1조【시행일】
이 영은 공포한 날부터 시행한다. 다만, 다음 각호의 개정 규정은 해당 호에서 정하는 날부터 시행한다.

〈중간생략〉

제13조【양도소득 비과세 대상 1세대 1주택의 범위 등에 관한 적용례】
제154조 제1항 및 제159조의 4의 개정 규정은 이 영 시행 이후 매매계약을 체결하는 경우부터 적용한다.

05

보유기간 및 거주기간의 제한을 받지 않는 경우

조정대상지역 지정 및 해제일

지역	지정일	해제일
대전광역시	2020. 06. 19.	2022. 09. 26.
세종시	2016. 11. 03.	2022. 11. 14.

조정대상지역 지정·해제일 전국 정보는 372페이지를 참고하시기 바랍니다.

보유기간 및 거주기간의 제한을 받지 않는 경우

소득세법 시행령 제154조
제1항 제1호~ 제3호

소득세법 시행령 제154조 제1항 1호~3호 및 5호*에 해당하는 주택을 양도하는 경우에는 보유기간 및 거주기간의 제한을 받지 않는다. 단 5호*에 해당하는 경우에는 거주기간만 제한을 받지 않는다.

좀 더 쉽게 설명을 하자면 2년 이상 보유(2년 거주요건이 있는 주택의 경우 2년 거주)를 해야 비과세가 가능하지만, 2년 이상 보유(2년 거주요건이 있는 주택의 경우 2년 거주)를 하지 않은 경우에도 비과세가 가능하다.

1세대 1주택 비과세 요건

① 주택취득일부터 양도일까지의 보유기간이 2년 이상일 것
② 주택취득일 현재 조정대상지역에 있는 주택의 경우 보유기간 중 세대원 전원이 2년 이상을 거주하였을 것. (2017년 8. 2. 부동산대책)

다만, 조정대상지역으로 지정 고시가 되기 이전에 매매계약을 체결하고 계약금을 지급한 사실이 증빙서류에 의하여 확인되고 계약금 지급일 현재 무주택세대인 경우에는 2년 거주요건을 적용하지 않는다. (5호*)

| 관련 규정 | 소득세법 시행령 제154조 제1항 |

1호) 「민간임대주택에 관한 특별법」에 따른 민간건설임대주택이나 「공공주택 특별법」에 따른 공공건설임대주택 또는 공공매입임대주택을 취득하여 양도하는 경우로서 해당 임대주택의 임차일부터 양도일까지의 기간 중 세대 전원이 거주(기획재정부령으로 정하는 취학, 근무상의 형편, 질병의 요양, 그밖에 부득이한 사유로 세대의 구성원 중 일부가 거주하지 못하는 경우를 포함한다)한 기간이 5년 이상인 경우

2호 가목) 주택 및 그 부수 토지(사업인정 고시일 전에 취득한 주택 및 그 부수 토지에 한한다)의 전부 또는 일부가 「공익사업을 위한 토지 등의 취득 및 보상에 관한 법률」에 의한 협의매수·수용 및 그 밖의 법률에 의하여 수용되는 경우

2호 나목) 「해외이주법」에 따른 해외이주로 세대 전원이 출국하는 경우. 다만, 출국일 현재 1주택을 보유하고 있는 경우로서 출국일부터 2년 이내에 양도하는 경우에 한한다.

2호 다목) 1년 이상 계속하여 국외거주를 필요로 하는 취학 또는 근무상의 형편으로 세대 전원이 출국하는 경우. 다만, 출국일 현재 1주택을 보유하고 있는 경우로서 출국일부터 2년 이내에 양도하는 경우에 한한다.

3호) 1년 이상 거주한 주택을 기획재정부령으로 정하는 취학, 근무상의 형편, 질병의 요양, 그밖에 부득이한 사유로 양도하는 경우

5호) 거주자가 조정대상지역의 공고가 있은 날 이전에 매매계약을 체결하고 계약금을 지급한 사실이 증빙서류에 의하여 확인되는 경우로서 해당 거주자가 속한 1세대가 계약금 지급일 현재 주택을 보유하지 아니하는 경우

이 책에서는 1호, 3호에 해당하는 주택과 상생임대주택 부분만 살펴보고자 한다.

1. 임차인으로 거주한 건설임대주택의 분양전환으로 취득한 주택(소득세법 시행령 제154조 제1항 1호)

해당 임대주택의 임차일부터 양도일까지의 기간 중 세대 전원이 거주[13]한 기간이 5년 이상인 경우 1세대 1주택 비과세 판정 시 2년 보유기간의 제한을 받지 않는다.

즉, 해당 주택의 취득일[14]부터 양도일까지 2년 이상을 보유하지 않은 경우에도 비과세가 가능하다. 또한 해당 주택의 취득일 현재 조정대상지역으로 지정·고시가 되어 있어도 해당 주택의 취득일부터 양도일까지 2년 거주요건을 적용받지 않는다.

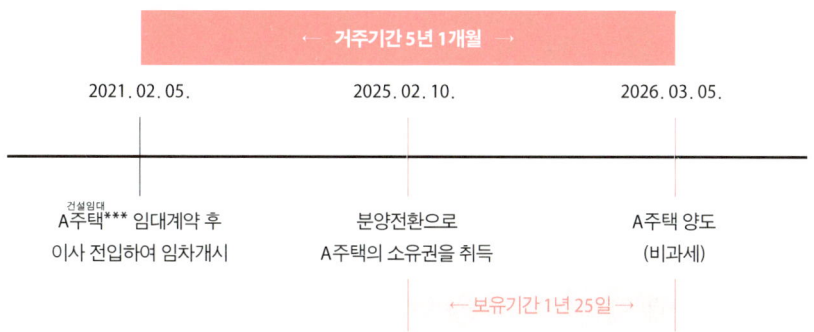

*** A주택: 「민간임대주택에 관한 특별법」에 따른 민간건설임대주택이나 「공공주택 특별법」에 따른 공공건설임대주택 또는 공공매입임대주택 (소세령 제154조 제1항 1호)

---

13) 기획재정부령으로 정하는 취학, 근무상의 형편, 질병의 요양, 그밖에 부득이한 사유로 세대의 구성원 중 일부가 거주하지 못하는 경우를 포함한다. (소득세법 시행규칙 제71조 ③)
14) 분양전환 된 해당 임대주택의 대금(잔금)청산일과 소유권이전 등기접수일 중 빠른 날

1) 분양전환 된 임대주택의 소유권을 취득한 날부터 1년 이상이 지나기 이전에 다른 주택을 취득한 경우

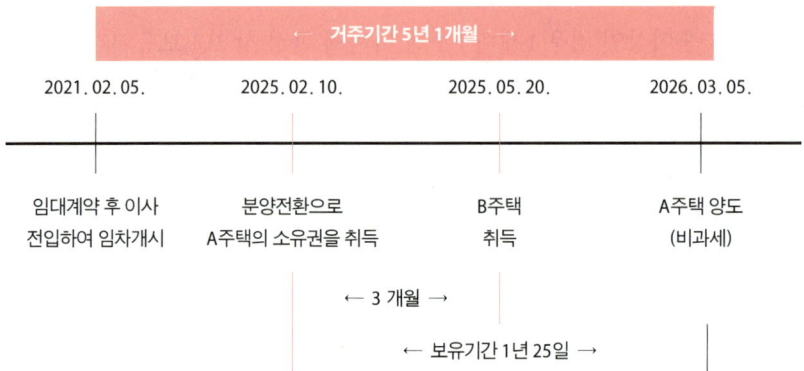

▲설명: 일시적 2주택 비과세 판정 시 종전주택(A)을 취득한 날부터 1년 이상이 지난 후 새로운 주택(B)을 취득하는 요건을 적용하지 않는다. 즉, 일시적 2주택 비과세 특례규정을 적용한다.

세대원 전원이 거주 다만 기획재정부령으로 정하는 취학, 근무상의 형편, 질병의 요양, 그밖에 부득이한 사유로 세대의 구성원 중 일부가 거주하지 못하는 경우를 포함한다." (소득세법 시행규칙 제71조 ③)

즉, 해당 임대주택의 임차일부터 양도일까지의 기간 중 부득이한 사유로 세대원 일부 또는 세대주가 거주를 못 한 경우에도 세대원 전원이 5년 이상 거주한 것으로 본다.

2) 해당 임대주택의 임차일부터 양도일까지의 기간에 세대원 일부가 5년 거주요건을 충족하지 못한 경우

해당 임대주택의 임차일부터 양도일까지의 기간 중 세대 전원이 거주한 기간이 5년 이상일 것. 다만, 세대의 구성원 중 일부가 아래 각호의 어느 하나에 해당하는 사유로 다른 시[15]·군[16]으로 주거를 이전하여 거주하지 못한 경우에도 세대 전원이 거주한 것으로 본다.

1. 초·중등교육법에 따른 학교(초등학교 및 중학교를 제외한다.[17]) 및 고등교육법에 따른 학교에의 취학
2. 직장의 변경이나 전근 등 근무상의 형편
3. 1년 이상의 치료나 요양을 필요로 하는 질병의 치료 또는 요양
4. 학교폭력예방 및 대책에 관한 법률에 따른 학교폭력으로 인한 전학(같은 법에 따른 학교폭력대책자치위원회가 피해 학생에게 전학이 필요하다고 인정하는 경우에 한한다)

> **주의** 이 부분에서는 사업상의 형편이 없다. 즉, 세대원 일부가 사업상의 형편으로 거주하지 못한 경우에는 세대 전원이 5년 이상 거주요건을 충족하지 못한 경우에 해당한다.

---

15) 특별시, 광역시, 특별자치시 및 「제주특별자치도 설치 및 국제자유도시 조성을 위한 특별법」 제10조 제2항에 따라 설치된 행정시를 포함한다.
16) 광역시지역 안에서 구지역과 읍·면지역 간에 주거를 이전하는 경우와 특별자치시, 「지방자치법」 제7조 제2항에 따라 설치된 도농복합형태의 시 지역 및 「제주특별자치도 설치 및 국제자유도시 조성을 위한 특별법」 제10조 제2항에 따라 설치된 행정시 안에서 동지역과 읍·면지역 간에 주거를 이전하는 경우를 포함한다.
17) 특수학교에의 취학은 부득이한 사유에 해당한다.

| 관련 규정 | 소득세법 시행규칙 제71조

③ "영 제154조 제1항 제1호 및 제3호에서 기획재정부령으로 정하는 취학, 근무상의 형편, 질병의 요양, 그밖에 부득이한 사유"란 세대의 구성원 중 일부(영 제154조 제1항 제1호의 경우를 말한다) 또는 세대 전원(영 제154조 제1항 제3호의 경우를 말한다)이 다음 각호의 어느 하나에 해당하는 사유로 다른 시(특별시, 광역시, 특별자치시 및 「제주특별자치도 설치 및 국제자유도시 조성을 위한 특별법」 제10조 제2항에 따라 설치된 행정시를 포함한다. 이하 이 조, 제72조 및 제75조의 2에서 같다)·군으로 주거를 이전하는 경우(광역시지역 안에서 구지역과 읍·면지역 간에 주거를 이전하는 경우와 특별자치시, 「지방자치법」 제7조 제2항에 따라 설치된 도농복합형태의 시 지역 및 「제주특별자치도 설치 및 국제자유도시 조성을 위한 특별법」 제10조 제2항에 따라 설치된 행정시 안에서 동지역과 읍·면지역 간에 주거를 이전하는 경우를 포함한다. 이하 이 조, 제72조 및 제75조의 2에서 같다)를 말한다." (2020. 03. 13. 개정)

1. 초·중등교육법에 따른 학교(초등학교 및 중학교를 제외한다.) 및 고등교육법에 따른 학교에의 취학
2. 직장의 변경이나 전근 등 근무상의 형편
3. 1년 이상의 치료나 요양을 필요로 하는 질병의 치료 또는 요양
4. 학교폭력예방 및 대책에 관한 법률에 따른 학교폭력으로 인한 전학 (같은 법에 따른 학교폭력대책자치위원회가 피해 학생에게 전학이 필요하다고 인정하는 경우에 한한다)

⑤ "영 제154조 제1항 제3호에 따른 사유로서 제3항을 적용할 때 제3항 각호의 사유가 발생한 당사자 외의 세대원 중 일부가 취학, 근무 또는 사업상의 형편 등으로 당사자와 함께 주거를 이전하지 못하는 경우에도 세대 전원이 주거를 이전한 것으로 본다." (2020. 03. 13. 개정)

요약

임차인으로 거주한 건설임대주택의 분양전환으로 취득한 주택

구분	내 용
5년 거주 기간 계산	해당 주택의 임차일부터~양도일까지
세대 전원 5년 거주 여부	세대원의 일부가 취학, 근무상의 형편, 질병의 요양 등 부득이한 사유*로 일시 퇴거하여 당해 주택에 거주하지 못한 경우에도 세대 전원이 5년 이상을 거주한 것으로 본다.

* 사업상의 형편은 부득이한 사유에 해당하지 않는다.

취득원인	취득일·양도일	보유기간 계산	세율
유상거래	잔금(대금)청산일과 소유권이전 등기접수일 중 빠른 날	취득일~양도일	취득일~양도일

대금청산일은 원칙적으로 거래대금의 전부를 지급한 날을 의미하지만 그 전부를 이행하지 않았어도 사회 통념상 거의 지급되었다고 볼만한 정도의 대금지급이 이행된 날을 포함한다.

2. "1년 이상 거주한 주택을 취학, 근무상의 형편, 질병의 요양, 그밖에 부득이한 사유[18]로 양도하는 경우"(소득세법 시행령 제154조 제1항 3호)

1세대가 양도일 현재 국내에 1주택(일시적 2주택 등 각종 특례에 따라 1세대 1주택으로 보는 경우 포함)을 보유하고 있는 경우로서 세대 전원[19]이 1년 이상 거주한 주택을 기획재정부령으로 정하는 취학[20], 근무상의 형편, 질병의 요양, 그밖에 부득이한 사유로 양도하는 경우 2년 보유기간 및 2년 거주기간의 제한을 받지 않는다.

1) 해당 사유가 발생한 지역으로 그 당사자와 함께 세대원 전부가 주거를 이전해야 하는지

당사자 외의 세대원 중 일부가 취학, 근무 또는 사업상의 형편 등으로 해당

---

18) "1. 초·중등교육법에 따른 학교(초등학교 및 중학교를 제외한다) 및 고등교육에 따른 학교에의 취학
   2. 직장의 변경이나 전근 등 근무상의 형편
   3. 1년 이상의 치료나 요양을 필요로 하는 질병의 치료 또는 요양
   4. 학교폭력예방 및 대책에 관한 법률에 따른 학교폭력으로 인한 전학 (같은 법에 따른 학교폭력대책자치위원회가 피해 학생에게 전학이 필요하다고 인정하는 경우에 한한다)"
   (소득세법 시행규칙 제71조 ③)
19) 세대원 일부가 일시퇴거자 요건에 해당하는 취학, 근무상의 형편, 질병의 요양 등에 해당하는 부득이한 사유(소득세법 시행규칙 제71조 ③)로 거주하지 못한 경우에는 세대 전원이 1년 이상 거주한 것으로 본다.
20) 초등학교 및 중학교를 제외한다. 다만, 특수학교에의 취학은 부득이한 사유에 해당한다.

사유가 발생한 그 당사자와 함께 주거 이전하지 못하는 경우에도 세대 전원이 이전한 것으로 본다.

소득세법 시행규칙 제71조

③
1. 초·중등교육법에 따른 학교(초등학교 및 중학교를 제외한다.) 및 고등교육에 따른 학교에의 취학
2. 직장의 변경이나 전근 등 근무상의 형편
3. 1년 이상의 치료나 요양을 필요로 하는 질병의 치료 또는 요양
4. 학교폭력예방 및 대책에 관한 법률에 따른 학교폭력으로 인한 전학 (같은 법에 따른 학교폭력 대책자치위원회가 피해 학생에게 전학이 필요하다고 인정하는 경우에 한한다)

⑤ 영 제154조 제1항 제3호에 따른 사유로서 제3항을 적용할 때 제3항 각호의 사유가 발생한 당사자 외의 세대원 중 일부가 취학, 근무 또는 사업상의 형편 등으로 당사자와 함께 주거를 이전하지 못하는 경우에도 세대 전원이 주거를 이전한 것으로 본다.

> **특이** 이 부분에서는 ⑤항이 추가된다. (⑤항에는 사업상 형편 등이 있다.)
>
> 즉, 세대원 중 일부가 사업상의 형편 등으로 당사자와 함께 주거를 이전하지 못하는 경우에도 세대 전원이 주거를 이전한 것으로 본다.

> **주의** 1년 이상 거주한 주택을 취학, 근무상의 형편, 질병의 요양, 그 밖의 부득이한 사유로 양도하는 경우에서 사업상의 형편[21]은 부득이한 사유에 해당하지 않는다.

---

21) 1년 이상 거주한 주택을 취학, 근무상의 형편, 질병의 요양, 그 밖에 부득이한 사유로 양도하는 경우에는 그 보유기간의 제한을 받지 아니하는 것이나, 사업상의 형편으로 양도하는 경우에는 이에 해당하지 아니하는 것임. (서면-2015-부동산-1013, 2015.07.22.)

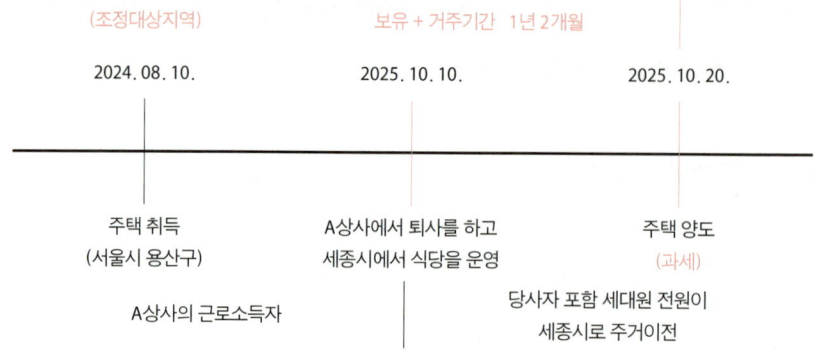

▲설명: 사업상의 형편은 기획재정부령으로 정하는 취학, 근무상의 형편, 질병의 요양, 그 밖에 부득이한 사유에 해당하지 않는다. 즉, 비과세 안 됨. 그러나 세종시에 있는 식당으로 이직(근로소득)을 하는 경우에는 비과세가 가능하다.

세대원 일부가 사업상의 형편으로 부득이한 사유가 발생한 지역으로 주거 이전하지 못한 경우

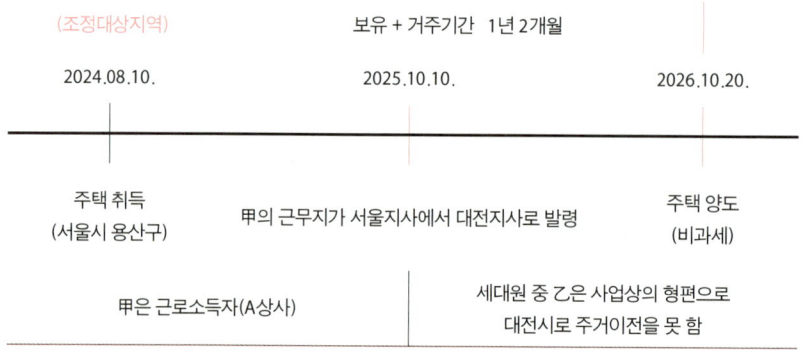

▲ 설명: 대전으로 세대 전원이 주거지를 이전하는 경우에만 비과세가 가능하지만, 세대원 乙이 사업상의 형편으로 대전으로 주거 이전하지 못하는 경우에도 세대 전원이 주거 이전한 것으로 본다. 즉, 비과세 가능.

세대원 일부가 1년 이상 거주하지 못한 경우

세대원 일부가 취학, 근무상의 형편, 질병의 요양 등에 해당하는 부득이한 사유(소득세법 시행규칙 제71조 ③)로 거주하지 못한 경우에는 세대 전원이 1년 이상 거주한 것으로 본다.

2) 1주택을 보유하고 있는 1세대가 1년 이상의 거주기간이 도래하기 이전에 근무상의 형편에 해당하는 사유가 발생한 경우

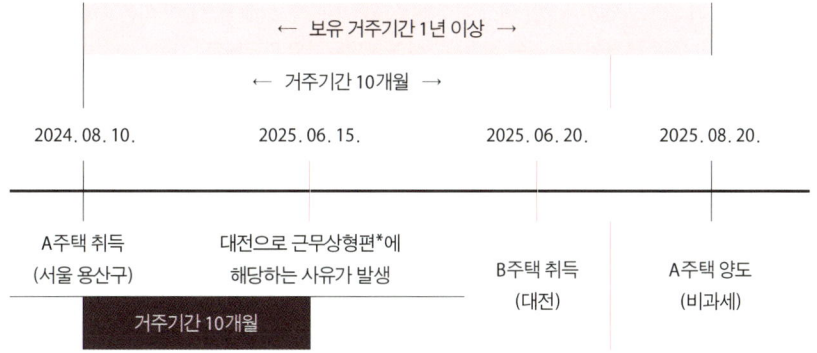

※ 세대 전원이 대전으로 거주지를 이전.

---

* 근무상형편: 이직으로 인한 직장의 변경이나 전근을 포함하며, 무직 상태에서 대전에 취직을 하는 경우도 포함한다.

서면인터넷방문상담4팀-932, 2007. 03. 20.

"1년 이상 거주한 주택을 취학 등 기타 부득이한 사유로 양도하는 경우 1세대 1주택 비과세 적용받을 수 있으며, 1년 이상 거주한 주택 여부는 당해 주택취득일부터 양도한 날까지의 기간으로 계산하는 것이며 본 회신은 2007.02.26 이후 최초로 결정(신고 포함)하는 분부터 적용하는 것입니다."

국심-2003-중-3448, 2004. 02. 10.

"살피건대, 관련 법령상 그 보유기간 및 거주기간의 제한을 받지 아니하고 비과세하는 "1세대 1주택의 범위"에 1년 이상 거주한 주택을 재정경제부령이 정하는 취학·근무상의 형편·질병의 요양 기타 부득이한 사유로 양도하는 경우로 되어 있어
이 건의 경우처럼 청구인이 쟁점 주택을 취득한 후 직장 변경과 같은 부득이한 사유가 발생하여 취득 시점부터 양도 시점까지 1년 이상 거주한 주택을 양도하고 세대 전원이 다른 시로 주거를 이전하였다면 동 주택의 양도소득은 비과세대상에 해당된다고 판단된다."

아래 소득세법 시행규칙 제71조 제3항 각호는 1년 이상 거주한 주택을 취학, 근무상의 형편, 질병의 요양, 그밖에 부득이한 사유로 양도(소득세법 시행령 제154조 제1항 3호)하는 경우에서 말하고 있는 부득이한 사유로서 사업상의 형편은 부득이한 사유에 해당하지 않는다.

관련 규정 | 소득세법 시행규칙 제71조 ③

세대 전원(영 제154조 제1항 제3호의 경우를 말한다)이 다음 각호의 어느 하나에 해당하는 사유로 다른 시·군으로 주거를 이전하는 경우를 말한다.

1. 초·중등교육법에 따른 학교(초등학교 및 중학교를 제외한다) 및 고등교육법에 따른 학교에의 취학
2. 직장의 변경이나 전근 등 근무상의 형편

3. 1년 이상의 치료나 요양을 필요로 하는 질병의 치료 또는 요양
4. 학교폭력예방 및 대책에 관한 법률에 따른 학교폭력으로 인한 전학(같은 법에 따른 학교폭력대책자치위원회가 피해 학생에게 전학이 필요하다고 인정하는 경우에 한한다)

3) 해당 사유가 발생한 지역으로 주거 이전의 조건

"다른 시(특별시, 광역시, 특별자치시 및 「제주특별자치도 설치 및 국제자유도시 조성을 위한 특별법」 제10조 제2항에 따라 설치된 행정시를 포함한다. 이하 이 조, 제72조 및 제75조의 2에서 같다)·군으로 주거를 이전[22]하는 경우 (광역시지역 안에서 구지역과 읍·면지역 간에 주거를 이전하는 경우와 특별자치시, 「지방자치법」 제7조 제2항에 따라 설치된 도농복합형태의 시 지역 및 「제주특별자치도 설치 및 국제자유도시 조성을 위한 특별법」 제10조 제2항에 따라 설치된 행정시 안에서 동지역과 읍·면지역 간에 주거를 이전하는 경우를 포함한다. 이하 이 조, 제72조 및 제75조의 2에서 같다)를 말한다." (소득세법 시행규칙 제71조 ③)

---

[22] 근무상의 형편 등 부득이한 사유로 1년 이상 거주한 주택을 양도하는 경우 1세대 1주택 비과세를 적용받을 수 있는 것이나, 부득이한 사유는 현 주소지에서 통상 출퇴근이 불가능하여 다른 시·군으로 주거를 이전하는 경우를 말하는 것으로서 이에 해당하는지 여부는 사실 판단할 사항임. (부동산 납세과-1857, 2015. 11. 06.)

(1) 다른 시·군으로 거주 이전하는 경우 (원칙)

○ 대전시 서구에서 청주시 주성동으로 이전하는 경우에는 주거이전에 해당한다.

○ 대전시 유성구에서 대전시 동구로 이전하는 경우에는 주거이전에 해당하지 않는다.

○ 서울시 종로구에서 서울시 마포구로 이전하는 경우에는 주거이전에 해당하지 않는다.

(2) 동일 시 안에서 거주 이전하는 경우 (예외)

○ 광역시지역 안에서 구지역과 읍·면지역 간에 주거를 이전하는 경우

● 특별자치시,「지방자치법」제7조 제2항에 따라 설치된 도농복합형태의 시 지역 및 「제주특별자치도 설치 및 국제자유도시 조성을 위한 특별법」제10조 제2항에 따라 설치된 행정시 안에서 동지역과 읍·면지역 간에 주거를 이전하는 경우

> 출퇴근이 불가능한지 여부에 대하여는 근무지의 여건 및 교통수단 등을 감안하여 출퇴근에 소요되는 시간·비용 등의 사실을 종합하여 판단하는 것이다.

서면인터넷방문상담4팀-363, 2006. 02. 22.

"아파트중도금 불입 중에 근무상 형편으로 세대 전원이 다른 시로 거주이전 하는 경우는 1년 이상 거주요건을 충족하지 못해 1세대 1주택 비과세 규정을 적용할 수 없음."

> 법규과-790, 2023. 03. 29.

"1세대가 주택분양권을 취득한 후 주택으로 완성되어 취득하기 전에 근무상 형편(전근)에 따른 부득이한 사유가 발생한 경우 당해 주택의 양도일까지 1년 이상 거주한 사실이 있는 경우에는 「소득세법 시행령」 제154조 제1항 제3호를 적용할 수 있음."

> 재산세과-2269, 2008. 08. 18.

"출퇴근이 불가능한지 여부에 대하여는 근무지의 여건 및 교통수단 등을 감안하여 출퇴근에 소요되는 시간·비용 등의 사실을 종합하여 판단하는 것임."

1년 이상 거주한 1주택을 소유한 거주자인 1세대가 세대원의 직장 변경(직장이전을 포함)이나 전근 등 근무상 형편의 부득이한 사유로 세대 전원이 다른 시·군으로 주거를 이전함으로써 당해 주택을 양도하는 경우에는 「소득세법 시행령」 제154조 제1항 제3호의 규정에 따른 그 보유기간 및 거주기간의 제한을 받지 않고 1세대 1주택 비과세를 적용받을 수 있는 것이며, 이 경우 "부득이한 사유"라 함은 현주소지에서 통상 출퇴근이 불가능하여 출퇴근이 가능한 다른 시·군으로 세대 전원이 주거를 이전하게 되는 경우를 말하는 것으로, 귀 질의의 출퇴근이 불가능한지 여부에 대하여는 근무지의 여건 및 교통수단 등을 감안하여 출퇴근에 소요되는 시간 · 비용 등의 사실을 종합하여 판단하는 것입니다.

> 재산세과-810, 2009. 04. 24. 참고

"전근의 사유가 발생하기 전에 주거 이전을 미리 하는 경우에는 특례규정을 적용받을 수 없다."

요약

1년 이상 거주한 주택을 취학, 근무상의 형편, 질병의 요양, 그밖에 부득이한 사유로 양도하는 경우

구분	내용
1년 거주 기간 계산	주택 취득일부터 부득이한 사유 발생일 현재까지 또는 해당 주택의 취득일부터~양도일까지
부득이한 사유 발생자의 범위	해당 주택의 소유자 및 세대원의 경우도 포함한다.
세대 전원 1년 거주 여부	세대원의 일부가 취학, 근무상의 형편, 질병의 요양 등 부득이한 사유로 일시 퇴거하여 당해 주택에 거주하지 못한 경우에도 세대 전원이 5년 이상을 거주한 것으로 본다.
사업상 형편으로 주거를 이전	사업상의 형편은 그밖에 부득이한 사유에 해당하지 않는다.
세대 전원이 주거지를 이전해야 하는지	당사자 외의 세대원 중 일부가 취학, 근무 또는 사업상의 형편 등으로 해당 사유가 발생한 그 당사자와 함께 주거이전을 못하는 경우에도 세대 전원이 이전한 것으로 본다.

3. 상생임대주택을 양도하는 경우

국내에 1주택(일시적 2주택, 장기저당 담보주택에 대한 1세대 1주택의 특례, 주택과 조합원입주권을 소유한 경우 일시적 2주택 비과세 특례, 주택과 분양권을 소유한 경우 일시적 2주택 비과세 특례 및 그 밖의 법령에 따라 1세대 1주택으로 보는 경우를 포함한다)을 소유한 1세대(2주택 이상을 보유하고 있지만 1주택으로 보는 경우 포함)가 요건을 모두 갖춘 상생임대주택을 양도하는 경우에는 제154조 제1항(1세대 1주택 비과세), 제155조 제20항 제1호(주택임대사업자 등의 거주주택 비과세) 및 제159조의 4(장기보유특별공제 표2)를 적용할 때 해당 규정에 따른 거주기간의 제한을 받지 않는다.

06

상생임대주택에 대한 비과세 특례

상생임대주택에 대한 비과세 특례

소득세법 시행령
제155조의 3

국내에 1주택(일시적 2주택[23], 장기저당담보주택에 대한 1세대 1주택의 특례[24], 주택과 조합원입주권을 소유한 경우 일시적 2주택 비과세 특례[25], 주택과 분양권을 소유한 경우 일시적 2주택 비과세 특례[26] 및 그 밖의 법령에 따라 1세대 1주택으로 보는 경우를 포함한다)을 소유한 1세대가 일정 요건을 모두 갖춘 상생임대주택을 양도하는 경우에는 제154조 제1항(1세대 1주택 비과세), 제155조 제20항 제1호(주택임대사업자 등의 거주주택 비과세) 및 제159조의 4(장기보유특별공제 표2)를 적용할 때 해당 규정에 따른 거주기간의 제한을 받지 않는다.

---

23) 소득세법 시행령 제155조
24) 소득세법 시행령 제155조의 2
25) 소득세법 시행령 제156조의 2
26) 소득세법 시행령 제156조의 3

요약

다음의 요건을 모든 갖춘 주택 상생임대주택을 양도하는 경우에는 2년 거주기간의 제한을 받지 않는다.

① 주택을 취득한 후 해당 주택에 대하여 임차인과 임대차계약을 체결한 임대차계약이 있을 것. (이하 '직전임대차계약' 이라 한다)
② 직전임대차계약에 따라 임대한 기간이 1년 6개월 이상일 것.
③ 상생임대차계약('직전임대차계약' 대비 임대보증금 또는 임대료의 증가율이 5%를 초과하지 않는 임대차계약)을 2021. 12. 20.~2026. 12. 31. 기간 중에 체결*하고 임대를 개시할 것.
④ '상생임대차계약' 후 2년 이상 임대한 이후에 해당 주택을 양도할 것.

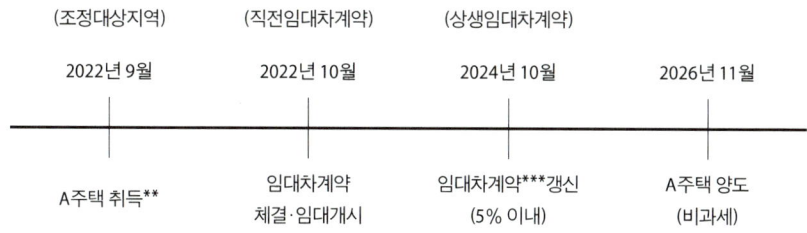

---

* 계약금을 지급받은 사실이 증빙서류에 의해 확인되는 경우로 한정한다.
** 취득: 갭 취득 또는 임대차계약 후 그 임차인의 보증금으로 A주택의 잔금을 지불한 경우에는 그 임대차계약은 직전임대차계약에 해당하지 않고 그다음 갱신계약(새로운 임차인과의 계약 포함)이 직전임대차계약이다.
*** 새로운 임차인과의 계약도 포함

1. 상생임대주택의 요건

소득세법 시행령 제155조의 3 제1항에서 말하는 '상생임대주택'이란 다음의 요건을 갖춘 주택을 말한다.

① 1세대가 주택을 취득한 후 해당 주택에 대하여 임차인과 체결한 직전임대차계약(해당 주택의 취득으로 임대인의 지위가 승계된 경우의 임대차계약은 직전임대차계약에 해당하지 않는다) 대비 임대보증금 또는 임대료의 증가율이 100분의 5를 초과하지 않는 상생임대차계약을 2021년 12월 20일부터 2026년 12월 31일까지의 기간 중에 체결(계약금을 지급받은 사실이 증빙서류에 의해 확인되는 경우로 한정한다)하고 임대를 개시할 것.

> 직전임대차계약에 따라 임대한 기간이 1년 6개월 이상일 것.
> 상생임대차계약에 따라 임대한 기간이 2년 이상일 것.

위 임대 기간을 계산할 때 임차인의 사정으로 임대를 계속할 수 없어 새로운 임대차계약을 체결하는 경우로서 기획재정부령으로 정하는 요건[27]을 충족하는 경우에는 새로운 임대차계약의 임대 기간을 합산하여 계산한다.

---

[27] "기획재정부령으로 정하는 요건"이란 종전 임대차계약과 비교하여 새로운 임대차계약에 따른 임대보증금 또는 임대료가 증가하지 않았을 것을 말한다.

> **관련 규정 | 소득세법 시행령 제155조의 3**

① 국내에 1주택(제155조, 제155조의 2, 제156조의 2, 제156조의 3 및 그 밖의 법령에 따라 1세대 1주택으로 보는 경우를 포함한다)을 소유한 1세대가 다음 각호의 요건을 모두 갖춘 주택(이하 "상생임대주택"이라 한다)을 양도하는 경우에는 제154조 제1항, 제155조 제20항 제1호 및 제159조의 4를 적용할 때 해당 규정에 따른 거주기간의 제한을 받지 않는다. (2022. 08. 02. 개정)

1. 1세대가 주택을 취득한 후 해당 주택에 대하여 임차인과 체결한 직전 임대차계약(해당 주택의 취득으로 임대인의 지위가 승계된 경우의 임대차계약은 제외하며, 이하 이 조에서 "직전임대차계약"이라 한다) 대비 임대보증금 또는 임대료의 증가율이 100분의 5를 초과하지 않는 임대차계약(이하 이 조에서 "상생임대차계약"이라 한다)을 2021년 12월 20일부터 2026년 12월 31일까지의 기간 중에 체결(계약금을 지급받은 사실이 증빙서류에 의해 확인되는 경우로 한정한다)하고 임대를 개시할 것. (2024. 11. 12. 개정)

1. 직전임대차계약에 따라 임대한 기간이 1년 6개월 이상일 것.
2. 상생임대차계약에 따라 임대한 기간이 2년 이상일 것.

② 상생임대차계약을 체결할 때 임대보증금과 월 임대료를 서로 전환하는 경우에는 「민간임대주택에 관한 특별법」 제44조 제4항에서 정하는 기준에 따라 임대보증금 또는 임대료의 증가율[28]을 계산한다.

---

28) '직전임대차계약' 대비 임대보증금 또는 임대료의 증가율이 5%를 초과하지 않을 것.

③ 직전임대차계약 및 상생임대차계약에 따른 임대 기간은 월력에 따라 계산하며, 1개월 미만인 경우에는 1개월로 본다.

④ 직전임대차계약[29] 및 상생임대차계약[30]에 따른 임대 기간을 계산할 때 임차인의 사정으로 임대를 계속할 수 없어 새로운 임대차계약을 체결하는 경우로서 기획재정부령으로 정하는 요건을 충족하는 경우에는 새로운 임대차계약의 임대 기간을 합산하여 계산한다.

⑤ 제1항을 적용받으려는 자는 법 제105조 또는 제110조에 따른 양도소득세 과세표준 신고기한까지 기획재정부령으로 정하는 상생임대주택에 대한 특례적용신고서에 해당 주택에 관한 직전임대차계약서 및 상생임대차계약서를 첨부하여 납세지 관할 세무서장에게 제출해야 한다. 이 경우 납세지 관할 세무서장은 「전자정부법」 제36조 제1항에 따른 행정정보의 공동이용을 통하여 해당 주택의 토지·건물 등기사항증명서를 확인해야 한다.

위 ③항에 대한 부연설명
○ 직전 임대차계약에 따라 임대한 기간이 1년 6개월 이상일 것.
　(예) 1년 5개월 19일을 임대한 경우 1년 6개월을 임대한 것으로 본다.
○ 상생 임대차계약에 따라 임대한 기간이 2년 이상일 것.
　(예) 1년 11개월 19일을 임대한 경우 2년을 임대한 것으로 본다.

---

29) 주택을 취득한 후 해당 주택에 대하여 임차인과 임대차계약을 체결하고 임대한 기간이 1년 6개월 이상일 것.
30) 임대차계약을 2021.12.20.~2026.12.31. 기간 중에 체결하고 임대를 개시하고 임대한 기간이 2년 이상일 것.

사례별로 보는 상생임대주택 여부

사례에 있는 A주택은 1세대 1주택 비과세 판정 시 2년 거주요건이 있는 주택이라는 전제

양도, 서면-2022-법규재산-3253, 2022.09.29

임차인이 법인인 경우에도, 그 임차법인이 당해 임차주택을 상시 주거용의 사택으로 사용하는 경우, 당해 임대주택에 대하여 소득령§155의 3에 따른 상생임대주택 특례규정을 적용할 수 있는 것임.

직전임대차계약 및 상생임대차계약에 따른 임대 기간을 계산할 때 임차인의 사정으로 임대를 계속할 수 없어 새로운 임대차계약을 체결하는 경우로서 기획재정부령으로 정하는 요건[31]을 충족하는 경우에는 새로운 임대차계약의 임대 기간을 합산하여 계산한다.

Q. 직전임대차계약에 해당하는 직전임차인이 조기 퇴거한 경우

❶ '22년 7월에 乙'과 임대차계약(2년)을 체결함(직전임대차계약)

* 임차인 乙'의 개인 사정으로 직전 임대차계약기간 2년을 채우지 못하고 1년을 거주하다 '23년 7월에 퇴거.

❷ '23년 8월에 새로운 임차인 丙'과 임대차계약(1년)을 체결함

* 종전 임차인 乙'과 계약했던 임대료와 같은 금액 또는 낮은 금액으로 丙'과 임대차계약을 체결.

❸ '24년 8월에 丙'과 임대차계약(2년)을 갱신함.

▲ 설명: 직전임대차계약 기간이 1년 6개월 (❶+❷) 이상이고, 2024년 8월에 丙'과 체결한 임대차계약은 ❸상생임대차계약에 해당하므로 2년 임대 후 해당 주택을 양도하는 경우에는 소득령 제154조 제1항(1세대 1주택 비과세), 제155조 제20항 제1호(주택임대사업자 등의 거주 주택 비과세) 및 제159조의 4(장기보유특별공제 표2)를 적용할 때 해당 규정에 따른 거주기간의 제한을 받지 않는다.

---

[31] 종전 임대차계약과 비교하여 새로운 임대차계약에 따른 임대보증금 또는 임대료가 증가하지 않는 것을 말한다.

Q. 상생임대차계약에 해당하는 상생임차인이 조기에 퇴거한 경우

❶ '20년 7월에 乙'과 임대차계약(2년)을 체결함(직전임대차계약)

❷ '22년 7월에 乙'과 갱신계약(2년) 또는 새로운 임차인 丙'과 임대차계약(2년)을 체결함(상생임대차계약)

* 임대보증금 또는 임대료의 증가율은 5% 이내
* 乙' 또는 丙' 이 개인 사정으로 1년을 거주하고 23년 7월에 퇴거

❸ '23년 8월에 새로운 임차인 丁'과 임대차계약(2년)을 체결함

* 종전 임차인 乙 또는 丙과 계약했던 임대료와 같은 금액 또는 낮은 금액으로 丁'과 임대차계약을 체결.

▲ 설명: 2022년 7월에 乙 또는 丙과 체결한 ❷임대차계약은 상생임대차계약에 해당하므로 ❷번 임대 기간과 ❸번의 임대 기간을 합산하여 임대 기간 2년이 지난 후 해당 주택을 양도하는 경우에는 소득령 제154조 제1항(1세대 1주택 비과세), 제155조 제20항 제1호(주택임대사업자 등의 거주주택 비과세) 및 제159조의 4(장기보유특별공제 표2)를 적용할 때 해당 규정에 따른 거주기간의 제한을 받지 않는다.

Q. 주택을 취득한 후에 임차인과 임대차계약을 체결하고 5% 이내로 임대차계약을 갱신한 경우

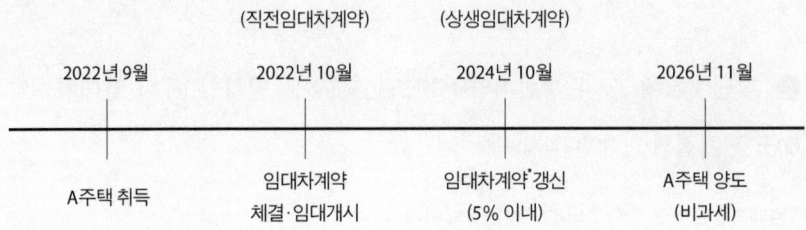

▲ 풀이: A주택은 상생임대주택에 해당하므로 거주기간의 제한을 받지 않는다. 즉, A주택의 양도소득은 비과세.

또한 A주택을 취득한 날부터 1년이 경과한 후 다른 주택(이하 신규주택)을 취득하여 일시적으로 2주택이 된 경우 신규주택의 취득일로부터 3년 이내에 A주택을 양도하는 경우 일시적 2주택 비과세가 가능하다. (A주택은 2026년 10월이 지나야 비과세 요건을 충족한다)

---

* 새로운 임차인과의 계약도 포함.

Q. 주택 매수계약을 체결한 후 잔금일이 도래하기 이전에 임대차계약을 체결한 경우

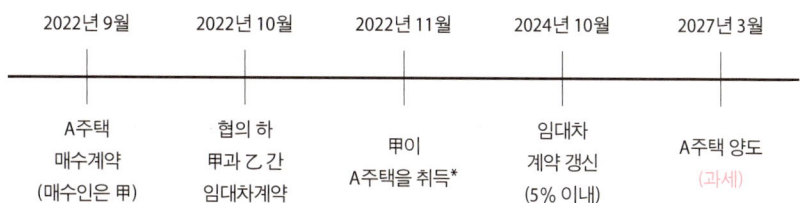

▲ 풀이: 甲이 해당 주택을 취득하기 이전에 甲과 乙 간 체결한 임대차계약은 직전임대차계약에 해당하지 않는다. 즉, A주택을 2027년 3월에 양도하면 상생임대주택에 해당하지 않으므로 거주기간의 제한을 받지만, 상생임대차계약기간이 2026.12.31.까지로 연장(개정)이 되어 양도 시기 등을 조절하면 상생임대주택 요건을 충족할 수 있다.

Good News:

상생임대차계약 기간이 2026.12.31.까지로 연장이 되어 2024년 10월 계약이 직전임대차계약이고 2026년 10월에 상생임대차계약을 할 수 있으므로 2028년 10월이 지나면 상생임대주택에 해당하여 거주기간의 제한을 받지 않는다. 즉, A주택의 양도소득은 비과세 가능.

* 취득: 같은 날에 乙로부터 전세보증금을 받아서 그 돈으로 A주택의 잔금을 지불함.

Q. 주택을 취득한 날에 해당 주택에 대한 임대차계약을 체결한 경우

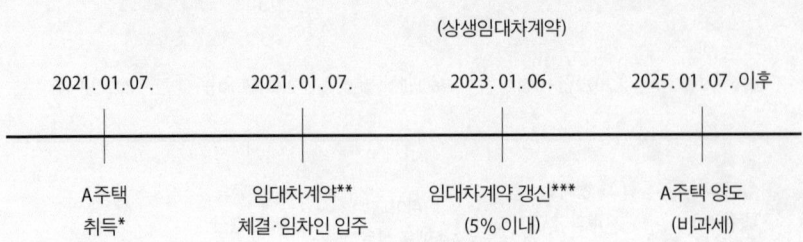

▲ 풀이: A주택은 상생임대주택에 해당하므로 거주기간의 제한을 받지 않는다. 즉, A주택의 양도소득은 비과세.

법규과-1406, 2024.06.04.

묵시적 계약 갱신으로 계약서가 없어 계약서를 제출하지 못한 경우에도, 묵시적 계약갱신으로 임대차계약을 갱신하고, 그 갱신계약이 상생임대차계약 요건 등을 충족한 것이 확인되는 경우 특례규정을 적용할 수 있는 것임.

---

* 잔금을 본인 자금(대출 포함)으로 먼저 지불함.

** 전 소유자와 임차인 간 임대차계약을 체결한 후 신 소유자와 같은 내용의 임대차계약을 체결하여 임대차계약 기간이 시작되는 경우가 아닐 것.

*** 새로운 임차인과의 계약도 포함.

Q. 주택을 취득하면서 해당 주택의 전 소유자와 체결한 임대차계약이 직전 임대차 계약에 해당하는지

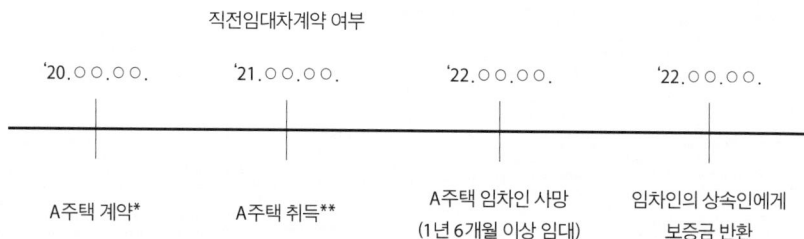

▲ 풀이: "1세대가 주택을 취득한 후 해당 주택의 전 소유자와 임대차계약을 체결하여 실제 1년 6개월 이상 임대한 경우, 해당 임대차계약은 「소득세법 시행령」 제155조의3에 따른 직전 임대차계약으로 볼 수 있는 것입니다." (법규과-3154, 2022. 11. 02.)

---

* 매도인이 임차인으로 A주택(임차)에 거주하는 조건으로 매매계약
** A주택을 취득하면서 임차인과 임대차계약 체결, 임대개시

Q. 임차인으로부터 전세보증금을 받아서 그 대금으로 분양대금 잔금을 납부한 경우

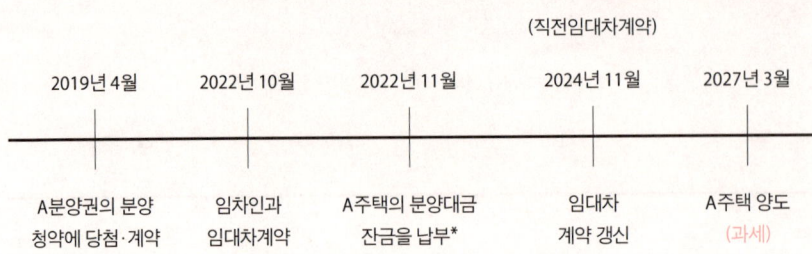

▲풀이: 해당 주택을 취득하기 이전에 체결한 임대차계약은 직전임대차계약에 해당하지 않는다. 즉, 해당 주택은 상생임대주택에 해당하지 않으므로 거주기간의 제한을 받지만, 상생임대차계약 기간이 2026. 12. 31.까지로 연장(개정)이 되어 양도시기 등을 조절하면 상생임대주택 요건을 충족할 수 있다.

> Good News:
>
> 상생임대차계약 기간이 2026. 12. 31.까지로 연장이 되어 2024년 11월 계약이 직전임대차계약이고 2026년 11월에 상생임대차계약을 할 수 있으므로 2028년 11월이 지나면 상생임대주택에 해당하여 거주기간의 제한을 받지 않는다. 즉, A주택의 양도소득은 비과세 가능.

* 납부: 해당 주택의 임차인으로부터 전세보증금을 받아서 그 돈으로 A주택의 분양대금 잔금을 납부함.

Q. **주택담보대출을 실행시켜 잔금을 납부한 후에 임대차계약을 체결하고 받은 보증금으로 대출금액을 상환한 경우**

▲▼ 풀이: A주택을 취득한 후에 임대차계약을 체결한 경우로서 해당 주택은 상생임대주택에 해당하므로 거주기간의 제한을 받지 않는다. 즉, A주택의 양도소득은 비과세.

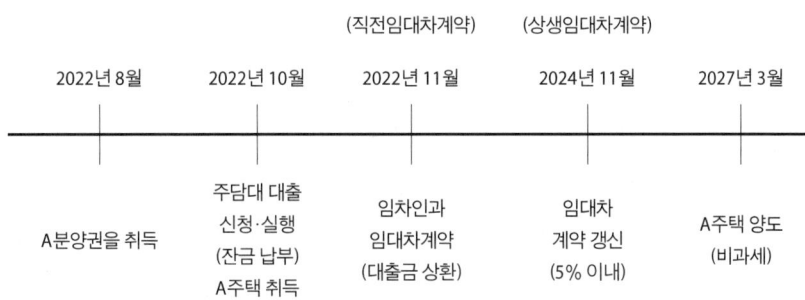

Q. 임차인이 있는 주택의 전세보증금을 승계하여 취득한 경우(1)

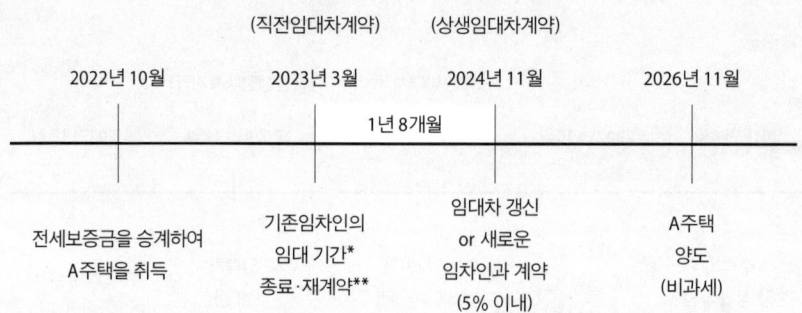

▲ 풀이: 2023년 3월에 체결한 계약이 직전임대차계약으로서 직전임대차계약에 따라 임대한 기간이 1년 6개월 이상이므로 해당 주택은 상생임대주택에 해당하여 거주기간의 제한을 받지 않는다.

---

* 기존임차인의 기존임대계약기간: 2021년 3월~2023년 3월(24개월)
** (재계약기간) 2023년 3월 ~2024년 11월(1년 8개월)

Q. 임차인이 있는 주택의 전세보증금을 승계하여 취득한 경우(2)

▲ 풀이: 2023년 10월에 체결한 계약이 직전임대차계약이고 2025년 10월 계약이 상생임대차계약에 해당하므로 해당 주택은 상생임대주택에 해당하여 거주기간의 제한을 받지 않는다.

Good News:

상생임대차계약기간이 2026. 12. 31.까지로 연장(개정)이 되어 상생임대주택요건을 충족하게 되는 사례이다

*기존임차인의 기존임대계약기간 : 2021년 10월~2023년 10월(24개월)

Q. 상생임대주택 양도 시까지 5% 증액 제한 요건을 계속 준수해야 하는지

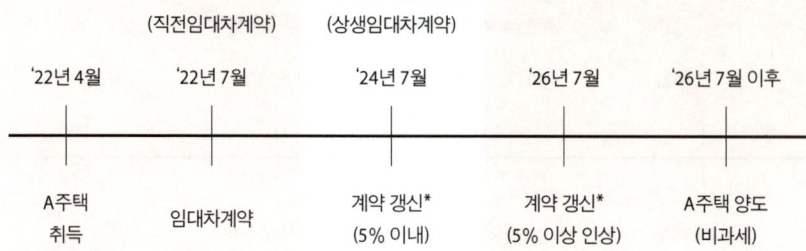

▲ 풀이: 2024년 7월 계약이 상생임대차계약이다. 상생임대차계약 요건에만 5% 증액 제한이라는 것이 있다. 즉, A주택은 상생임대주택요건을 모두 충족하였으므로 거주기간의 제한을 받지 않는다.

소득세법 시행령 제155조의3의 요건을 모두 충족한 상생임대주택은 상생임대차계약 임대 기간 종료 후, 새로운 임대차계약 체결 시 임대료의 증액 요건을 충족하지 않은 경우에도 「소득세법 시행령」 제155조의3에 따른 특례를 적용받을 수 있는 것임. (법규과-2376, 2024.09.25.)

*계약 갱신: 새로운 임차인과의 계약 포함

07

일시적 2주택 비과세

일시적 2주택 비과세

Check Point

1주택을 보유하고 있는 1세대가 종전주택을 양도하기 이전에 다른 주택(이하 '신규주택'이라 한다)을 취득하여 일시적 2주택이 된 경우로서 취득한 신규주택이 관리처분계획인가로 조합원입주권으로 전환이 된 경우에도 신규주택을 취득하여 일시적 2주택이 된 경우에 해당한다.
(소득세법 시행령 제155조 ①)

간혹 조합원입주권 일시적 2주택 비과세특례규정(소득세법 시행령 제156조의 2)을 적용하려고 하는 분들이 있는데 그러면 안 된다.

1·2·3 법칙

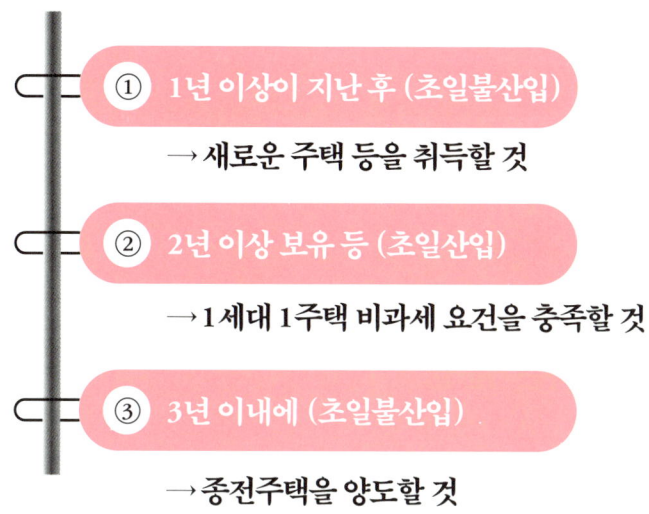

1년을 판단하는 기준일

종전주택을 취득한 날부터 1년 이상이 지난 후에 새로운 주택 등(이하 '신규주택' 이라 한다)을 취득할 것

> **(예시) 초일 불산입**
>
> 종전주택 취득일 : 2025년 04월 30일
> 신규주택 취득일 : 2026년 04월 29일

이 경우는 종전의 주택을 취득한 날부터 1년 이상이 지난 후에 신규주택을 취득한 경우에 해당하지 않는다. (종전주택을 취득한 날인 초일은 산입하지 않는 것임)

한편, 신규주택을 2026년 4월 30일에 취득한다면 1년 이상이 지난 후에 신규주택을 취득한 경우에 해당한다.

2년을 판단하는 기준일

1세대 1주택 비과세 요건 중 취득일부터 양도일까지의 보유기간이 2년 이상일 것

(예시) 초일 산입

주택 취득일 : 2023년 06월 10일
주택 양도일 : 2025년 06월 09일

2년 이상 보유한 경우다. 1세대 1주택 비과세 규정을 적용함에 있어 주택의 보유기간 계산은 「민법」 제157조에서 정하는 초일 불산입의 규정에 불구하고 그 기간의 초일을 산입하여 보유기간을 계산하는 것이다.

3년을 판단하는 기준일

신규주택을 취득한 날부터 3년 이내에 종전주택을 양도할 것

(예시) 초일 불산입

종전주택 취득일 : 2011년 06월 21일
신규주택 취득일 : 2022년 10월 31일

종전주택을 2025년 10월 31일에 양도하는 경우에는 신규주택을 취득한 날부터 3년 이내에 종전주택을 양도하는 경우에 해당한다.

신규주택을 취득한 날부터 3년 이내에 종전주택을 양도하는 경우를 판단할 때 기간계산에는 신규주택을 취득한 날인 초일은 산입하지 않는 것임.

새로운 주택을 취득하여 일시적으로 2주택이 된 경우

소득세법 시행령
제155조 ①

1주택(이하 '종전주택'이라 한다)을 보유하고 있는 1세대가 종전주택을 양도하기 전에 새로운 주택(이하 '신규주택'이라 한다)을 취득하여 일시적으로 2주택이 된 경우

신규주택*을 취득한 날부터 3년 이내에 비과세 요건을 충족한 종전주택을 양도하는 경우 이를 1세대 1주택으로 보아 1세대 1주택 비과세 규정을 적용한다.

*신규주택 등의 범위에는 유상취득, 무상취득, 원시취득을 모두 포함한다.

> **관련 규정 | 소득세법 시행령 제155조 ①**
>
> 국내에 1주택을 소유한 1세대가 그 주택(이하 이 항에서 "종전의 주택"이라 한다)을 양도하기 전에 다른 주택(이하 이 조에서 "신규주택"이라 한다)을 취득(자기가 건설하여 취득한 경우를 포함한다)함으로써 일시적으로 2주택이 된 경우 종전의 주택을 취득한 날부터 1년 이상이 지난 후 신규주택을 취득하고 신규주택을 취득한 날부터 3년 이내에 종전의 주택을 양도하는 경우(제18항에 따른 사유에 해당하는 경우를 포함한다)에는 이를 1세대 1주택으로 보아 제154조 제1항(1세대 1주택 비과세)을 적용한다.

이 경우 제154조 제1항 제1호, 같은 항 제2호 가목 및 같은 항 제3호의 어느 하나에 해당하는 경우에는 종전의 주택을 취득한 날부터 1년 이상이 지난 후 다른 주택을 취득하는 요건을 적용하지 않으며,

종전의 주택 및 그 부수토지의 일부가 제154조 제1항 제2호 가목에 따라 협의 매수되거나 수용되는 경우로서 해당 잔존하는 주택 및 그 부수 토지를 그 양도일 또는 수용일부터 5년 이내에 양도하는 때에는 해당 잔존하는 주택 및 그 부수토지의 양도는 종전의 주택 및 그 부수토지의 양도 또는 수용에 포함되는 것으로 본다.

1. 1주택(이하 '종전주택'이라 한다)을 보유하고 있는 1세대가 종전주택을 양도하기 전에 다른 주택(이하 '신규주택'이라 한다)을 취득하여 일시적으로 2주택이 된 경우

1주택을 보유하고 있는 1세대가 종전주택을 양도하기 전에 신규주택을 취득하여 일시적으로 2주택이 된 경우 다음의 아래 요건을 모두 충족하는 경우에는 이를 1세대 1주택으로 보아 양도소득세를 비과세한다.

① 종전주택을 취득한 날부터 1년 이상*이 지난 후 신규주택을 취득할 것

---

* 1년 경과 여부 판단 시 종전주택을 취득한 날(초일)은 산입하지 않는다.

② 양도하는 종전주택은 양도일 현재 1세대 1주택 비과세 요건을 충족할 것

③ 신규주택을 취득한 날부터 3년 이내에 종전주택을 양도할 것

다만, 시행령에서 규정하고 있는 부득이한 사유(시행령 제155조 ⑱)에 해당하는 경우에는 3년 이내에 양도하지 못하는 경우에도 비과세가 가능하다.

조정대상지역 내 일시적 2주택 비과세 처분 기한의 변천사

'18.09.13. 이후	'19.12.17. 이후	'22.05.10. 이후	'23.01.12. 이후
2년	1년(이사·전입 포함)	2년	지역 구분 없이 3년

- 종전주택과 신규주택이 모두 조정대상지역에 있는 경우에도 종전주택의 처분 기한은 3년이다.
- '23. 01. 12. 이후: 처분 기한(2년) 내 종전주택을 처분하지 못한 경우에도 3년 이내 종전주택을 양도하는 경우에는 일시적 2주택으로 비과세 가능.

시행령에서 규정하고 있는 부득이한 사유 | 소득세법 시행령 제155조 ⑱

다른 주택을 취득한 날부터 3년이 되는 날 현재 다음의 어느 하나에 해당하는 경우를 말한다.

① 「한국자산관리공사 설립 등에 관한 법률」에 따른 한국자산관리공사에 매각을 의뢰한 경우
② 법원에 경매를 신청한 경우
③ 「국세징수법」에 따른 공매가 진행 중인 경우
⑤ 재개발사업, 재건축사업 또는 소규모재건축사업 등의 시행으로(이하' 생략)
⑥ 재개발사업, 재건축사업 또는 소규모재건축사업 등의 시행으로(이하' 생략)

1) 1주택을 보유하고 있는 1세대가 새로운 주택을 취득한 경우

사례 1 A주택(종전주택)을 먼저 양도하는 경우

▲ 풀이: A주택은 1세대 1주택으로 보아 1세대 1주택 비과세 특례규정을 적용한다.

사례 2 B주택(신규주택)을 먼저 양도하는 경우

▲ 풀이: B주택을 먼저 양도하는 경우에는 일시적 2주택 비과세 특례대상이 아니다.

사례 3   1년이 경과하기 이전에 신규주택을 취득한 경우

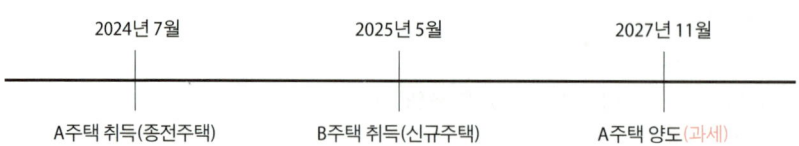

▲ 풀이: 종전주택을 취득한 날부터 1년 이상이 지나기 이전에 신규주택을 취득하였으므로 A주택은 일시적 2주택 비과세 특례규정을 적용받지 못한다.

다만 종전주택을 취득한 날부터 1년 이상이 지나기 이전에 신규주택을 취득하는 규정을 적용받지 않는 주택에 해당하는 경우에는 A주택을 취득한 날부터 1년이 경과하기 이전에 신규주택을 취득하였더라도 A주택은 일시적 2주택 비과세 특례규정을 적용받아 1세대 1주택으로 비과세가 가능하다.

2) 다주택을 보유하고 있는 1세대가 새로운 주택을 취득한 경우

사례 1

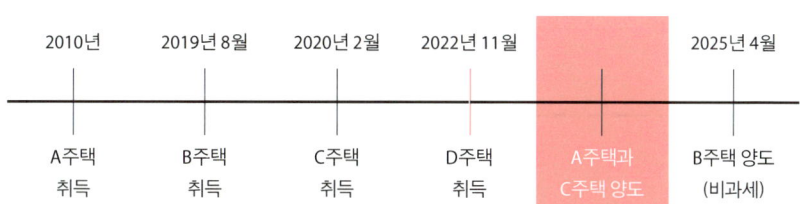

▲풀이: 일시적 2주택 비과세 특례는 양도 시점을 기준으로 판정한다. 즉, D주택 취득 당시에는 3주택을 보유하고 있었지만 B주택을 양도하기 이전에 A주택과 C주택을 양도하였으므로 B주택은 일시적 2주택으로 비과세가 가능하다.

유사 유권해석 | 부동산납세과-1518, 2015. 09. 21.

일시적 2주택 특례는 양도 시점을 기준으로 판정하는 것입니다. 따라서 3주택(B, C, D)을 소유하다가 B주택을 먼저 양도하고 D주택 취득 후 3년 이내에 C주택을 양도하는 경우에도 일시적 2주택 특례를 적용받을 수 있는 것입니다

▲주의: B주택의 양도일이 아니라 D주택의 취득일을 기준으로 주택 수를 판단하겠다고 유권해석 등이 바뀔 가능성도 배제할 수 없으니 계약을 하기 이전에 최신유권해석 등을 꼭 확인하시기 꼭 확인하시기 바란다.「2025.02.13. 대법원 판결 (2024두 55426)결정문 내용으로 논쟁이 되고 있기 때문에」

저자견해 논쟁대상이 아니다.

사례 2

일시적 2주택 비과세 대상자가 다른 주택 등을 추가로 취득한 후 추가로 취득한 다른 주택 등을 먼저 양도하는 경우로서

종전주택(A)은 계속 일시적 2주택 비과세 규정을 적용받는지 여부

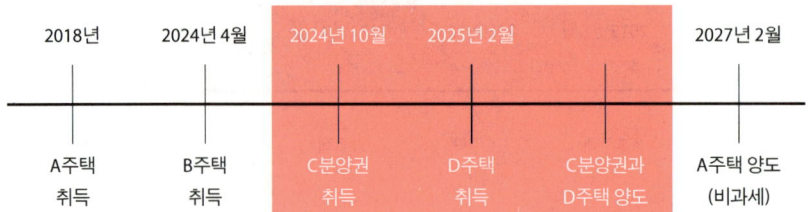

▶풀이: 일시적 2주택 비과세 특례는 양도시점을 기준으로 판정한다. 즉, A 주택은 일시적 2주택 비과세 특례규정을 적용한다.

Check Point

다음의 어느 하나에 해당하는 경우에는 종전주택을 취득한 날로부터 1년 이상이 지나기 이전에 신규주택(분양권 등 포함)을 취득하는 경우에도 일시적 2주택 비과세 규정을 적용한다.

① 5년 이상 거주한 건설임대주택의 분양전환
② 사업인정고시일 전에 취득한 주택의 협의매수·수용
③ 취학·근무상 형편/1년 이상 치료를 요하는 질병의 치료요양/학교폭력 피해로 인한 전학의 4가지 부득이한 사유로 다른 시·군으로 주거 이전
④ 수도권 소재한 공공기관·법인의 지방 이전에 따라 종사 직원이 이전기관 소재지의 신규주택을 취득하는 경우

이 책에서는 '소득세법 시행령 제154조 제1항 제1호, 같은 항 제2호 가목 및 같은 항 제3호'에 해당하는 주택이라 한다)

다주택(A, B, C)을 보유하고 있던 1세대가 새로운 주택(D)을 취득한 경우에도 A주택과 C주택을 양도하고 B주택과 D주택이 남은 경우, 남은 B주택과 D주택만 놓고 일시적 2주택 비과세 여부를 판단합니다. 즉, 일시적 2주택 비과세 특례는 양도일을 기준으로 적용한다.

> 주의　B주택의 양도일 기준이 아닌 D주택의 취득일 기준으로 주택 수를 판단하겠다고 유권해석 등이 바뀔 가능성도 배제할 수 없으니 계약을 하기 이전에 최신유권해석 등을 꼭 확인하시기 바란다.「2025.02.13. 대법원 판결 (2024두55426)결정문 내용으로 논쟁이 되고 있기 때문에」

저자견해　논쟁대상이 아니다.

주택분양권을 취득하여 일시적으로 2주택이 된 경우

소득세법 시행령
제156조의 3

주택분양권 그 자체는 주택이 아니다. 해당 분양권 취득일을 주택 취득일로 보시는 분들이 생각보다 많다. 주택분양권 취득일과 주택 취득일은 전혀 다르다.

> 2021. 01. 01. 이후 취득하는 주택분양권은 '부동산을 취득할 수 있는 권리'임에도 불구하고 주택의 수에 포함을 하고 있다.

1주택(이하 '종전주택'이라 한다)을 보유하고 있는 1세대가 종전주택을 양도하기 전에 주택분양권을 취득하여 일시적으로 1주택과 분양권을 소유하게 된 경우 종전주택을 취득한 날부터 1년 이상[32]이 지난 후에 분양권을 취득하고 그 분양권을 취득한 날부터 3년 이내에 비과세 요건을 충족한 종전주택을 양도하는 경우 이를 1세대 1주택으로 보아 1세대 1주택 비과세 규정을 적용한다.

> **Check Point**
>
> 2022. 02. 15. 이후에 분양권을 취득하여 일시적으로 1주택과 분양권을 소유하게 되는 경우에는 종전주택을 취득한 날부터 1년 이상이 지난 후에 분양권을 취득하는 경우에만 일시적 2주택 비과세 특례 적용이 가능하다. (2022. 02. 15. 개정)
>
> 다만, '소득세법 시행령 제154조 제1항 제1호, 같은 항 제2호 가목 및 같은 항 제3호'에 해당하는 주택은 종전주택을 취득한 날로부터 1년 이상이 지나기 이전에 주택분양권을 취득하는 경우에도 일시적 2주택 비과세 규정을 적용한다.
>
> 2022. 02. 15. 전(前)에 분양권을 취득하여 일시적으로 1주택과 분양권을 소유하게 되는 경우에는 종전주택을 취득한 날부터 1년 이상이 지나기 이전에 분양권을 취득하는 경우에도 일정 요건을 충족하면 일시적 2주택 비과세 특례 적용이 가능하다.

---

[32] 1년 경과 여부 판단 시 종전주택을 취득한 날(초일)은 산입하지 않는다.

1. 1주택(이하 "종전주택"이라 한다)을 보유하고 있는 1세대가 종전주택을 양도하기 전에 주택분양권을 취득하여 일시적으로 2주택이 된 경우

가. 주택분양권을 '22. 02. 15. 이후에 취득하여 일시적으로 2주택이 된 경우

종전주택을 취득한 날부터 1년 이상이 지난 후에 주택분양권을 취득하고 다음의 요건을 모두 충족하는 경우에는 이를 1세대 1주택으로 보아 1세대 1주택 비과세 규정을 적용한다.

① 주택분양권을 취득한 날부터 3년 이내에 종전주택을 충족할 것
② 양도하는 종전주택은 양도일 현재 1세대 1주택 비과세 요건을 충족할 것

다만, 주택분양권을 취득한 날부터 3년이 지나 종전의 주택을 양도하는 경우로서 다음의 요건을 모두 충족하는 경우에는 이를 1세대 1주택으로 보아 1세대 1주택 비과세 규정을 적용한다.

㉮ 분양권에 따라 취득하는 주택이 완성된 후 3년* 이내에 그 주택으로 세

---

*3년: 2023년 1월 12일 이후 주택을 양도하는 경우부터 적용하되. 다만, 2023년 1월 12일 전에 주택을 양도한 경우에는 2년을 적용한다. (부칙, 2023. 02. 28. 대통령령 제33267호)

대 전원이 이사(기획 재정부령이 정하는 취학, 근무상의 형편, 질병의 요양 그 밖의 부득이한 사유로 세대의 구성원 중 일부가 이사하지 못하는 경우를 포함한다)하여 1년 이상 계속하여 거주할 것

㉴ 분양권에 따라 취득하는 주택이 완성되기 전 또는 완성된 후 3년* 이내에 종전의 주택을 양도할 것

▶ 완성된 B주택으로 이사·전입 여부와 상관없이 A주택은 비과세 X

사례 1   종전주택(A) 취득일부터 1년 이상이 지나기 이전에 분양권을 취득

*분양권에 따라 취득한 B 주택으로 이사해서 세대 전원이 1년 이상 계속하여 거주함.

▲ 풀이: B주택이 완성된 후 3년 이내에 세대 전원이 이사하였고, B주택에서 세대 전원이 1년 이상 계속하여 거주하였고, B주택이 완성된 후 3년 이내에 A주택을 양도했지만 A주택을 취득한 날부터 1년 이상이 지나기 이전에 분양권을 취득하였으므로 A주택은 일시적 2주택 비과세 특례규정을 적용받지 못한다.

다만, 종전의 주택을 취득한 날부터 1년 이상이 지난 후 분양권을 취득하는 요건을 적용받지 않는 주택에 해당하는 경우 A주택은 일시적 2주택 비과세 규정을 적용받아 1세대 1주택으로 비과세가 가능하다.

사례 2   종전주택(A)을 취득한 날부터 1년이 경과한 후에 분양권을 취득

분양권에 따라 취득한 주택(B)으로는 이사하지 않고 타인에게 계속해서 임대할 예정

▲ 풀이: 종전(A)주택을 취득한 날부터 1년 이상이 지난 후에 분양권을 취득하였고 그 분양권을 취득한 날부터 3년 이내에 비과세 요건을 충족한 종전(A)주택을 양도하는 경우 이를 1세대 1주택으로 보아 1세대 1주택 비과세 규정을 적용한다.

즉, 완성된 B주택으로의 이사 여부와 상관없이 양도하는 A주택은 일시적 2주택 비과세 특례규정을 적용받아 비과세가 가능하다.

3년이 지나 종전의 주택을 양도하는 경우에도 완성된 신축아파트로 이사 등 일정 요건을 충족하는 경우에는 비과세가 가능하다.

사례 3 다주택을 보유하고 있는 1세대가 분양권을 취득한 경우

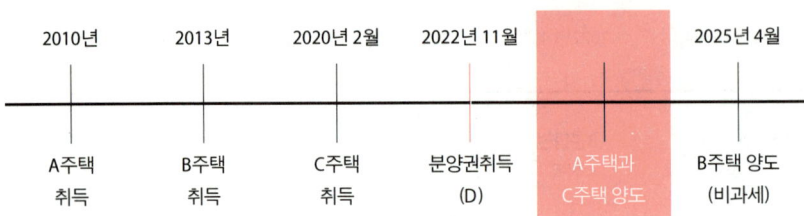

▲ 풀이: 일시적 2주택 비과세 특례는 양도 시점을 기준으로 판정한다.

분양권(D) 취득일 현재 다주택을 보유하고 있었지만 A와 C주택을 먼저 양도하였고 분양권 취득일부터 3년 이내에 비과세 요건을 충족한 B주택을 양도하는 경우 이를 1세대 1주택으로 보아 1세대 1주택 비과세 규정을 적용한다. (주의) 양도일 기준이 아닌 취득일을 기준으로 한다고 언제 또 유권해석 등이 바뀔지 모르니 매도계약을 하기 이전에 최신유권해석 등을 꼭 확인하시기 바란다.「2025.02.13. 대법원 판결 (2024두 55426)결정문 내용으로 논쟁이 되고 있기 때문에」

저자견해 | 논쟁대상이 아니다.

사례 4 '21.01.01. 이후에 분양권을 취득한 후에 다른 주택을 취득한 경우

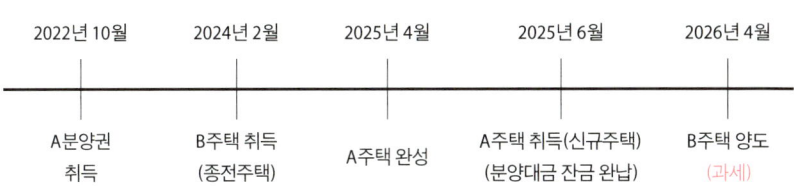

▲ 풀이: B주택은 일시적 2주택 비과세 특례규정을 적용받지 못한다.

사례 5 A분양권을 보유한 1세대가 2021.01.01. 이후 B분양권을 취득한 경우로서 A분양권이 먼저 주택으로 완성된 경우

▲ 풀이: '21.1.1. 이후 B분양권을 취득한 경우로서 A분양권이 먼저 주택으로 완공된 이후 해당 주택을 양도하는 경우에는 일시적 2주택 비과세 특례를 적용받을 수 없다. (서면-2022-부동산-0329, 2022.12.13.)

사례 6   A분양권을 보유한 1세대가 2021.01.01. 이후 B분양권을 취득한 경우로서 B분양권이 먼저 주택으로 완성된 경우

B아파트가 종전주택, A아파트가 신규주택

▲풀이: B분양권이 먼저 주택으로 완공된 이후 해당 주택을 양도하는 경우에는 일시적 2주택 비과세 특례규정을 적용받는다.

복습

1주택(이하 "종전주택"이라 한다)을 보유하고 있는 1세대가 종전주택을 양도하기 전에 주택분양권을 취득하여 일시적으로 2주택이 된 경우

주택분양권을 취득한 날부터 3년이 지나 종전주택을 양도하는 경우로서 종전주택을 취득한 날부터 1년 이상이 지나기 이전에 분양권을 취득한 경우

주택분양권 취득일	일정 요건을 충족하는 경우	일시적 2주택 비과세 여부
2022.02.15. 전(前)	완성*된 신축아파트로의 이사 등	가능
2022.02.15. 이후		불가능

관련 규정 | 소득세법 시행령 제156조 3 (2022.02.15 제32420호 개정)

① 법 제89조 제2항 단서에서 "대통령령으로 정하는 경우"란 1세대가 주택과 분양권을 보유하다가 그 주택을 양도하는 경우로서 제2항부터 제8항까지의 규정에 해당하는 경우를 말한다. (2021.02.17. 신설)

② 국내에 1주택을 소유한 1세대가 그 주택(이하 이 항에서 "종전주택"이라 한다)을 양도하기 전에 분양권을 취득함으로써 일시적으로 1주택과 1분양권을 소유하게 된 경우 종전주택을 취득한 날부터 1년 이상이 지난 후에 분양권을 취득하고 그 분양권을 취득한 날부터 3년 이내에 종전주택을 양도하는 경우(3년 이내에 양도하지 못하는 경우로서 기획재정부령으로 정하는 사유

---

*완성: 사용승인일. 사용승인일 이전에 임시사용승인을 받은 경우에는 사실상의 사용일 또는 임시사용승인을 받은 날 중 빠른 날

에 해당하는 경우를 포함한다)에는 이를 1세대 1주택으로 보아 제154조 제1항을 적용한다. 이 경우 같은 항 제1호, 제2호 가목 및 제3호에 해당하는 경우에는 종전주택을 취득한 날부터 1년 이상이 지난 후 분양권을 취득하는 요건을 적용하지 않는다. (2021.02.17. 신설)

③ 국내에 1주택을 소유한 1세대가 그 주택(이하 이 항에서 "종전주택"이라 한다)을 양도하기 전에 분양권을 취득함으로써 일시적으로 1주택과 1분양권을 소유하게 된 경우 종전주택을 취득한 날부터 1년이 지난 후에 분양권을 취득하고 그 분양권을 취득한 날부터 3년이 지나 종전주택을 양도하는 경우로서 다음 각호의 요건을 모두 갖춘 때에는 이를 1세대 1주택으로 보아 제154조 제1항을 적용한다. 이 경우 제154조 제1항 제1호, 같은 항 제2호 가목 및 같은 항 제3호에 해당하는 경우에는 종전주택을 취득한 날부터 1년이 지난 후 분양권을 취득하는 요건을 적용하지 않는다. (2022.02.15. 개정)

1. 분양권에 따라 취득하는 주택이 완성된 후 3년* 이내에 그 주택으로 세대 전원이 이사(기획재정부령으로 정하는 취학, 근무상의 형편, 질병의 요양 그 밖의 부득이한 사유로 세대의 구성원 중 일부가 이사하지 못하는 경우를 포함한다)하여 1년 이상 계속하여 거주할 것 (*2023.02.28. 개정)

2. 분양권에 따라 취득하는 주택이 완성되기 전 또는 완성된 후 3년* 이내에 종전의 주택을 양도할 것 (*2023.02.28. 개정)

---

*3년 : 2023년 1월 12일 이후 주택을 양도하는 경우부터 적용한다. 다만, 2023년 1월 12일 전에 주택을 양도한 경우에는 종전 규정(2년)을 적용한다. (부칙, 2023.02.28. 대통령령 제33267호)

나. 주택분양권을 '21.1.1.~'22.02.15. 전(前)에 취득하여 일시적으로 2주택이 된 경우

종전의 주택을 취득한 날부터 1년 이상이 지난 후에 분양권을 취득하고 다음의 요건을 모두 충족하는 경우에는 이를 1세대 1주택으로 보아 1세대 1주택 비과세 규정을 적용한다.

① 주택분양권을 취득한 날부터 3년 이내에 종전주택을 충족할 것
② 양도하는 종전주택은 양도일 현재 1세대 1주택 비과세 요건을 충족할 것

다만, 3년이 지나 종전의 주택을 양도하는 경우이고 다음의 요건을 모두 충족하는 경우에는 종전주택을 취득한 날부터 1년 이상이 지나기 이전에 분양권을 취득하여 1주택과 분양권을 소유하게 된 경우에도 이를 1세대 1주택으로 보아 1세대 1주택 비과세 규정을 적용한다.

㉮ 분양권에 따라 취득하는 주택이 완성된 후 3년* 이내에 그 주택으로 세대 전원이 이사(기획 재정부령이 정하는 취학, 근무상의 형편, 질병의 요양 그 밖의 부득이한 사유로 세대의 구성원 중 일부가 이사하지 못하는 경우를 포함한다)하여 1년 이상 계속하여 거주할 것

㉯ 분양권에 따라 취득하는 주택이 완성되기 전 또는 완성된 후 3년* 이내에 종전의 주택을 양도할 것

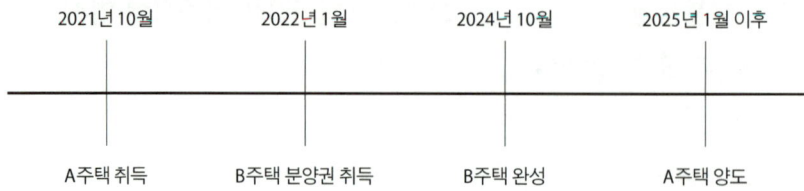

완성된 B주택으로 이사 등 일정 요건(위 ㉮+㉯)을 충족하는 경우 양도하는 A주택은 일시적 2주택으로 비과세가 가능하다.

사례 1   A주택을 취득한 날부터 1년 이상이 지나기 이전에 분양권을 취득한 경우

B주택이 완성된 후 3년 이내에 A주택을 양도하는 경우

분양권에 따라 취득한 주택(B)으로 이사 후 세대원 전원이 1년 이상 계속하여 거주한다는 전제

▲ 풀이: B주택이 완성된 후 3년 이내에 세대원 전원이 이사하였고, B주택에서 세대원 전원이 1년 이상 계속하여 거주하였고, B주택이 완성된 후 3년 이내에 A주택을 양도하므로 A주택은 일시적 2주택 비과세

사례 2   A주택 취득일부터 1년이 경과하기 이전에 분양권을 취득한 경우

B주택이 완성되기 이전에 A주택을 먼저 양도하는 경우

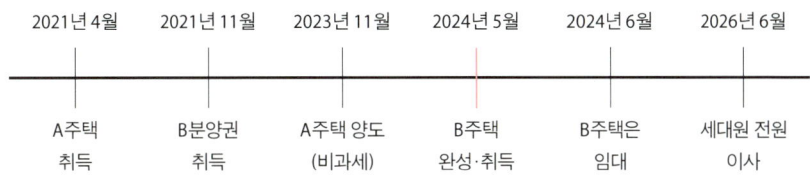

분양권에 따라 취득한 주택(B)의 완성일부터 B주택으로 3년 이내에 세대원 전원이 이사 후 세대원 전원이 1년 이상 계속하여 거주할 예정.

▲ 풀이: B주택이 완성되기 전에 A주택을 먼저 양도(비과세로 신고)하였지만 A주택은 일시적 2주택 비과세가 가능하다. 과세관청에서는 사후관리*를 하게 된다.

---

*사후관리: B주택이 완성된 후 3년 이내에 B주택으로 세대원 전원이 이사하고 세대원 전원이 1년 이상 계속하여 거주하였는지

요약

1주택(이하 "종전주택"이라 한다)을 보유하고 있는 1세대가 종전주택을 양도하기 전에 주택분양권을 취득하여 일시적으로 2주택이 된 경우

가. 분양권을 '22.02.15. 이후에 취득하여 일시적으로 2주택이 된 경우

구분	처분 기한	필히 지켜야 할 요건
종전주택을 취득한 날부터 1년 이상이 지난 후에 분양권을 취득할 것	주택분양권을 취득한 날부터 3년 이내	없음
	주택분양권을 취득한 날부터 3년 이후	① 분양권에 따라 완성*된 주택으로 완성된 날부터 3년** 이내에 이사하여 1년 이상 계속하여 거주할 것. ② 완성 전 또는 완성 후 3년** 이내에 종전주택을 양도할 것

*사용승인일. 사용승인일 이전에 임시사용승인을 받은 경우에는 사실상의 사용일 또는 임시사용승인을 받은 날 중 빠른 날

**2023년 1월 12일 전(前)에 주택을 양도한 경우에는 2년

나. 분양권을 '21.01.01. ~ '22.02.15 전(前)에 취득하여 일시적으로 2주택이 된 경우

구분	처분 기한	필히 지켜야 할 요건
종전주택을 취득한 날부터 1년 이상이 지난 후에 분양권을 취득한 경우	주택분양권을 취득한 날부터 3년 이내	없음 (단 3년이 지나 종전주택을 양도한 경우에는 ①, ②를 모두 충족할 것)
종전주택을 취득한 날부터 1년 이상이 지나기 이전에 분양을 취득한 경우	주택분양권을 취득한 날부터 3년 이후	① 분양권에 따라 완성*된 주택으로 완성된 날부터 3년** 이내에 이사하여 1년 이상 계속하여 거주할 것. ② 완성 전 또는 완성 후 3년** 이내에 종전주택을 양도할 것

> **관련 규정 | 소득세법 시행령 제156조 3 (2022.02.15 제32420호 개정 전)**

① 법 제89조 제2항 단서에서 "대통령령으로 정하는 경우"란 1세대가 주택과 분양권을 보유하다가 그 주택을 양도하는 경우로서 제2항부터 제8항까지의 규정에 해당하는 경우를 말한다. (2021.02.17. 신설)

② 국내에 1주택을 소유한 1세대가 그 주택(이하 이 항에서 "종전주택"이라 한다)을 양도하기 전에 분양권을 취득함으로써 일시적으로 1주택과 1분양권을 소유하게 된 경우 종전주택을 취득한 날부터 1년 이상이 지난 후에 분양권을 취득하고 그 분양권을 취득한 날부터 3년 이내에 종전주택을 양도하는 경우(3년 이내에 양도하지 못하는 경우로서 기획재정부령으로 정하는 사유에 해당하는 경우를 포함한다)에는 이를 1세대 1주택으로 보아 제154조 제1항을 적용한다. 이 경우 같은 항 제1호, 제2호 가목 및 제3호에 해당하는 경우에는 종전주택을 취득한 날부터 1년 이상이 지난 후 분양권을 취득하는 요건을 적용하지 않는다. (2021.02.17. 신설)

③ 국내에 1주택을 소유한 1세대가 그 주택을 양도하기 전에 분양권을 취득함으로써 일시적으로 1주택과 1분양권을 소유하게 된 경우로서 분양권을 취득한 날부터 3년이 지나 종전주택을 양도하는 경우이고, 다음 각호의 요건을 모두 갖춘 때에는 이를 1세대 1주택으로 보아 제154조 제1항을 적용한다. (2021.02.17. 신설)

---

*3년: 2023년 1월 12일 이후 주택을 양도하는 경우부터 적용한다. 다만, 2023년 1월 12일 전에 주택을 양도한 경우에는 종전 규정(2년)을 적용한다. (부칙, 2023.02.28. 대통령령 제33267호)

1. 분양권에 따라 취득하는 주택이 완성된 후 2년(3년*) 이내에 그 주택으로 세대 전원이 이사(기획재정부령으로 정하는 취학, 근무상의 형편, 질병의 요양 그 밖의 부득이한 사유로 세대의 구성원 중 일부가 이사하지 못하는 경우를 포함한다)하여 1년 이상 계속하여 거주할 것

2. 분양권에 따라 취득하는 주택이 완성되기 전 또는 완성된 후 2년(3년*) 이내에 종전의 주택을 양도할 것

조합원입주권을 취득하여 일시적으로 2주택이 된 경우

소득세법 시행령
제156조의 2

조합원입주권 그 자체는 주택이 아니다. 입주권취득일을 주택 취득일로 보는 분들이 생각보다 많다. 입주권취득일과 주택 취득일은 전혀 다르다.

조합원입주권은 '부동산을 취득할 수 있는 권리'임에도 불구하고 2006.1.1. 이후부터 주택의 수에 포함을 하고 있다. (도정법)

1주택(이하 '종전주택'이라 한다)을 보유하고 있는 1세대가 종전주택을 양도하기 전에 조합원입주권*을 취득하여 일시적으로 1주택과 1입주권을 소유하게 된 경우

종전주택을 취득한 날부터 1년 이상[35]이 지난 후에 입주권을 취득하고 그 입주권 취득일로부터 3년 이내에 비과세 요건을 충족한 종전주택을 양도하는 경우 이를 1세대 1주택으로 보아 1세대 1주택 비과세 규정을 적용한다.

---

* 관리처분계획인가일 이후에 승계 취득한 입주권을 말한다.

35) 1년 경과 여부 판단 시 종전주택을 취득한 날(초일)은 산입하지 않는다.

> **Check Point**
>
> 2022.02.15. 이후에 조합원입주권을 취득하여 일시적으로 1주택과 1입주권을 소유하게 되는 경우에는 종전주택을 취득한 날부터 1년 이상이 지난 후에 조합원입주권을 취득하는 경우에만 일시적 2주택 비과세 특례 적용이 가능하다. (2022.02.15. 개정)
>
> 다만, '소득세법 시행령 제154조 제1항 제1호, 같은 항 제2호 가목 및 같은 항 제3호'에 해당하는 주택은 종전주택을 취득한 날로부터 1년 이상이 지나기 이전에 입주권을 취득하는 경우에도 일시적 2주택 비과세 규정을 적용한다.
>
> 2022.02.15. 전(前)에 조합원입주권을 취득하여 일시적으로 1주택과 1입주권을 소유하게 되는 경우에는 종전주택을 취득한 날부터 1년 이상이 지나기 이전에 입주권을 취득하는 경우에도 일정 요건을 충족하면 일시적 2주택 비과세 특례 적용이 가능하다.

1. 1주택(이하 "종전주택"이라 한다)을 보유하고 있는 1세대가 종전주택을 양도하기 전에 조합원입주권을 취득하여 일시적으로 2주택이 된 경우

가. 입주권을 '22.02.15. 이후에 취득하여 일시적으로 2주택이 된 경우

종전주택을 취득한 날부터 1년 이상이 지난 후에 조합원입주권을 취득하고 다음의 요건을 모두 충족하는 경우에는 이를 1세대 1주택으로 보아 1세대 1주택 비과세 규정을 적용한다.

① 조합원입주권을 취득한 날부터 3년 이내에 종전주택을 충족할 것
② 양도하는 종전주택은 양도일 현재 1세대 1주택 비과세 요건을 충족할 것

다만, 입주권 취득일부터 3년이 지나 종전의 주택을 양도하는 경우로서 다음의 요건을 모두 충족하는 경우에는 이를 1세대 1주택으로 보아 1세대 1주택 비과세 규정을 적용한다.

㉮ 입주권에 따라 취득하는 주택이 완성된 후 3년* 이내에 그 주택으로 세대 전원이 이사(기획 재정부령이 정하는 취학, 근무상의 형편, 질병의 요양 그 밖의 부득이한 사유로 세대의 구성원 중 일부가 이사하지 못하는 경우를 포함한다)하여 1년 이상 계속하여 거주할 것

㉯ 입주권에 따라 취득하는 주택이 완성되기 전 또는 완성된 후 3년* 이내에 종전의 주택을 양도할 것

▶ 완성된 B주택으로 이사·전입 여부와 상관없이 A주택은 비과세 ×

---

*3년: 2023년 1월 12일 이후 주택을 양도하는 경우부터 적용한다. 다만, 2023년 1월 12일 전에 주택을 양도한 경우에는 종전 규정(2년)을 적용한다. (부칙, 2023.02.28. 대통령령 제33267호)

사례 1 다주택을 보유하고 있는 1세대가 조합원입주권을 취득한 경우

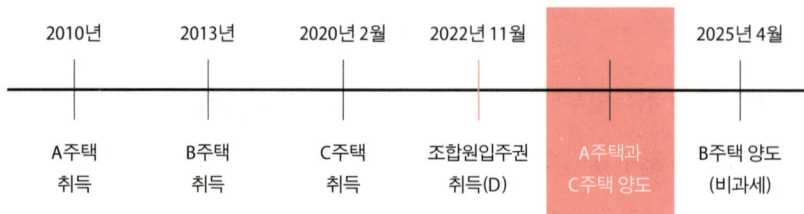

* 관리처분계획인가일 : 2022년 1월

▲풀이 : 일시적 2주택 비과세 특례는 양도 시점을 기준으로 판정한다. 조합원입주권(D) 취득일 현재 다주택을 보유하고 있었지만 A와 C주택을 먼저 양도하였고 조합원입주권 취득일로부터 3년 이내에 비과세 요건을 충족한 B주택을 양도하는 경우 이를 1세대 1주택으로 보아 1세대 1주택 비과세 규정을 적용한다.

Check Point

1주택을 보유하고 있는 1세대가 종전주택을 양도하기 이전에 다른 주택(이하 '신규주택'이라 한다)을 취득하여 일시적 2주택이 된 경우로서 취득한 신규주택이 관리처분계획인가로 조합원입주권으로 전환이 된 경우에도 신규주택을 취득하여 일시적 2주택이 된 경우에 해당한다. (소득세법 시행령 제155조 ①)

간혹 조합원입주권을 취득한 일시적 2주택 비과세 규정(소득세법 시행령 제156조의 2)을 적용하려고 하는 분들이 있는데 그러면 안 된다. (다음 페이지 참고)

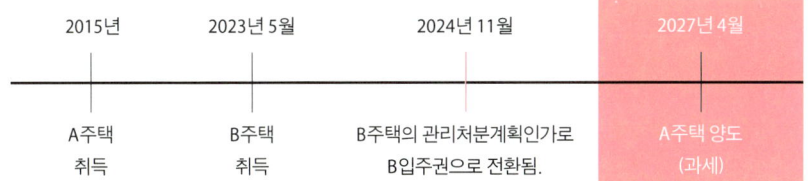

▲ 풀이: B주택을 취득한 날부터 3년이 지난 후에 A주택을 양도하였으므로 일시적 2주택 비과세 규정을 적용받지 못한다.

비과세가 안 되는 이유: 국세청에서 자체 해석 변경(「국세법령해석심의위원회」의 심의를 거쳐 기존 해석사례를 변경하였다. (서면-2019-부동산-1050, 2019.05.27.)

사례 2   A주택 취득일부터 1년이 경과하기 이전에 조합원입주권을 취득

B주택이 완성된 후 3년 이내에 A주택을 양도

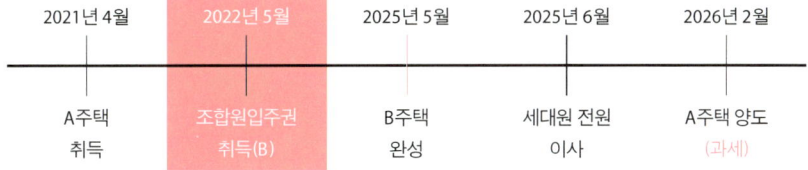

☐ 관리처분계획인가일: 2022년 1월

☐ 재건축사업 등 관리처분계획 등에 따라 취득한 주택(B)에서 세대원 전원이 1년 이상 계속하여 거주함.

▲풀이: B주택이 완성된 후 3년 이내에 세대원 전원이 이사하였고, B주택에서 세대원 전원이 1년 이상 계속하여 거주하였고, B주택이 완성된 후 3년 이내에 A주택을 양도했지만 A주택의 취득일부터 1년이 경과하기 이전에 조합원입주권을 취득하였으므로 A주택은 일시적 2주택 비과세 특례규정을 적용받지 못한다.

다만, 종전의 주택을 취득한 날부터 1년 이상이 지난 후 조합원입주권을 취득하는 요건을 적용받지 않는 주택에 해당하는 경우 A주택은 일시적 2주택 비과세 규정을 적용받아 1세대 1주택으로 비과세가 가능하다.

복습

종전주택을 취득한 날부터 1년 이상이 지난 후 조합원입주권을 취득할 것. 다만, 다음의 어느 하나에 해당하는 경우에는 종전주택을 취득한 날로부터 1년 이상이 지난 후 조합원입주권을 취득하는 규정을 적용하지 않는다.

① 5년 이상 거주한 건설임대주택의 분양전환
② 사업인정고시일 전에 취득한 주택의 협의매수·수용
③ 취학·근무상 형편/1년 이상 치료를 요하는 질병의 치료요양/학교폭력 피해로 인한 전학의 4가지 부득이한 사유로 다른 시·군으로 주거 이전
④ 수도권 소재한 공공기관·법인의 지방 이전에 따라 종사 직원이 이전기관 소재지의 신규 주택을 취득하는 경우

사례 3   조합원입주권을 취득한 날부터 3년이 지난 후에 종전주택(A)을 양도

B주택이 완성된 후 3년 이내에 A주택을 양도

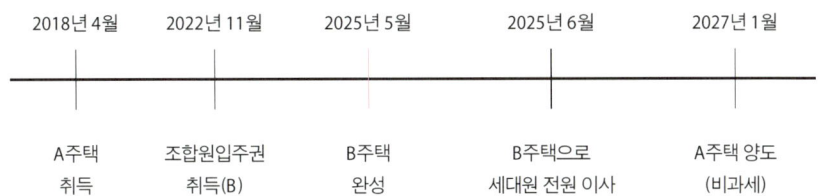

- 관리처분계획인가일 : 2022년 1월
- 재건축사업 등 관리처분계획 등에 따라 취득한 주택(B)으로 이사 후 세대원 전원이 1년 이상 계속하여 거주하였다는 전제
- ▲풀이: B주택이 완성된 후 3년 이내에 세대원 전원이 이사하였고, B주택에서 세대원 전원이 1년 이상 계속하여 거주하였고, B주택이 완성된 후 3년 이내에 A주택을 양도하므로 A주택은 일시적 2주택 비과세

사례 4   종전주택(A) 취득일부터 1년이 경과한 후에 조합원입주권을 취득

☐ 관리처분계획인가일 : 2022년 1월

☐ 재건축사업 등 관리처분계획 등에 따라 취득한 주택(B)으로는 이사하지 않고 타인에게 계속해서 임대를 줄 예정

▲ 풀이 : 종전(A)주택을 취득한 날부터 1년 이상이 지난 후에 조합원입주권을 취득하였고 그 입주권을 취득한 날부터 3년 이내에 비과세 요건을 충족한 종전(A)주택을 양도하는 경우 이를 1세대 1주택으로 보아 1세대 1주택 비과세 규정을 적용한다.

즉, 양도하는 A주택은 일시적 2주택 비과세 특례규정을 적용받아 비과세가 가능하다.

나. 조합원입주권을 2022.02.15. 전(前)에 취득하여 일시적으로 1주택과 1조합원입주권을 소유하게 된 경우

종전의 주택을 취득한 날부터 1년 이상이 지난 후에 입주권을 취득하고 다음의 요건을 모두 충족하는 경우에는 이를 1세대 1주택으로 보아 1세대 1주택 비과세 규정을 적용한다.

① 입주권을 취득한 날부터 3년 이내에 종전주택을 충족할 것
② 양도하는 종전주택은 양도일 현재 1세대 1주택 비과세 요건을 충족할 것

다만, 3년이 지나 종전의 주택을 양도하는 경우로서 다음의 요건을 모두 충족할 때에는 종전주택을 취득한 날부터 1년 이상이 지나기 이전에 조합원입주권을 취득하여 1주택과 입주권을 소유하게 된 경우에도 이를 1세대 1주택으로 보아 1세대 1주택 비과세 규정을 적용한다.

㉮ 입주권에 따라 취득하는 주택이 완성된 후 3년* 이내에 그 주택으로 세대 전원이 이사(기획 재정부령이 정하는 취학, 근무상의 형편, 질병의 요양 그 밖의 부득이한 사유로 세대의 구성원 중 일부가 이사하지 못하는 경우를 포함한다)하여 1년 이상 계속하여 거주할 것

㉯ 입주권에 따라 취득하는 주택이 완성되기 전 또는 완성된 후 3년* 이내에 종전의 주택을 양도할 것

---

* 3년: 2023년 1월 12일 이후 주택을 양도하는 경우부터 적용한다. 다만, 2023년 1월 12일 전에 주택을 양도한 경우에는 종전 규정(2년)을 적용한다. (부칙, 2023.02.28. 대통령령 제33267호)

사례 1   A주택을 취득한 날부터 1년 이상이 지나기 이전에 조합원입주권을 취득

B주택이 완성된 후 3년 이내에 A주택을 양도하는 경우

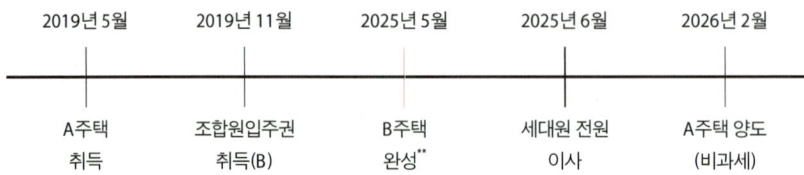

- 관리처분계획인가일 : 2017년 1월
- 재건축사업 등 관리처분계획 등에 따라 취득한 주택(B)으로 이사하여 세대원 전원이 1년 이상 계속하여 거주함.

▲풀이: B주택이 완성된 후 3년 이내에 세대원 전원이 이사하였고, B주택에서 세대원 전원이 1년 이상 계속하여 거주하였고, B주택이 완성된 후 3년 이내에 A주택을 양도하므로 A주택은 일시적 2주택 비과세

**(완성) 사용승인일. 사용승인일 이전에 임시사용승인을 받은 경우에는 사실상의 사용일 또는 임시사용승인을 받은 날 중 빠른 날

사례 2 A주택 취득일부터 1년이 경과하기 이전에 조합원입주권을 취득

B주택이 완성되기 이전에 A주택을 먼저 양도하는 경우

- 관리처분계획인가일 : 2017년 1월
- 재건축사업 등 관리처분계획 등에 따라 취득한 주택(B)의 완성일부터 B주택으로 3년 이내에 세대원 전원이 이사하여 세대원 전원이 1년 이상 계속하여 거주할 예정.

▲풀이: B주택이 완성되기 이전에 A주택을 먼저 양도(비과세로 신고)하였지만 A주택은 일시적 2주택 비과세가 가능하다. 과세관청에서는 사후관리*를 하게 된다.

---

*사후관리: B주택이 완성된 후 3년 이내에 B주택으로 세대원 전원이 이사하고 세대원 전원이 1년 이상 계속하여 거주하였는지

사례 3   A주택을 취득한 날부터 1년이 경과한 후에 조합원입주권을 취득

□ 관리처분계획인가일 : 2017년 1월

□ 재건축사업 등 관리처분계획 등에 따라 취득한 주택(B)으로는 이사하지 않고 타인에게 계속해서 임대를 줄 예정.

▲풀이: 종전(A)주택을 취득한 날부터 1년 이상이 지난 후에 조합원입주권을 취득하고 그 입주권을 취득한 날부터 3년 이내에 비과세 요건을 충족한 종전(A)주택을 양도하는 경우 완성된 주택으로의 이사 여부와 상관없이 이를 1세대 1주택으로 보아 1세대 1주택 비과세 규정을 적용한다. 즉, 양도하는 A주택은 일시적 2주택 비과세 대상이다.

> 다주택(A, B, C)을 보유하고 있던 1세대가 조합원입주권(D)을 취득한 경우에도 B주택과 C주택을 먼저 양도하고 A주택과 조합원입주권(D)만 남은 경우 A주택과 조합원입주권(D)만 놓고 A주택의 일시적 2주택 비과세 여부를 판단한다. (주의) 최신유권해석 등을 확인한다.「2025.02.13. 대법원 판결 (2024두 55426)결정문 내용으로 논쟁이 되고 있기 때문에」

| 저자견해 | 논쟁대상이 아니다.

사례 4 1주택(B)과 상가(A)를 보유한 1세대가 상가를 재건축 조합에 제공하고 아파트입주권을 받은 후 종전주택(B)을 양도하는 경우

부동산납세과-371, 2020.03.23. 참고

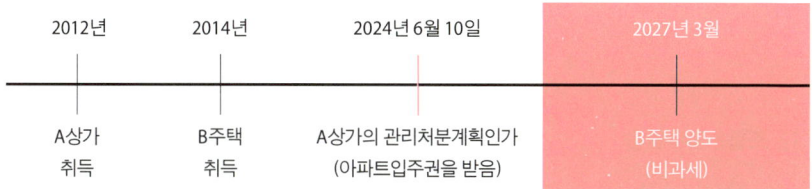

▲풀이: (옵션 1) 입주권 취득일(2024.06.10.)부터 3년 이내에 B주택을 양도하는 경우 재건축 등으로 완성된 신축아파트로의 이사 여부와 상관없이 이를 1세대 1주택으로 보아 1세대 1주택 비과세 규정을 적용한다.

(옵션 2) 입주권 취득일(2024.06.10.)부터 3년이 지난 이후에 B주택을 양도하는 경우로서 재건축 등으로 완성된 신축아파트로의 이사 등 요건을 충족하는 경우에는 이를 1세대 1주택으로 보아 1세대 1주택 비과세 규정을 적용한다.

요약

1주택(이하 "종전주택"이라 한다)을 보유하고 있는 1세대가 종전주택을 양도하기 전에 조합원입주권을 취득하여 일시적으로 2주택이 된 경우

가. 조합원입주권을 '22.02.15. 이후에 취득하여 일시적으로 2주택이 된 경우

구 분	처분 기한	필히 지켜야 할 요건
종전주택을 취득한 날부터 1년 이상이 지난 후에 입주권을 취득할 것	조합원입주권을 취득한 날부터 3년 이내	없음
	조합원입주권을 취득한 날부터 3년 이후	① 재건축 등이 완성*된 주택으로 완성된 날부터 3년** 이내에 이사하여 1년 이상 계속하여 거주할 것. ② 완성 전 또는 완성 후 3년** 이내에 종전주택을 양도할 것

* 사용승인일. 사용승인일 이전에 임시사용승인을 받은 경우에는 사실상의 사용일 또는 임시사용승인을 받은 날 중 빠른 날
** 2023년 1월 12일 전(前)에 주택을 양도한 경우에는 2년

나. 조합원입주권을 '22.02.15. 전(前)에 취득하여 일시적으로 2주택이 된 경우

구 분	처분 기한	필히 지켜야할 요건
종전주택을 취득한 날부터 1년 이상이 지난 후에 입주권을 취득한 경우	조합원입주권을 취득한 날부터 3년 이내	없음 (단 3년이 지나 종전주택을 양도 한 경우에는 ① ② 를 모두 충족할 것)
종전주택을 취득한 날부터 1년 이상이 지나기 이전에 입주권을 취득한 경우	조합원입주권을 취득한 날부터 3년 이후	① 재건축 등이 완성*된 주택으로 완성된 날부터 3년** 이내에 이사하여 1년 이상 계속하여 거주할 것. ② 완성 전 또는 완성 후 3년** 이내에 종전주택을 양도할 것

관련 규정 | 소득세법 시행령 제156조 2 (2022.02.15. 제32420호 개정분)

√ 아래 4항 조문을 보면 '종전주택을 취득한 날부터 1년이 지난 후에 조합원입주권을 취득하고' 라는 내용이 추가되었다.

③ 국내에 1주택을 소유한 1세대가 그 주택(이하 이 항에서 "종전의 주택"이라 한다)을 양도하기 전에 조합원입주권을 취득함으로써 일시적으로 1주택과 1조합원입주권을 소유하게 된 경우 종전의 주택을 취득한 날부터 1년 이상이 지난 후에 조합원입주권을 취득하고 그 조합원입주권을 취득한 날부터 3년 이내에 종전의 주택을 양도하는 경우(3년 이내에 양도하지 못하는 경우로서 기획재정부령으로 정하는 사유에 해당하는 경우를 포함한다)에는 이를 1세대 1주택으로 보아 제154조 제1항(1세대 1주택 비과세 규정)을 적용한다. 이 경우 제154조 제1항 제1호, 제2호 가목 및 제3호에 해당하는 경우에는 종전의 주택을 취득한 날부터 1년 이상이 지난 후 조합원입주권을 취득하는 요건을 적용하지 아니한다. (2013.02.15. 개정)

---

*사용승인일. 사용승인일 이전에 임시사용승인을 받은 경우에는 사실상의 사용일 또는 임시사용승인을 받은 날 중 빠른 날
**3년: 2023년 1월 12일 이후 주택을 양도하는 경우부터 적용한다. 다만, 2023년 1월 12일 전에 주택을 양도한 경우에는 종전 규정(2년)을 적용한다. (부칙, 2023.02.28. 대통령령 제33267호)

④ 국내에 1주택을 소유한 1세대가 그 주택(이하 이 항에서 "종전주택"이라 한다)을 양도하기 전에 조합원입주권을 취득함으로써 일시적으로 1주택과 1조합원입주권을 소유하게 된 경우 종전주택을 취득한 날부터 1년이 지난 후에 조합원입주권을 취득하고 그 조합원입주권을 취득한 날부터 3년이 지나 종전주택을 양도하는 경우로서 다음 각호의 요건을 모두 갖춘 때에는 이를 1세대 1주택으로 보아 제154조 제1항(1세대 1주택 비과세 규정)을 적용한다. 이 경우 제154조 제1항 제1호, 같은 항 제2호 가목 및 같은 항 제3호에 해당하는 경우에는 종전주택을 취득한 날부터 1년이 지난 후 조합원입주권을 취득하는 요건을 적용하지 않는다. (2022.02.15. 개정)

1. 재개발사업, 재건축사업 또는 소규모재건축사업 등의 관리처분계획 등에 따라 취득하는 주택이 완성된 후 3년* 이내에 그 주택으로 세대 전원이 이사(기획재정부령이 정하는 취학, 근무상의 형편, 질병의 요양 그 밖의 부득이한 사유로 세대의 구성원 중 일부가 이사하지 못하는 경우를 포함한다)하여 1년 이상 계속하여 거주할 것 (*2023.02.28. 개정)

2. 재개발사업, 재건축사업 또는 소규모재건축사업 등의 관리처분계획 등에 따라 취득하는 주택이 완성되기 전 또는 완성된 후 3년* 이내에 종전의 주택을 양도할 것 (*2023.02.28. 개정)

> **관련 규정 | 소득세법 시행령 제156조 2 (2022.02.15. 개정 전)**

④ 국내에 1주택을 소유한 1세대가 그 주택을 양도하기 전에 조합원입주권을 취득함으로써 일시적으로 1주택과 1조합원입주권을 소유하게 된 경우 조합원입주권을 취득한 날부터 3년이 지나 종전의 주택을 양도하는 경우로서 다음 각호의 요건을 모두 갖춘 때에는 이를 1세대 1주택으로 보아 제154조 제1항(1세대 1주택 비과세 규정)을 적용한다.

1. 재개발사업, 재건축사업 또는 소규모재건축사업의 관리처분계획 등에 따라 취득하는 주택이 완성된 후 2년(3년*) 이내에 그 주택으로 세대 전원이 이사(기획재정부령이 정하는 취학, 근무상의 형편, 질병의 요양 그 밖의 부득이한 사유로 세대의 구성원 중 일부가 이사하지 못하는 경우를 포함한다)하여 1년 이상 계속하여 거주할 것

2. 재개발사업, 재건축사업 또는 소규모재건축사업의 관리처분계획 등에 따라 취득하는 주택이 완성되기 전 또는 완성된 후 2년(3년*) 이내에 종전의 주택을 양도할 것

아래의 내용은 후속편에서 다룰 예정입니다.

- 주택임대사업자 등의 거주주택 비과세 특례규정
- 등록임대주택을 양도하는 경우
- 농지·임야 등에 관한 양도소득세
- 증여세·상속세
- 주택 임대소득세

복습

1주택(이하 "종전주택"이라 한다)을 보유하고 있는 1세대가 종전주택을 양도하기 전에 조합원입주권 등을 취득하여 일시적으로 2주택이 된 경우

조합원입주권 등을 취득한 날부터 3년이 지나 종전주택을 양도하는 경우로서 **종전주택을 취득한 날부터 1년 이상이 지나기 이전에 입주권 등을 취득한 경우**

조합원입주권 취득일	일정 요건을 충족하는 경우	일시적 2주택 비과세 여부
2022.02.15. 전(前)	완성*된 신축아파트로의 이사 등	가능
2022.02.15. 이후		불가능

주택분양권 취득일	일정 요건을 충족하는 경우	일시적 2주택 비과세 여부
2022.02.15. 전(前)	완성*된 신축아파트로의 이사 등	가능
2022.02.15. 이후		불가능

조합원입주권 주택의 수에 포함하는 시기

구 분		1세대 1주택 비과세 등 판정 시
도시 및 주거환경 정비법	재건축사업	2006.01.01. 이후 관리처분계획 인가분부터
	재개발사업	
빈집 및 소규모 주택 정비에 관한 특례법	소규모재건축사업	2018.02.09. 이후 사업시행계획 인가분부터
	소규모 재개발사업	2022.01.01. 이후 사업시행계획 인가분부터
	가로주택정비사업	
	자율주택 정비사업	

혼인 또는 노부모 동거봉양 합가로 1세대 2주택이 된 경우

소득세법 시행령
제155조 ④⑤

1주택을 보유하는 자가 1주택을 보유하는 자와 혼인함으로써 1세대가 2주택을 보유하게 되는 경우 또는 1주택을 보유하고 있는 60세 이상의 직계존속을 동거봉양하는 무주택자가 1주택을 보유하는 자와 혼인함으로써 1세대가 2주택을 보유하게 되는 경우

각각 혼인한 날부터 10년* 이내에 먼저 양도하는 주택은 이를 1세대 1주택으로 보아 제154조 제1항(1세대 1주택 비과세 규정)을 적용한다.

또한 1주택을 보유하고 1세대를 구성하는 자가 1주택을 보유하고 있는 60세 이상의 직계존속을 동거봉양하기 위하여 세대를 합침으로써 1세대가 2주택을 보유하게 되는 경우 합친 날부터 10년 이내에 먼저 양도하는 주택은 이를 1세대 1주택으로 보아 제154조 제1항(1세대 1주택 비과세 규정)을 적용한다.

---

* 2024.11.12. 이후 주택을 양도하는 경우부터 적용한다. (2024.11.12. 前 양도분은 5년)

1. 혼인으로 1세대 2주택이 된 경우(소득세법 시행령 제155조 ⑤)

1주택을 보유하는 자(男 또는 女)가 다른 1주택을 보유하는 자(女 또는 男)와 혼인함으로써 1세대가 2주택을 보유하게 되는 경우 다음의 요건을 모두 충족하는 경우에는 이를 1세대 1주택으로 보아 1세대 1주택 비과세 규정을 적용한다.

① 혼인한 날*부터 10년** 이내에 먼저 양도하는 주택
② 양도하는 주택은 비과세 요건을 충족할 것

또한 1주택을 보유하고 있는 60세 이상의 직계존속을 동거봉양하고 있는 무주택자((男 또는 女)가 1주택을 보유하고 있는 자(女 또는 男)와 혼인함으로써 2주택이 된 경우에도 혼인한 날부터 10년 이내에 먼저 양도하는 주택은 이를 1세대 1주택으로 보아 1세대 1주택 비과세가 가능하다.

---

* 혼인합가의 혼인한 날은 「가족관계의 등록 등에 관한 법률」에 따라 관할지방관서에 혼인신고한 날을 말한다.
** 2024.11.12. 前 양도분은 5년

사례 1 남녀 각각 1주택을 보유한 상태에서 혼인한 경우

▲풀이: ①혼인에 따른 일시적 2주택으로 비과세 ②1세대 1주택으로 비과세

혼인으로 인한 일시적 2주택 비과세 처분 기한이 10년으로 개정되었다.

사례 2 기존 주택(A 또는 B)을 혼인 일시적 2주택으로 비과세를 받은 후 새로운 주택을 취득한 경우

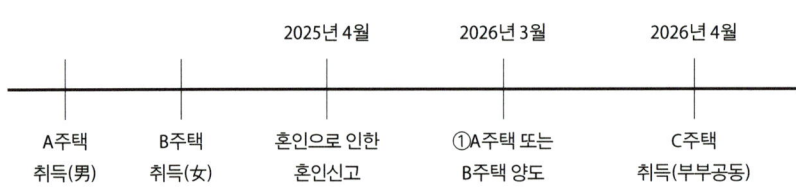

▲풀이: ①혼인에 따른 일시적 2주택으로 비과세. 또한 남은 B주택 또는 A주택도 C주택 취득일부터 3년 이내에 양도하면 일시적 2주택으로 비과세가 가능하다.

사례 3 1주택(○○주택)을 보유하고 있는 부모님(60세 이상)을 동거봉양하고 있는 무주택자(男)와 혼인한 경우

▲풀이: 혼인에 따른 일시적 2주택으로 비과세가 가능하고 또한 남은 ○○주택 또는 A주택도 1세대 1주택으로 비과세

아래 유권해석으로 인해 논란이 일고 있다. 저자가 작성한 일부 사례의 경우 최신유권해석 등을 꼭 확인하시기 바란다.

○ 법규과-1599, 2024.06.25. ○ 기획재정부 조세정책과, 2024.06.25.

혼인합가특례(소득령§155⑤)의 혼인합가 요건인 "1주택자가 1주택자와 혼인함으로써 2주택을 보유하게 되는 경우"는 주택의 양도일 현재 기준이 아닌, 혼인합가 당시 주택 수로 충족 여부를 판정하는 것임

| 사례 4 | 일시적으로 2주택(A+B)을 보유하고 있던 자가 1주택(C주택)을 보유하고 있는 자와 혼인하여 1세대 3주택이 된 경우 |

(참고 유권해석) 부동산거래관리과-686, 2010.05.14.

▲풀이: 1주택(A주택)을 보유하는 자가 그 주택을 양도하기 전에 다른 주택(B주택)을 취득하여 일시적으로 2주택이 된 상태에서 1주택(C주택)을 보유하고 있는 자와 혼인하여 1세대가 3주택을 보유하게 되는 경우로서

혼인한 날부터 10년 이내에, 그리고 B주택의 취득일부터 3년 이내에 C주택을 양도하는 경우 소득세법 시행령 제155조 1항 및 5항에 따라 1세대 1주택으로 보아 비과세 여부를 판정하고

한편, C주택을 양도한 후 B주택을 취득한 날부터 3년 이내에 A주택을 양도하는 경우에는 소세령 제155조 1항에 따른 일시적 2주택 비과세 특례가 적용되는 것이다.

사례 4 – ①

▲ 풀이: B주택을 취득한 날부터 3년 이내에 A주택을 양도하는 경우 소득세법 시행령 제155조 1항과 5항을 중첩 적용하여 일시적 2주택으로 비과세가 가능하다.

또한 A주택을 양도한 후 혼인한 날부터 10년 이내 먼저 양도하는 B주택 또는 C주택은 소득세법 시행령 제155조 5항에 따른 혼인으로 인한 일시적 2주택 비과세 특례규정을 적용받을 수 있다.

문서번호 | 재산세과-3153, 2008. 10. 07.

▲ 회신: 1. 국내에 1세대 1주택을 소유한 거주자가 그 주택을 양도하기 전에 다른 주택을 취득함으로써 일시적으로 2주택이 된 상태에서 혼인으로 인하여 3개의 주택을 소유하게 되는 경우에는 다른 주택 취득한 날부터 1년(2025년 9월 기준: 3년) 이내에 종전

의 주택을 양도하는 경우「소득세법시행령」제155조 제1항의 규정에 의한 1세대 1주택의 특례가 적용되는 것임.

2. 또한, 종전주택을 양도한 후 혼인한 날부터 2년(2025년 10월 기준:10년) 이내에 먼저 양도하는 주택에 대하여는「소득세법 시행령」제155조 제5항의 규정에 의한 1세대 1주택의 특례가 적용되는 것임.

문서번호 | 재산세과-610, 2009. 10. 30.

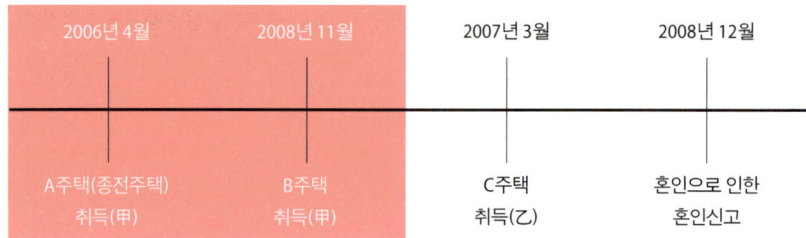

질의 내용

(1) A주택을 언제까지 양도하여야 비과세 되는지
(2) A주택 양도 후 B주택 또는 C주택을 언제까지 양도하여야 비과세 되는지

▲ 회신: 국내에 1주택(A주택)을 소유한 거주자가 그 주택을 양도하기 전에 다른 주택(B주택)을 취득함으로써 일시적으로 2주택이 된 상태에서 1주택(C주택) 소유한 거주자와 혼인하여 1세대가 3개의 주택을 소유하게 되는 경우로서 다른 주택(B주택)을 취득한 날부터 2년(2025년 9월 기준 :3년) 이내에 종전의 주택(A주택)을 양도하는 경우「소득세법 시행령」제155조 제1항이 적용되는 것임.

또한, 종전주택을 양도한 후 혼인한 날부터 5년(2025년 9월 기준 :10년) 이내에 먼저 양도하는 주택(B주택 또는 C주택)에 대하여는「소득세법 시행령」제155조 제5항이 적용되는 것임.

사례 5   혼인일 이후에 새로운 주택을 취득하여 1세대 3주택이 된 경우

(참고 유권해석) 재산세과-84, 2009.09.01.

▲풀이: ① 혼인+신규주택 취득에 의한 일시적 3주택으로 비과세(중첩 적용) ② 신규주택 취득에 의한 일시적 2주택 비과세가 가능하다.

또한 C주택을 먼저 양도(과세)하는 경우로서 혼인한 날부터 10년 이내에 먼저 양도하는 주택(A 또는 B)은 1세대 1주택으로 보아 비과세가 가능하다. (부동산거래관리과-1486, 2010.12.17.)

주의   *취득세 중과에서 제외되는 저가 주택 등이 아닌 경우 C주택의 취득세를 중과한다.

---

* 주택이 아닌 분양권(C) 등을 취득하는 경우에는 그 분양권 등에 의해서 완성된 신축아파트를(C) 등기할 때는 취득세를 중과하지만, 그 취득세 중과를 피하는 방법이 전혀 없는 것은 아니다. (지방세법 시행령 개정으로 2025.01.01. 이후 최초로 취득하는 분양권은 그 방법도 불가능하다)

사례 6 각각 2주택을 보유한 남녀가 혼인한 후에 2개의 주택을 먼저 양도(과세)하고 남은 2주택 중 1주택을 혼인한 날부터 10년 이내에 양도하는 경우

□ **위와 같이 각각 2주택을 보유한 남녀가 혼인한 이후에**

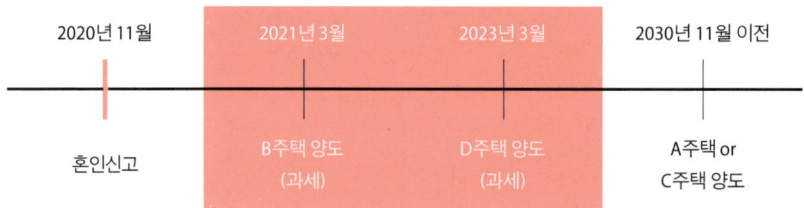

▲풀이 : 주택 수 판정은 양도일 기준이 아닌 혼인합가 당시 주택 수로 판정한다는 아래 유권해석*으로 인하여 먼저 양도하는 A주택 or C주택은 비과세가 불가능하다.

***기획재정부 조세정책과, 2024.06.25.**

혼인합가특례(소득령§155⑤)의 혼인합가 요건인 "2주택자가 2주택자와 혼인함으로써 4주택을 보유하게 되는 경우"는 주택의 양도일 현재 기준이 아닌, 혼인합가 당시 주택 수로 충족 여부를 판정하는 것임

> **관련 규정 | 소득세법 기본 통칙 89-155…2**
>
> 【대체취득 및 상속 등으로 인하여 1세대 3주택이 된 경우 종전주택양도에 따른 비과세】
>
> ① 국내에 1세대 1주택을 소유한 거주자가 종전주택을 취득한 날부터 1년 이상이 지난 후 새로운 주택을 취득하여 일시 2개의 주택을 소유하던 중 상속 또는 영 제155조 제4항 및 제5항에 따른 직계존속 봉양 또는 혼인하기 위하여 세대를 합침으로써 1세대가 3개의 주택을 소유하게 되는 경우 새로운 주택을 취득한 날부터 영 제155조 제1항에 따른 종전주택 양도 기간 이내에 종전의 주택을 양도하는 경우에는 1세대 1주택의 양도로 보아 영 제154조 제1항의 규정을 적용한다. (2024.03.15. 개정)
>
> ② 국내에 1세대 1주택을 소유한 거주자가 영 제155조 제2항에 따른 상속주택을 취득하여 1세대 2주택이 된 상태에서 상속주택이 아닌 종전주택을 취득한 날부터 1년 이상이 지난 후 새로운 1주택을 취득함으로써 1세대가 3개의 주택을 소유하게 되는 경우 새로운 주택을 취득한 날부터 영 제155조 제1항에 따른 종전주택 양도 기간 이내에 상속주택이 아닌 종전의 주택을 양도하는 경우에는 1세대 1주택의 양도로 보아 영 제154조 제1항의 규정을 적용한다. (2019.12.23. 개정)

> **관련 규정 | 소득세법 집행기준 89-155-22 【혼인합가로 4주택 이상인 경우】**
>
> 각각 2주택 이상을 소유한 배우자 간 혼인하여 합가로 1세대가 소유하게 된 주택 수가 4주택 이상인 경우 「소득세법 시행령」 제155조 제5항의 혼인합가 특례를 적용받을 수 없다. (기획재정부 조세정책과-1199, 2024.06.25.)

아래 두 유권해석은 혼인합가 당시(3주택)가 아닌 양도일(혼인 일시적 2주택)을 기준으로 하여 1세대 1주택으로 보아 비과세 여부를 판정하고 있다.

> **부동산거래관리과-204, 2010.02.08.**
>
> 2주택(A, B)을 보유하는 자와 1주택을 보유하는 자가 혼인함으로써 1세대가 3주택을 보유하게

되는 경우로서 1주택(A)을 양도(과세)한 후 혼인한 날부터 5년 이내에 먼저 양도하는 주택(B 또는 C)은 「소득세법 시행령」 제155조 제5항에 따라 1세대 1주택으로 보아 비과세 여부를 판정하는 것임.

부동산거래관리과-1209, 2010.10.05.

1주택(A)을 보유하는 자가 2주택(B, C)을 보유하는 자가 혼인함으로써 1세대가 3주택을 보유하게 되는 경우로서 1세대가 1주택(C)을 양도한 후 혼인한 날부터 5년 이내에 먼저 양도하는 주택(A 또는 B)은 「소득세법 시행령」 제155조 제5항에 따라 1세대 1주택으로 보아 비과세 여부를 판정하는 것입니다.

관련 규정 | 소득세법 집행기준 89-155-26 【일시적 1세대 3주택 비과세 특례 적용 사례】

□ 아래 두 번째 케이스가 집행기준에서 삭제가 되었다.

(2024.12.31. 현재)

유 형		비과세 특례 적용 요건	
		종전	현재
일반주택(A) + 상속주택(B) + 다른 주택(C)		C주택 취득일부터 3년 이내 양도하는 A주택	(좌 동)
일시적 2주택 (A+B)	+ 혼인합가 주택(C) 또는 동거봉양 합가 주택(C)	① B주택 취득일부터 3년 이내 양도하는 A주택 ② A주택 양도 후 합가일*부터 5년 (동거봉양은 10년) 이내 양도하는 B주택 또는 C주택	삭제
혼인합가 2주택(A, B) 또는 동거봉양합가 2주택(A, B)	+ 다른 주택 (C)	*합가일부터 5년(동거봉양은 10년) 이내 및 C주택 취득일부터 3년 이내 양도하는 A주택 또는 B주택	(좌 동)

*혼인합가: 10년으로 개정되었다.

위 두 번째 케이스에 해당하는 경우로서 혼인합가 당시 주택 수로 충족 여부를 판정한다는 국세청과 기재부의 새로운 유권해석이 나온 후 저자가 작성한 일부 사례에 해당하는 경우에는 의견이 분분하다. 최신유권해석 등을 꼭 확인하시길 바란다.

2. 동거봉양 합가로 1세대 2주택이 된 경우(소득세법 시행령 제155조 ④)

1주택을 보유하고 1세대를 구성하는 자가 1주택을 보유하고 있는 60세 이상*의(이하 '노부모'** 라고 한다) 직계존속을 동거봉양하기 위하여 세대를 합침으로서 1세대가 2주택을 보유하게 되는 경우 다음의 요건을 모두 충족하는 경우에는 이를 1세대 1주택으로 보아 1세대 1주택 비과세 규정을 적용한다.

① 합친 날부터 10년 이내에 먼저 양도하는 주택
② 양도하는 주택은 비과세 요건을 충족할 것

---

* 합가일 현재 남자·여자 중 어느 한 사람이 60세 이상이면 되며, 연령계산의 가산점은 출생일로 한다.
** 세대주의 부모·조부모 그리고 배우자의 부모·조부모를 모두 포함한다.

> **관련규정 | 소득세법 시행령 제155조【1세대 1주택의 특례】**

④ 1주택을 보유하고 1세대를 구성하는 자가 1주택을 보유하고 있는 60세 이상의 직계존속(다음 각호의 사람을 포함하며, 이하 이 조에서 같다)을 동거봉양하기 위하여 세대를 합침으로써 1세대가 2주택을 보유하게 되는 경우 합친 날부터 10년 이내에 먼저 양도하는 주택은 이를 1세대 1주택으로 보아 제154조 제1항을 적용한다. (2019.02.12. 개정)
1. 배우자의 직계존속으로서 60세 이상인 사람 (2019.02.12. 신설)
2. 직계존속(배우자의 직계존속을 포함한다) 중 어느 한 사람이 60세 미만인 경우(2019.02.12. 신설)
3. 「국민건강보험법 시행령」 별표 2 제3호 가목 3), 같은 호 나목 2) 또는 같은 호 마목에 따른 요양급여를 받는 60세 미만의 직계존속(배우자의 직계존속을 포함한다)으로서 기획재정부령으로 정하는 사람 (2019.02.12. 신설)

⑤ 1주택을 보유하는 자가 1주택을 보유하는 자와 혼인함으로써 1세대가 2주택을 보유하게 되는 경우 또는 1주택을 보유하고 있는 60세 이상의 직계존속을 동거봉양하는 무주택자가 1주택을 보유하는 자와 혼인함으로써 1세대가 2주택을 보유하게 되는 경우 각각 혼인한 날부터 10년 이내에 먼저 양도하는 주택은 이를 1세대 1주택으로 보아 제154조 제1항을 적용한다. (2024.11.12. 개정)

사례 1   각각 1주택을 보유한 1세대가 합가를 한 경우

▶풀이: 합가한 날부터 10년 이내에 먼저 양도하는 A주택은 1주택으로 보아 1세대 1주택 비과세 규정을 적용한다. (비과세) 또한 B주택도 1세대 1주택 비과세

사례 2 과세대상 2주택을 보유하고 있는 자녀가 노부모님과 합가를 한 경우

▲풀이: 1주택(C)을 먼저 양도(과세)한 후, 합가한 날부터 10년 이내에 양도하는 주택(A주택 or B주택)은 1세대 1주택으로 보아 1세대 1주택 비과세 규정을 적용한다.

그러나 양도일이 아닌 합가 당시 주택 수로 노부모 봉양 합가 특례를 적용한다는 유권해석이 나오면 2026년 2월에 양도하는 A주택은 비과세를 받지 못할 수도 있다.

사례 3 일시적 2주택(A+B)을 보유하고 있던 자녀가 1주택(C)을 보유하고 있는 부모님을 봉양하기 위해 합가를 하여 1세대 3주택이 된 경우

2015년	2020년	2025년 3월	2025년 10월	2028년 3월 이전
A주택 취득(자녀)	C주택 취득(부모님)	B주택 취득(자녀)	세대합가 (60세 이상)	A주택 양도

▲풀이: B주택을 취득한 날부터 3년 이내에 A주택을 양도하는 경우 이를 1세대 1주택으로 보아 1세대 1주택 비과세 규정을 적용한다. (비과세)

또한, A주택을 양도한 후 합가한 날부터 10년 이내에 B주택 or C주택을 양도하는 경우에도 1세대 1주택으로 보아 1세대 1주택 비과세 특례규정을 적용한다. ← 이 부분은 최신유권해석 등을 꼭 확인해 보셔야 합니다.

□ 아래 유권해석으로 인해 논란이 일고 있다. 저자가 작성한 일부 사례의 경우 최신유권해석 등을 꼭 확인하시길 바랍니다.

○ 법규과-1599, 2024.06.25.   ○ 기획재정부 조세정책과 ,2024.06.25.

혼인합가 특례(소득령§155⑤)의 혼인합가 요건인 "1주택자가 1주택자와 혼인함으로써 2주택을 보유하게 되는 경우"는 주택의 양도일 현재 기준이 아닌, 혼인합가 당시 주택 수로 충족 여부를 판정하는 것임

08

일시적으로 3주택 이상이 된 경우

1. 일시적으로 3주택 이상이 된 경우

양도일 현재 1세대가 3주택 이상을 보유하고 있는 경우에도 이를 1세대 1주택의 양도로 보아 1세대 1주택 비과세 규정을 적용하기도 한다. 어떠한 경우가 가능한지 사례별로 정리해서 살펴보도록 하겠다.

(예시) 일시적 1세대 2주택 비과세 요건

다음 ① (② or ③) 과 ④를 충족하는 경우에는 1세대 1주택으로 보아 양도소득세를 비과세한다.

① 신규주택을 취득한 날부터 3년 이내에 종전주택을 충족할 것
② 혼인의 경우 혼인신고일부터 10년(2024.11.12. 前 양도분은 5년) 이내 먼저 양도하는 주택
③ 노부모 봉양 합가의 경우 합가한 날부터 10년 이내 먼저 양도하는 주택

④ 양도하는 종전주택은 양도일 현재 비과세 요건을 충족할 것

1세대 1주택 비과세 판정 시 소유자의 주택으로 보지 않는 특례주택은 여러 종류가 있다. 그 특례주택 등을 잘 알고만 있어도 쉽게 절세가 가능하다.

사례 1   일반주택(A) + 상속주택(B)* + 신규주택(C)

*상속주택(B) : 1세대 1주택 비과세 판정 시 소유자의 주택으로 보지 않는 상속주택

2019년 5월	2023년 11월	2025년 2월	2026년 3월	2027년 2월
A주택 취득	상속개시로 상속주택(B) 취득(대전)	C주택 취득	A주택 양도(비과세)	B주택 양도(비과세)

▲ 풀이: C주택을 취득한 날부터 3년 이내에 A주택을 양도하면 A주택은 일시적 2주택으로 비과세. 또한 C주택의 취득일부터 3년 이내에 B주택을 양도하면 B주택도 일시적 2주택으로 비과세가 가능하다.

사례 2   종전주택(A)+신규주택(B)+미분양주택(C)** 또는 조특법 농어촌주택(C)

**미분양주택(C) 등: 1세대 1주택 비과세 판정 시 소유자의 주택으로 보지 않는 조세특례제한법 미분양주택 등

▲ 풀이: B주택을 취득한 날부터 3년 이내에 A주택을 양도하면 A주택은 일시적 2주택으로 비과세. 또한 B주택은 1세대 1주택으로 보아 비과세 가능.

사례 3   일반주택(A) + 신규주택(B) + 미분양주택(C)** 등 + 상속주택(D)**

**, * 1세대 1주택 비과세 판정 시 소유자의 주택으로 보지 않는 주택

▲ 풀이: B주택을 취득한 날부터 3년 이내에 A주택을 양도하면 A주택은 일시적 2주택으로 비과세가 가능하고
　　　B주택과 C주택과 D주택이 남은 상태에서 B주택도 비과세 요건을 충족하고 양도하는 경우에는 1세대 1주택으로 보아 비과세가 가능하다.
　　　또한 C주택과 D주택이 남은 상태에서 비과세 요건을 충족한 C주택 또는 B주택을 양도하는 경우에도 이를 1세대 1주택으로 보아 비과세가 가능하다.

* 피상속인이 취득 후 5년 이상 거주한 주택으로서 수도권 밖의 지역 중 읍(도시지역은 제외)·면 지역에 소재하는 농어촌주택을 말한다.

사례 4   혼인으로 1세대 2주택(A, B)이 된 후 새로운 주택(C)을 취득하여 1세대 3주택이 된 경우

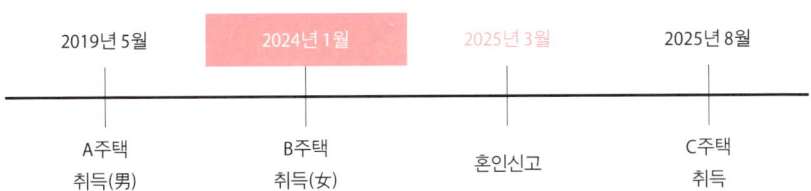

▲ 풀이: C주택을 취득한 날부터 3년 이내에 A주택 또는 B주택을 양도하는 경우 1세대 1주택으로 보아 비과세가 가능하다. (주의) B주택을 취득한 날부터 1년 이상이 지난 후에 C주택을 취득할 것.

사례 5   일시적으로 2주택(A+B)을 보유하고 있던 자가 1주택(C)을 보유하고 있는 부모님(노부모)과 합가하여 1세대 3주택이 된 경우

▲ 풀이: B주택의 취득일부터 3년 이내에 종전주택(A)을 양도하는 경우 A주택은 일시적 2주택으로 비과세가 가능하다.
    또한 합가일부터 10년 이내에 먼저 양도하는 주택(B주택 또는 C주택)도 1세대 1주택으로 보아 1세대 1주택 비과세 특례규정을 적용한다. ← 이 부분은 최신유권해석 등을 꼭 확인해 보셔야 합니다.

사례 6   노부모 봉양 합가로 1세대 2주택(A, B)이 된 후 새로운 주택(C)을 취득하여 1세대 3주택이 된 경우

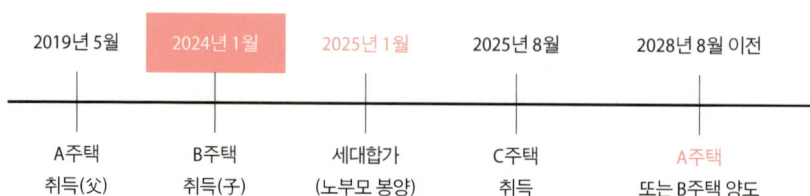

▲ 풀이: C주택을 취득한 날부터 3년 이내에 기존주택(A주택 또는 B주택)을 양도하는 경우에는 이를 1세대 1주택으로 보아 비과세 규정을 적용한다.

사례 7   남녀 각각 일시적 2주택 상태에서 혼인하여 4주택이 된 경우

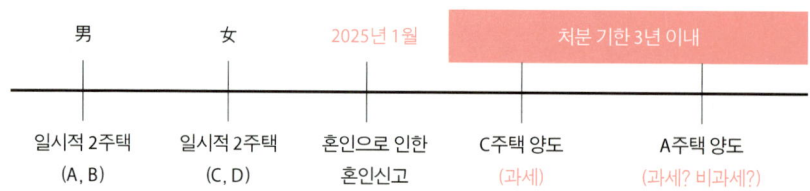

▲ 풀이: 일시적 2주택 보유자들이 혼인을 한 경우에 일시적 2주택자들에 대한 비과세 규정을 적용하지 않은 것은 정당함 (수원지방법원-2006-구합-8823, 2007.04.04.)

사례 8   2주택을 보유하고 있는 자와 1주택을 보유하고 있는 자가 혼인할 경우

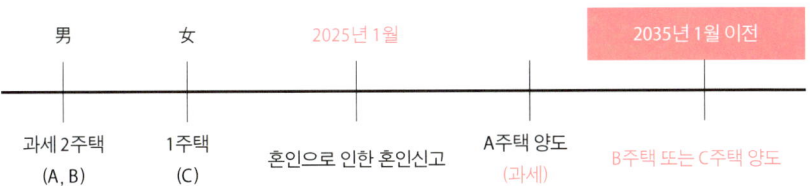

▲ 풀이: A주택을 양도(과세)한 후 혼인일부터 10년 이내에 먼저 양도하는 B주택 또는 C주택은 혼인에 따른 일시적 2주택으로 비과세가 가능하다.
그러나 아래 유권해석(법규과-1599, 2024.06.25.)을 참고(합가일 현재 주택 수를 가지고 비과세 판단)하면 다툼의 소지가 있을 수 있으므로 최신유권해석 등을 꼭 확인한다.

법규과-1599, 2024.06.25.

혼인합가 특례(소득령§155⑤)의 혼인합가 요건인 "1주택자가 1주택자와 혼인함으로써 2주택을 보유하게 되는 경우"는 주택의 양도일 현재 기준이 아닌, 혼인합가 당시 주택 수로 충족 여부를 판정하는 것이다.

부동산거래관리과-204, 2010.02.08.

2주택(A, B)을 보유하는 자와 1주택을 보유하는 자가 혼인함으로써 1세대가 3주택을 보유하게 되는 경우로서 1주택(A)을 양도(과세)한 후 혼인한 날부터 5년 이내에 먼저 양도하는 주택(B 또는 C)은 「소득세법 시행령」 제155조 제5항에 따라 1세대 1주택으로 보아 비과세 여부를 판정하는 것이다.

부동산거래관리과-1209, 2010.10.05.,

1주택(A)을 보유하는 자가 2주택(B, C)을 보유하는 자가 혼인함으로써 1세대가 3주택을 보유하게 되는 경우로서 1세대가 1주택(C)을 양도한 후 혼인한 날부터 5년 이내에 먼저 양도하는 주

택(A 또는 B)은 「소득세법 시행령」 제155조 제5항에 따라 1세대 1주택으로 보아 비과세 여부를 판정하는 것이다.

부동산 납세과-1945, 2016.12.22.

2주택을 보유한 자와 일시적 1세대 2주택을 보유한 자가 혼인하여 1세대가 4주택을 보유하게 되는 경우에는 「소득세법 시행령」 제155조 제5항에 따른 혼인합가 특례를 적용할 수 없는 것이다.

조심-2020-인-8614, 2021.03.03.

혼인함으로써 1세대 3주택 이상에 해당하게 된 경우 먼저 양도하는 주택에 대하여 1세대 1주택 비과세를 적용할 수 있는지 여부.

「소득세법」상 1세대 1주택 비과세 및 다주택자에 대한 중과세 규정은 각각 그 입법 취지가 달라서 별개로 적용되어야 할 것이므로 1주택 보유자인 청구인이 2주택 보유자와 혼인한 경우에는 「소득세법 시행령」 제155조 제5항에 따른 비과세를 적용할 수 없다고 봄이 타당하다. (조심-2020-인-8614)

09

인구감소지역주택 비과세 특례규정

인구감소지역주택 비과세 특례규정

조세특례제한법
제71조의 2

1. 1주택을 보유하고 있는 1세대가 인구 감소지역 주택 1채를 취득하여 2주택이 된 경우

1. 인구 감소지역 주택 비과세 특례규정

1주택[40]을 보유한 1세대가 인구 감소지역 주택 1채를 취득하여 2주택이 된 경우로서 인구 감소지역 주택을 취득하기 전에 보유하고 있던 주택 등을 양도하는 경우에는 인구 감소지역 주택은 해당 1세대의 소유주택이 아닌 것으로 보아 1세대 1주택 비과세 규정을 적용한다.

---

40) 주택이 아닌 조합원입주권 또는 분양권 1개를 보유한 경우도 포함한다.

> **관련 규정 | 조세특례제한법 제71조의 2**

① 주택, 조합원입주권(「소득세법」 제88조 제9호의 조합원입주권을 말한다. 이하 이 항에서 같다) 또는 분양권(같은 조 제10호의 분양권을 말한다. 이하 이 항에서 같다) 중 1채 또는 1개를 보유한 1세대(같은 제6호의 1세대를 말한다)가 2024년 1월 4일부터 2026년 12월 31일까지의 기간 중에 인구감소지역에 소재하는 주택으로서 주택 소재지, 주택 가액 등을 고려하여 대통령령으로 정하는 주택(이하 이 조에서 "인구감소지역주택"이라 한다) 1채를 취득한 후 인구감소지역주택을 취득하기 전에 보유한 주택, 조합원입주권 또는 분양권을 양도하는 경우에는 그 인구감소지역주택을 해당 1세대의 소유주택이 아닌 것으로 보아 「소득세법」 제89조 제1항 제3호 또는 제4호를 적용한다. (2024.12.31. 신설)

② 1주택을 보유한 1세대(「종합부동산세법」 제2조 제8호의 세대를 말한다)가 2024년 1월 4일부터 2026년 12월 31일까지의 기간 중에 인구감소지역주택 1채를 취득한 경우에는 같은 법 제8조 제1항 제1호에 따른 1세대 1주택자로 본다. (2024.12.31. 신설)

③ 제2항의 규정을 적용받으려는 납세의무자는 해당 연도 9월 16일부터 9월 30일까지 대통령령으로 정하는 바에 따라 관할세무서장에게 신청하여야 한다. (2024.12.31. 신설)

④ 제1항부터 제3항까지의 규정을 적용할 때 인구감소지역주택 취득 확인 절차, 그 밖에 필요한 사항은 대통령령으로 정한다. (2024.12.31. 신설)

1) 인구 감소지역 주택의 범위 (조세특례제한법 시행령 제68조의 2)

다음 ① ②요건을 모두 충족할 것

① 인구 감소지역에 소재하는 주택일 것

- 수도권·광역시는 제외한다. 다만, 수도권 내 접경지역(접경지역 지원 특별법 제2조) 및 광역시 내 군 지역은 포함한다.
- 기존 1주택 등과 동일한 시·군·구 지역에 소재하는 인구감소지역 주택 취득은 제외한다.

② 취득일 현재 공시가격 4억 원 (개정안 : 비수도권 인구감소지역에 한해서 9억 원) 이하일 것.

2) 인구 감소지역 주택의 취득시기

2024년 1월 4일부터 2026년 12월 31일까지

3) 특례규정 적용 시기

2025년 1월 1일 이후 결정 또는 경정하는 분부터 적용한다. 즉, 기존주택을 2025.01.01. 前에 양도한 경우에도 2025.01.01. 이후에 결정 또는 경정되는 경우에는 비과세 특례규정을 적용받을 수 있다.

요약

구분	요건
지역	인구 감소지역인(정부 개선안:비수도권 인구감소관리지역도 추가*)에 소재하는 주택일 것 ① 수도권·광역시는 제외한다. 다만, 수도권 내 접경지역 및 광역시 내 군 지역은 포함한다. ② 기존 1주택 등과 동일한 시·군·구 지역에 소재하는 인구 감소지역 주택 취득은 제외한다.
주택가액 기준	취득일 현재 공시가격 4억 원(개정안 :비수도권 인구감소지역에 한해서 9억 원) 이하일 것
취득시기	2024년 1월 4일부터 2026년 12월 31일까지
특례규정 적용 시기	2025년 1월 1일 이후 결정 또는 경정하는 분부터 적용한다. 즉, 기존주택을 2025.01.01. 前에 양도한 경우에도 2025.01.01. 이후에 결정 또는 경정이 되는 경우에는 비과세 특례규정을 적용받을 수 있다.

---

* 강원도 속초시,강릉시,동해시, 인제군 및 경북 김천시, 경남 경주시, 사천시, 통영시, 전북 익산시 외 다수의 지역

사례 1   1주택을 보유하고 있는 1세대가 인구 감소지역 주택 2채를 취득한 경우

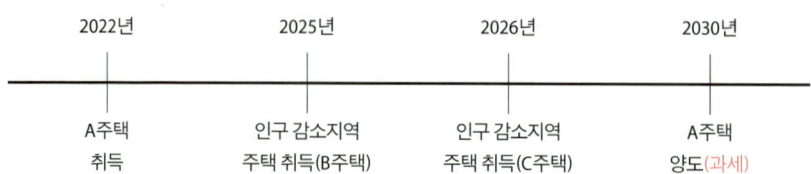

▲풀이: 인구 감소지역 주택 2채를 취득하였으므로 A주택은 1세대 1주택 비과세 특례규정을 적용받지 못한다.
그러나 C주택을 취득한 날부터 3년 이내에 비과세 요건을 충족한 A주택을 양도하면 일시적 2주택으로 비과세가 가능하다. 또한 C주택을 먼저 양도(과세)하면 A주택은 1세대 1주택으로 보아 비과세가 가능.

인구감소지역주택 특례 규정은 최근(2024년 12월)에 신설된 규정이므로 저자가 설명하고 있는 사례는 참고용으로만 보시기 바랍니다.

사례 2   2주택을 보유하고 있는 1세대가 인구 감소지역 주택 1채를 취득한 경우

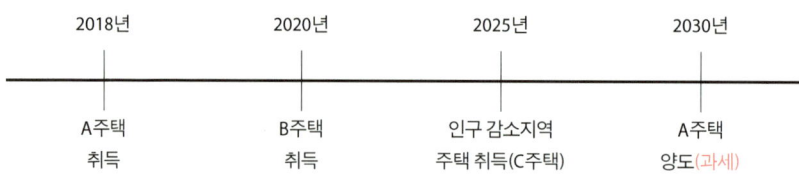

▲풀이: 2주택을 보유한 1세대가 인구 감소지역 주택을 취득하였으므로 A주택은 1세대 1주택 비과세 규정을 적용받지 못한다. 또한 B주택을 먼저 양도(과세)한다고 해도 역시 A주택은 비과세 규정을 적용받지 못한다. (저자 견해)

사례 3 각종 특례주택 포함 2주택을 보유하고 있는 1세대가 인구 감소지역 주택 1채를 취득한 경우

□ **B주택은 각종 특례주택(아래 ①~❺)이라는 전제**

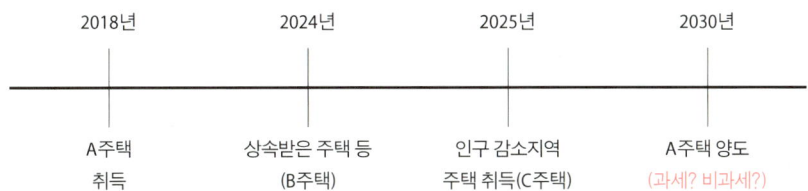

▲풀이: 각종 특례주택마다 조문이 다르다. B주택이 ④번 또는 ⑤번에 해당하는 경우에는 비과세 규정을 적용하는 것이 타당하다 판단되지만(저자 견해) 향후 나올 유권해석 등으로 정답을 찾으시길 바란다.

① 상속주택 특례규정

일반주택을 양도하는 경우에는 국내에 1개의 주택을 소유하고 있는 것으로 보아 제154조 제1항을 적용한다.

② 신규주택 취득

3년 이내에 종전의 주택을 양도하는 경우에는 이를 1세대 1주택으로 보아 제154조 제1항을 적용한다.

③ 혼인 또는 동거봉양

혼인 또는 합친 날로부터 10년 이내에 먼저 양도하는 주택은 이를 1세대 1주택으로 보아 제154조 제1항을 적용한다.

❹ 조세특례제한법 제98조의 8 【준공후미분양주택의 취득자에 대한 양도소득세 과세특례】

소득세법 제89조 제1항 제3호를 적용할 때 제1항에 해당하는 주택은 해당 거주자의 소유주택으로 보지 아니한다.

❺ 조세특례제한법 제99조의 4 【농어촌주택 등 취득자에 대한 양도소득세과세특례】

농어촌주택 등 취득 전에 보유하던 다른 주택을 양도하는 경우에는 그 농어촌주택 등을 해당 1세대의 소유주택이 아닌 것으로 보아 소득세법 제89조 제1항 제3호를 적용한다.

관련 규정 | 조세특례제한법 시행령 제68조의 2 (2025.02.28. 신설)

① 법 제71조의 2 제1항에서 "대통령령으로 정하는 주택"이란 다음 각호의 요건을 모두 충족하는 주택(이하 이 조에서 "인구감소지역주택"이라 한다)을 말한다. (2025.02.28. 신설)

1. 취득 당시 인구감소지역에 소재할 것. 다만, 다음 각 목의 어느 하나에 해당하는 지역에 소재하는 주택은 제외한다.

   가. 수도권(「접경지역 지원 특별법」 제2조 제1호에 따른 접경지역은 제외한다)
   나. 광역시(광역시에 있는 군은 제외한다)
   다. 해당 주택 취득 전에 보유한 주택(해당 주택 취득 전에 조합원입주권 또는 분양권을 보유한 경우에는 해당 조합원입주권 또는 분양권을 통해 공급하는 주택)과 동일한 시·군·구

2. 주택 및 이에 딸린 토지의 가액(「소득세법」 제99조 제1항에 따른 기준시가를 말한다)의 합계액이 해당 주택 취득일(법 제71조의 2 제2항을 적용하는 경우에는 해당 주택 취득일 및 「종합부동산세법」 제3조에 따른 과세기준일) 현재 4억 원을 초과하지 않을 것

② 법 제71조의 2 제1항에 따른 과세특례를 적용받으려는 자는 「소득세법」 제105조 또는 같은 법 제110조에 따른 양도소득과세표준신고와 함께 기획재정부령으로 정하는 과세특례신고서를 제출해야 한다. 이 경우 납세지 관할세무서장은 「전자정부법」 제36조 제1항에 따른 행정정보의 공동이용을 통해 다음 각호의 서류를 확인해야 한다. (2025.02.28. 신설)

1. 인구감소지역주택의 토지대장 및 건축물대장
2. 인구감소지역주택 취득 전에 보유한 주택의 토지대장 및 건축물대장

③ 인구감소지역주택 취득 전에 조합원입주권 또는 분양권을 보유한 자는 제2항에 따라 양도소득과세표준신고와 함께 과세특례신고서를 제출하는 경우에는 해당 조합원입주권 또는 분양권 보유 여부를 증명할 수 있는 서류를 함께 제출해야 한다. (2025.02.28. 신설)

④ 법 제71조의 2 제2항에 따른 과세특례를 적용받으려는 1세대 1주택자는 기획재정부령으로 정하는 신청서를 관할세무서장에게 제출해야 한다. 다만, 최초로 신청을 한 연도의 다음 연도부터는 그 신청 내용에 변동이 없으면 신청하지 않을 수 있다. (2025.02.28. 신설)

인구 감소지역 (2025년 1월 1일 기준)

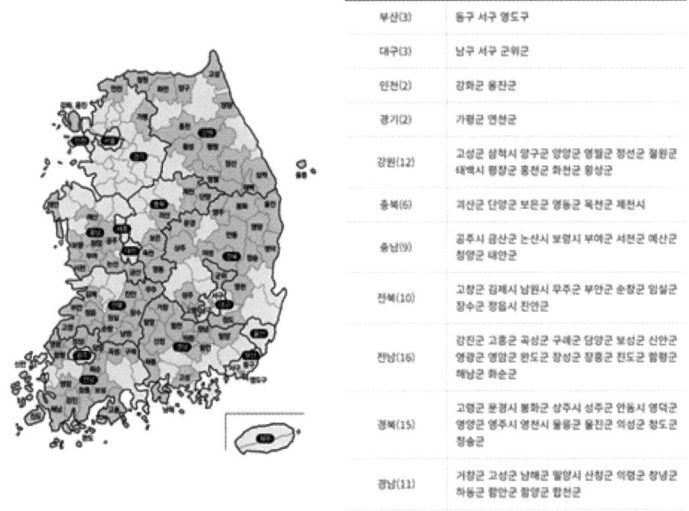

□ 인구 감소지역은 행정안전부 홈페이지에서 확인할 수 있다. (2026년 10월 추가 지정 예정)

□ 인구감소지역의 범위: (정부 개선안:비수도권 인구감소관리지역도 추가*)

* 기존 관심지역 18개 지역 + 강원도 속초시,강릉시,동해시, 인제군 및 경북 김천시, 경남 경주시, 사천시, 통영시, 전북 익산시

인구감소지역 (2025년 1월 1일 기준)

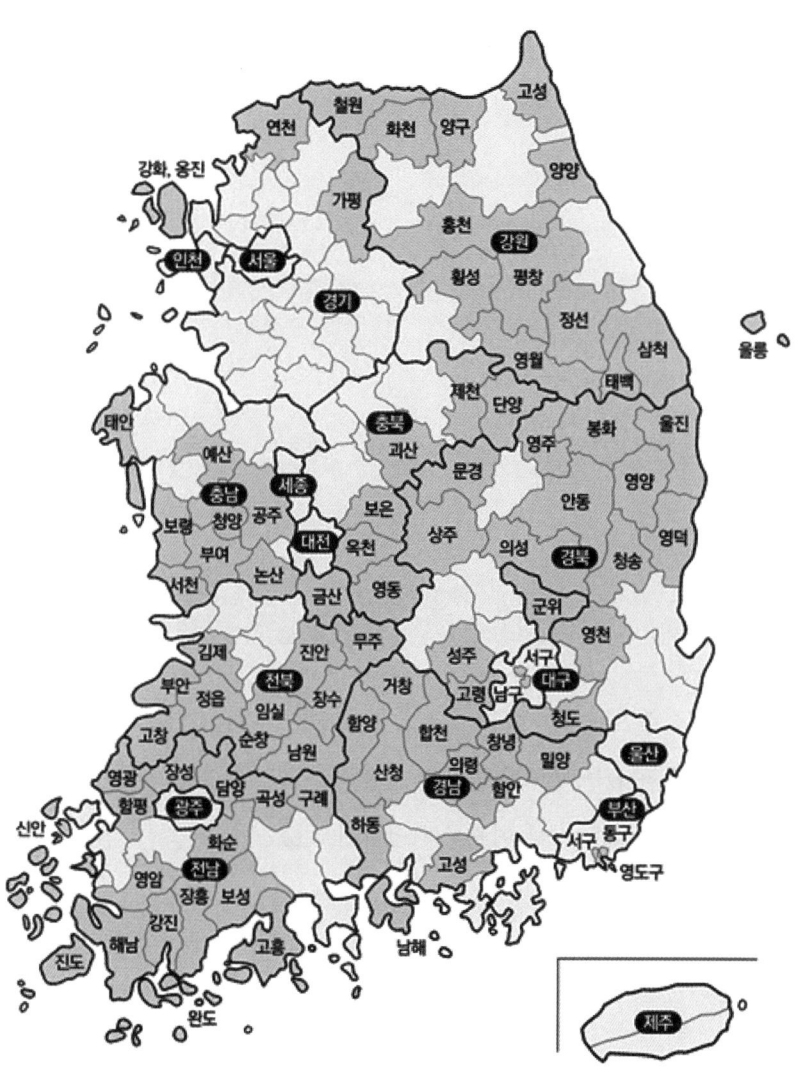

주거용 오피스텔의
주택 수 포함 여부

양도소득세(소득세법) ⇒ **주거용 오피스텔도 주택이다.**

임차인의 전입신고 유무로 주택 여부를 판단하지 않고 임차인의(임대인 포함) 사업자등록 유무로 주택 여부를 판단하지 않는다. 또한 재산세 과세 방식(주택 or 업무용)으로 주택 여부를 판단하지도 않는다.

물론 임차인이 실지로 주거용이 아닌 업무용으로 사용하는 경우가 있을 수 있다.

① 객관적인 증빙자료(임차인이 통상적인 출퇴근 시간에 교통카드를 사용한 내역 등)로 입증을 하고

② 누가 봐도 내부 구조가 주거용이 아닌 업무용으로 되어 있으면 주택이 아닌 업무용으로 인정 가능하지만, 이 부분 또한 과세 관청에서 사실 판단할 사안이다.

즉, ①, ②모두를 충족하지 못하는 경우 주거용 오피스텔은 주택이 아닌 업무용으로 인정받는 것은 사실상 불가능하다고 봐야 한다.

소득세법 제88조 7호

"주택"이란 허가 여부나 공부(公簿)상의 용도 구분과 관계없이 세대의 구성원이 독립된 주거생활을 할 수 있는 구조로서 대통령령으로 정하는 구조를 갖추어 사실상 주거용으로 사용하는 건물을 말한다. 이 경우 그 용도가 분명하지 아니하면 공부상의 용도에 따른다.

소세령 제152조의 4

법 제88조 제7호 전단에서 "대통령령으로 정하는 구조"란 세대별로 구분된 각각의 공간마다 별도의 출입문, 화장실, 취사 시설이 설치되어 있는 구조를 말한다.

주거용 오피스텔의 주택 수 포함 여부

취득세 (지방세법)

주거용 오피스텔은 취득세 중과판정 시 주택의 수에 포함하지 않는다. 또한 주거용 오피스텔을 취득할 때도 보유하고 있는 주택의 수에 상관없이 취득세 등 세율은 4.6%다.

그러나 2020.08.12. 이후에 취득한 주거용 오피스텔은 얘기가 다르다. 그렇다고 해서 2020.08.12. 이후에 취득한 주거용 오피스텔을 무조건 주택의 수에 포함시킨다는 얘기는 아니다.

소유자가 재산세를 주택으로 변경하여 재산세가 주택으로 과세되는 경우에 한해서만 취득세 중과판정 시 주택의 수로 계산하고 있으며, 그 주거용 오피스텔을 취득하는 매수인도 주택 취득세 세율을 적용받는다.

> 주거용 오피스텔 분양권은 양도소득세·취득세 각 세목에서 주택의 수에 가산하지 않는다.

10

증여받은 부동산 등을 양도하는 경우

배우자 또는 직계존비속 등으로부터 증여받은 부동산 등을 양도하는 경우

소득세법 제97조의 2
소득세법 제101조

증여받은 부동산(부동산을 취득할 수 있는 권리 포함)을 증여를 받은 날[43]부터 10년('23. 1. 1. 前 증여분은 5년) 이내에 양도하는 경우에는 다음 ①, ② 부분을 주의해야 한다.

① 배우자 또는 직계존비속으로부터 증여를 받은 경우

-취득가액 이월과세

② 특수 관계인으로부터 증여를 받은 경우

-부당행위계산 부인

---

[43] "소유권이전(증여) 등기접수일 / 부동산을 취득할 수 있는 권리의 증여 시기는 권리의무승계일이다."
 (서면인터넷방문상담4팀-1348, 2008.06.03.)

> 이월과세와 부당행위계산 부인 규정은 순수한 증여 부분(이하 '무상 증여'라고 한다)에 대해서만 적용한다.

즉, 부담부증여를 받은 경우 부담부증여분(이하 '유상분'이라 한다)은 이월과세와 부당행위계산 부인 규정을 적용받지 않는다.

1. 배우자 또는 직계존비속으로 증여를 받은 부동산 등을 10년[44]이내에 양도하는 경우(취득가액 이월과세)(소득세법 제97조의 2)

1) 이월과세를 적용하는 이유

다주택자가 배우자에게 또는 별도 세대원인 직계존비속(무주택세대)에게 부동산 등을 증여(취득가액 ↑)한 후, 증여를 받은 수증인이 증여를 받은 날부터 10년(2023. 1. 1. 前 증여분은 5년)이내에 이를 다시 타인에게 양도하는 방법으로 양도소득세 부담을 회피하는 것을 막기 위하여 도입한 제도이다.
그렇다고 해서 무조건 이월과세 규정을 적용하는 것은 아니다.

---

44) 2023.01.01. 前 증여분은 5년.

2) 이월과세

수증인의 취득가액 등을 배제하고 당초 소유자인 증여자의 취득일과 취득가액 등으로 양도소득금액을 계산하는 것을 "이월과세"라고 한다.

(1) 취득가액 이월과세와 부당행위계산 부인의 큰 차이점

① 이월과세: 납세의무자는 변하지 않고(수증인) 취득가액 등만 증여인의 취득가액으로 하여 양도소득금액을 계산한다.

② 부당행위계산 부인: 납세의무자는 증여인이다. 즉, 증여를 받은 수증인을 배제하고 증여자가 직접 양도한 것으로 본다.

구 분	납세자	취득가액 등	납부한 증여세 처리
① 이월과세	수증인	증여인의 취득가액 등으로 한다.	증여세 상당액은 필요경비로 공제
② 부당행위계산 부인	증여인	증여자가 직접 양도한 것으로 본다.	환급

◎ 필요경비로 공제할 증여세 상당액을 계산하는 방법

$$10년간 증여세 총산출세액 \times \frac{이월과세대상 증여세 과세가액}{10년간 증여세 과세가액}$$

공제되는 증여세 상당액은 양도 자산의 양도차익을 한도로 한다.

3) 다음의 어느 하나에 해당하는 경우에는 이월과세를 적용하지 않는다. (소득세법 제97조의 2 제2항 1호~3호)

① 사업인정고시일부터 소급하여 2년 이전에 증여받은 자산이 협의매수 또는 수용되는 경우

② 양도소득 이월과세(소득세법 92조의 2 제1항)가 적용되어 수증인이 1세대 1주택 비과세(고가주택 포함) 대상이 되는 경우에는 부당행위계산부인 규정을 적용한다. 단 동일 세대원으로부터 수증받은 경우에는 이월과세를 적용함. (집행기준 97의 2-163의 2-4)

③ 이월과세를 적용하여 계산된 양도소득 결정세액이 이월과세를 적용하지 않고 계산한 양도소득 결정세액보다 적은 경우(이하 '비교 과세'라고 한다)

> 위 ②에 대한 부연 설명
>
> 수증인이 1세대 1주택 비과세 대상이 되는 경우에는 부당행위계산 부인 규정을 적용한다고? (무슨 말인지)
>
> (설명) 이월과세(취득일은 증여인의 취득일)가 적용되어 수증인 이 비과세 대상이 되는 경우를 말한다. (즉, 증여를 받은 날부터 2년 이내에 양도할 때)

❹ 양도 당시 배우자의 사망으로 혼인 관계가 소멸된 경우 (법 제97조의 2 ①)
다만, 이혼으로 혼인 관계가 소멸된 경우와 증여자가 직계존비속인 경우 사망으로 존비속 관계가 소멸된 경우에는 이월과세를 적용한다.

⑤ 〈소득세법 개정안〉 증여자인 직계존비속이 사망하여 직계존비속관계가 소멸된 경우에도 이월과세를 적용하지 않는다. 〈개정안 적용시기〉: 2026.1.1. 이후 양도하는 분부터 적용

요약

구 분	취득가액 이월과세	부당행위계산 부인
취득일	증여인의 취득일	증여인의 취득일
취득가액 등	증여인의 취득가액 등	증여인의 취득가액 등
수증인이 납부한 취득세	필요경비 산입 불가	(좌동)
자본적 지출액	증여인의* 지출액 + 수증인의 지출액	증여인의 지출액
장기보유특별공제	증여인의 취득일부터	증여인의 취득일부터
중개보수료(양도)	필요경비 산입	산입 불가(저자 견해)
납세의무자	수증인	증여인
납부한 증여세	증여세 상당액은 필요경비로 산입	환급

*2024.01.01. 이후 양도분부터

사례 1   이월과세를 적용한다. (수증인의 취득가액 등을 무시한다.)

구 분		증여인(남편)	수증인(아내)	양도소득세 신고
양도일				2025년 11월
양도가액				520,000,000원
취득일		2015년 8월	2022년 4월	2015년 8월
취득가액	매입가액	320,000,000원	㉠530,000,000	320,000,000원
	취득세 등	4,000,000원	12,500,000원	4,000,000원
기타 필요경비	자본적 지출액	1,300,000원	6,000,000원	7,300,000원
	양도비	–	2,200,000원	2,200,000원
	계	1,300,000원	8,200,000원	9,500,000원
양도차익			–30,700,000원	186,500,000원
장기보유특별공제			–	37,300,000원
양도소득금액			–30,700,000	149,200,000원
기본공제			–	2,500,000원
과세표준			–	146,700,000원
납부할 양도소득세			–	35,905,000원

㉠ 530,000,000원 (증여가액)

☐ 증여를 받으면서 납부한 증여세가 있는 경우 그 증여세 상당액은 필요경비로 산입하여 공제한다.

☐ 납세의무자는 수증인이다. 증여인은 양도소득세의 연대납세의무가 없다.

사례 2   이월과세를 적용하지 않는다. (수증인의 취득가액 등으로 한다.)

구 분		증여인(남편)	수증인(아내)	양도소득세 신고
양도일				2025년 11월
양도가액				470,000,000원
취득일		2020년 2월	2023년 8월	2023년 8월
취득가액	매입가액	500,000,000원	㉠380,000,000원	380,000,000원
	취득세 등	5,800,000원	16,000,000원	16,000,000원
기타 필요경비	자본적 지출액	7,500,000원	–	–
	양도비	–	1,800,000원	1,800,000원
	계	–	1,800,000원	1,800,000원
양도차익				72,200,000원
장기보유특별공제				–
양도소득금액				72,000,000원
기본공제				2,500,000원
과세표준				69,700,000원
납부할 양도소득세				10,968,000원

㉠ 380,000,000원 (증여가액)

▲ 이월과세를 적용하여 계산된 양도소득 결정세액이 이월과세를 적용하지 않고 계산한 양도소득 결정세액보다 적은 경우에 해당하므로 이월과세를 적용하지 않는다. (비교과세) 즉, 수증인의 취득가액 등으로 양도소득금액을 계산한다.

사례 3　　이월과세를 적용하지 않는다. (1세대 1주택 비과세)

– 별도 세대인 무주택 자녀(30세 이상)가 증여(부담부 증여 포함)받은 경우

– 증여를 받은 날부터 5년 이내 양도

– 수증인(자녀)은 양도일 현재 2년 이상 보유 등 1세대 1주택 비과세 요건을 충족

※ 양도소득은 수증인에게 실질적으로 전액 귀속

구 분		증여인(父)	수증인(자녀)	양도소득세 계산
양도일			2025년 11월	
양도가액			430,000,000원	
취득일		2015년 8월	2022년 4월	2022년 4월
취득가액	매입가액	250,000,000원	㉠320,000,000원	320,000,000원
	취득세 등	3,000,000원	3,500,000원	3,500,000원
기타 필요경비	자본적 지출액	–	–	–
	양도비	–	1,500,000원	1,500,000원
	계	–	1,500,000원	1,500,000원
양도차익				비과세
장기보유특별공제				–
양도소득금액				비과세

㉠320,000,000원 (증여가액)

> **주의**　해당 주택의 양도소득이 증여를 받은 수증인에게 실질적으로 전액 귀속이 되지 않은 경우에는 부당행위계산 부인 규정을 적용한다.

사례 4 증여받은 주택이 고가주택에 해당하는 경우

- 증여인이 처음(지분 100%)에 매입한 가액은 7억 원, - 1/2지분을 증여한 경우
- 증여를 받은 날부터 5년 이내 양도
- 1세대 1주택 비과세 요건은 충족 / 거주기간: 무 / 양도가액: 15억 원

구 분		증여인(남편) ①(증여한 지분분)	수증인(아내) ②(증여받은 지분분)	양도소득세 신고
양도일				2025년 9월
양도가액			750,000,000원*	
취득일		2017년 8월	2022년 10월	2017년 8월
취득가액	매입가액	350,000,000원	㉠500,000,000	350,000,000원
	취득세 등	4,000,000원	9,700,000원	4,000,000원
기타 필요경비	자본적 지출액	-	-	-
	양도비	11,000,000원	11,000,000원	11,000,000원
	계	15,000,000원	20,700,000원	15,000,000원
과세대상 양도차익		77,000,000원	45,860,000원	77,000,000원
장기보유특별공제		12,320,000원	-	12,320,000원
양도소득금액		64,680,000원	45,860,000원	64,680,000원
기본공제		2,500,000원	2,500,000원	2,500,000원
과세표준		62,180,000원	43,360,000원	62,180,000원
납부할 양도소득세		9,163,200원	5,244,000원	9,163,200원

㉠ 500,000,000원 (증여받은 지분 50%의 증여가액)

▲ 위 계산은 증여한 지분 50%에 해당하는 양도가액 12억 원을 초과하는 소득금액에 대한 계산이다. 이월과세 규정을 적용한다. 납세의무자는 수증인이다.

---

*750,000,000원 = 15억 × 1/2.

2. 특수 관계인[45] 으로부터 증여를 받은 부동산 등을 10년(5년) 이내 양도하는 경우(부당행위계산) 소득세법 제101조

1) 부당행위계산 부인

양도소득세를 부당하게 감소시키기 위하여 특수 관계인에게 증여한 자산을 증여받은 자가 그 증여일부터 10년(2023.01.01. 前 증여 분은 5년) 이내에 다시 타인에게 양도하는 경우에는 당초 증여자가 그 자산을 직접 양도한 것으로 보아 양도소득세를 과세한다.(부당행위계산 부인)

다만, 양도소득이 해당 수증인(소유자)에게 실질적으로 귀속된 경우에는 그러하지 아니한다.(부당행위계산 부인 규정을 적용하지 아니한다)

(1) 양도소득세를 부당하게 감소라 함은 ①번의 세액이 ②번의 세액보다 더 많은 경우를 말한다.

① 증여자가 직접 양도한 것으로 보아 계산한 양도소득세
② 증여를 받은 수증인이 납부한 증여세 + 수증인의 양도소득세

---

45) 4촌 이내의 혈족, 3촌 이내의 인척, 배우자(사실혼 포함) 등.

즉, ①번의 세액이 더 많은 경우에는 소유자(수증인)를 무시하고 증여자가 직접 양도하는 것으로 보아 양도소득세를 계산한다. (부당행위계산 부인)

> 특수 관계인으로부터 증여받은 부동산 등을 증여를 받은 날부터 10년(2023.1.1. 前 증여분은 5년) 이내에 양도하는 경우에는 이를 부당한 행위로 본다.

그러나 그 행위가 양도소득세를 부당하게 감소시킨 경우에는 부당한 행위를 부인하고 증여자가 직접 양도한 것으로 본다. (부당행위계산 부인)

다만, 양도소득이 해당 수증인(소유자)에게 실질적으로 전액 귀속된 경우에는 수증인이 양도한 것으로 본다. (부당행위계산 부인 규정을 적용하지 않는다)

요약

구분	납세자	취득가액 등	납부한 증여세 처리
이월과세	수증인	증여인의 취득가액 등으로 한다.	증여세 상당액은 필요경비로 공제
부당행위계산 부인	증여인	증여자가 직접 양도한 것으로 본다.	환급

사례 1   수증인은 양도일 현재 1세대 1주택 비과세 대상인 경우

-증여를 받은 날부터 5년 이내에 양도한다고 했을 때

-수증인이 납부한 증여세: 62,000,000원

-수증인은 양도일 현재 1세대 1주택 비과세 대상

 ※양도소득 전액이 해당 수증인(소유자)에게 실질적으로 귀속되었다.

구분	①증여인	②수증인
양도가액		500,000,000원
양도일	2025년 8월	
취득일	2015년 3월	2021년 4월
취득가액 등	100,000,000원	㉠380,000,000원
기타 필요경비	2,000,000원	8,300,000원
양도차익	398,000,000원	(비과세)
장기보유특별공제	79,600,000원	-
양도소득금액	318,400,000원	(비과세)
양도소득세	110,420,000원	0원

㉠380,000,000원 (증여세 신고한 증여가액)

①번 세액 : 110,420,000원

②번 세액 : 62,000,000원(증여세) + 0원(양도세)

①번 세액이 더 많으므로(양도소득세를 부당하게 감소) 증여자가 직접 양도한 것(부당행위계산 부인)으로 본다. (증여세 6,200만 원은 환급)

그러나 양도소득 전액이 해당 수증인(소유자)에게 실질적으로 귀속된 경우에 해당하므로 부당행위계산 부인 규정을 적용하지 않는다. 즉, 1세대 1주택 비과세. (증여세 6,200만 원은 환급대상이 아니다)

사례 2 양도일 현재 다주택자인 경우로서 부당행위계산 부인 규정을 적용하지 않는 경우

- 증여를 받은 날부터 5년 이내에 양도한다고 했을 때
- 수증인이 납부한 증여세 : 62,000,000원

구 분	①증여인(다주택자)	②수증인(다주택자)
양도가액	500,000,000원	
양도일	2025년 8월	
취득일	2015년 3월	2021년 6월
취득가액 등	270,000,000원	㉠380,000,000원
기타 필요경비	3,500,000원	4,300,000원
양도차익	226,500,000원	115,700,000원
장기보유특별공제	31,700,000원	9,256,000원
양도소득금액	194,700,000원	106,444,000원
양도소득세	51,130,200원	20,940,000원

㉠ 380,000,000원 (증여세 신고한 증여가액)

①번 세액: 51,130,200원

②번 세액: 82,940,400원 = 62,000,000원(증여세) + 20,940,400원(양도세)

②번 세액이 더 많으므로(양도소득세를 부당하게 감소시키지 않음) 소유자인 수증인이 정상적으로 양도한 것으로 본다. (부당행위계산 부인 규정을 적용하지 않는다)

사례 3   양도일 현재 다주택자인 경우로서 부당행위계산 부인 규정을 적용한 경우

- 증여를 받은 날부터 10년 이내에 양도한다고 했을 때
- 수증인이 납부한 증여세 : 81,000,000원

※양도소득 전액이 해당 수증인(소유자)에게 실질적으로 귀속이 되지 않음.

구 분	①증여인(다주택자)	②수증인(다주택자)
양도가액	750,000,000원	
양도일	2027년 11월	
취득일	2015년 8월	2024년 3월
취득가액 등	150,000,000원	㉠480,000,000원
기타 필요경비	3,500,000원	38,000,000원
양도차익	596,500,000원	232,000,000원
장기보유특별공제	143,160,000원	13,920,000원
양도소득금액	453,340,000원	218,080,000원
양도소득세	154,396,000원	68,178,440원

㉠ 480,000,000원 (증여세 신고한 증여가액 등)

①번 세액 : 154,396,000원

②번 세액 : 149,178,440원 = 81,000,000원(증여세) + 68,178,440원(양도세)

①번 세액이 더 많으므로(양도소득세를 부당하게 감소) 증여자가 직접 양도한 것으로 본다.(부당행위계산 부인 규정을 적용)

※ 증여세 8,100만 원은 환급.

> 증여세 신고·납부 기한: 증여 등기접수일이 속하는 그달의 말일부터 3개월 이내
> (상속세: 상속개시일이 속하는 달의 말일부터 9개월 이내)

> 증여세 결정 기한: 증여세 신고 기한이 속하는 그달의 말일부터 6개월(상속세: 9개월)

11

상속받은 주택으로 2주택이 된 경우

상속받은 주택으로 2주택이 된 경우

소득세법 시행령
제155조의 ② ③

상속받은 1주택(조합원입주권 또는 분양권을 상속받아 사업시행 완료 후 취득한 신축주택을 포함하며)과 그 밖의 1주택(일반주택)을 보유하고 있는 1세대가 일반주택을 양도하는 경우에는 국내에 1개의 주택을 소유하고 있는 것으로 보아 1세대 1주택 비과세를 적용한다.

> 주의 상속받은 주택과 일반주택을 보유하고 있는 1세대가 일반주택을 양도하는 경우 무조건 국내에 1개의 주택을 소유하고 있는 것으로 보아 1세대 1주택 비과세를 적용하지는 않는다.

1세대 1주택 비과세를 적용받는 일반주택의 범위

상속개시(사망일) 당시 보유한 주택 또는 상속개시 당시 보유한 조합원입주권이나 분양권에 의하여 사업 시행 완료 후 취득한 신축주택만 해당하며,

상속개시일부터 소급하여 2년 이내에 피상속인으로부터 증여받은 주택 또는 증여받은 조합원입주권이나 분양권에 의하여 사업 시행 완료 후 취득한 신축주택은 제외한다. 이하 이 항에서 "일반주택"이라 한다.

'상속개시(사망일) 당시 보유한 주택'을 일반주택이라 한다.

즉, 아래 예시처럼 상속주택과 일반주택의 취득 순서를 따진다. 물론 여기에도 당연히 예외 규정은 있다.

예시 父는 사망일 현재 1세대 1주택·사망일 현재 별도 세대

▲ 풀이: B주택과 C주택은 앞에서 말하고 있는 일반주택에 해당하지 않는다.

Check Point

상속받은 주택을 보유한 상태에서 일반주택을 수차례 취득·양도하는 경우에는 1세대 1주택으로 비과세가 가능했으나 상속개시(사망일)일 현재 보유하고 있던 일반주택에 한하여만 비과세를 적용한다. (2013. 2. 15. 이후 취득하여 양도하는 일반주택부터 적용) 단 농어촌주택*을 상속받은 경우에는 취득 순서를 따지지 않고 일반주택을 수차례 취득·양도하는 경우에도 1세대 1주택으로 비과세가 가능하다.

1) 상속개시일부터 소급하여 2년 이내에 피상속인으로부터 증여받은 주택은 일반주택에서 제외한다.

생전에 사전증여를 통한 조세회피 방지를 위해 상속개시일부터 소급하여 2년 이내에 사전 증여받은 주택은 일반주택의 범위에서 제외한다는 내용.

사례 1   증여(사망)일 현재 별도세대

▲ 풀이: A주택은 상속개시일부터 소급하여 2년 이내에 사전 증여받은 주택으로서 일반주택에 해당하지 않는다.

---

* 피상속인이 취득 후 5년 이상 거주한 주택으로서 수도권 밖의 지역 중 읍(도시지역은 제외)·면 지역에 소재하는 주택을 말한다.

사례 2   증여(사망)일 현재 별도세대

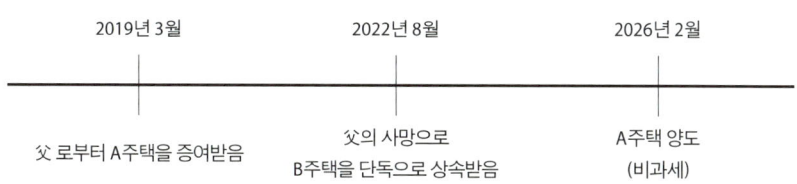

▲풀이: A주택은 상속개시일부터 소급하여 2년 이전에 사전 증여받은 주택으로서 일반주택에 해당한다.

2) 상속개시일부터 소급하여 2년 이내에 피상속인으로부터 증여받은 조합원입주권이나 분양권('21.01.01. 이후 취득 분)에 의하여 사업 시행 완료 후 취득한 신축주택은 일반주택에서 제외한다.

사전증여를 통한 조세회피 방지를 위해 상속개시일부터 소급하여 2년 이내에 사전 증여받은 재건축 등 조합원입주권 등의 공사가 완료되어 취득한 신축주택은 일반주택의 범위에서 제외한다는 내용. (아래 사례 1번 참고)

사례 1   증여(사망)일 현재 별도세대

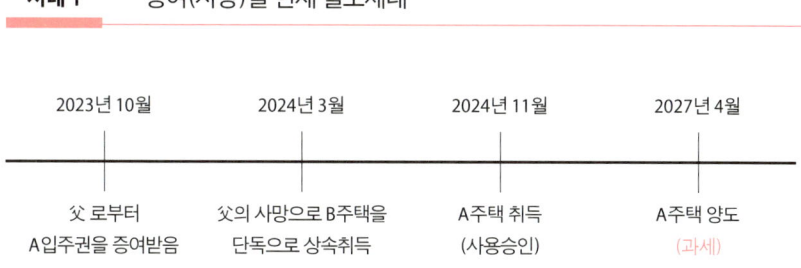

사례 2 증여(사망)일 현재 별도세대

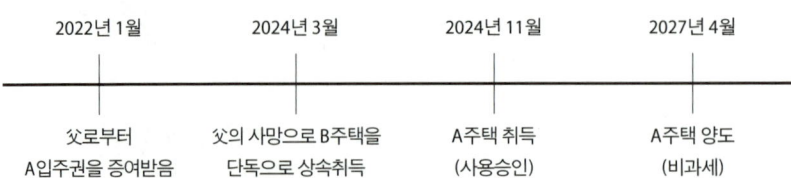

▲풀이: A입주권을 상속개시일부터 소급하여 2년 이전에 사전 증여받은 경우로서 완성된 A주택은 일반주택에 해당한다.

3) 상속받은 주택이 농어촌주택인 경우

농어촌주택[46]을 상속받은 경우에는 취득 순서와 상관없이 상속인이 일반주택을 수차례 계속 취득·양도하더라도 국내에 1개의 주택을 소유하고 있는 것으로 보아 1세대 1주택 비과세를 적용한다. (소세령 제155조 ⑦)

---

46) 피상속인이 취득 후 5년 이상 거주한 주택으로서 수도권 밖의 지역 중 읍(도시지역은 제외)·면 지역에 소재하는 주택을 말한다.

사례 1 父는 사망일 현재 1주택·사망일 현재 별도 세대

▲풀이: B주택은 일반주택에 해당한다. 또한 C주택도 일반주택에 해당하여 비과세 요건을 충족한 후 양도하는 경우 C주택도 1세대 1주택 비과세를 적용한다.

사례 2 父는 사망일 현재 1주택·사망일 현재 별도 세대

▲풀이: B주택은 상속개시일 이후에 취득한 주택이므로 일반주택에 해당하지 않는다. 즉, 상속받은 주택을 보유한 상태에서 B주택을 먼저 양도하면 1세대 2주택으로 양도소득세 과세대상이다.

4) 상속개시일 이후에 일반주택을 취득한 경우

상속받은 주택을 보유한 상태에서 일반주택을 취득·양도하는 경우에도 1세대 1주택으로 비과세가 가능했으나 시행령 개정으로 상속개시(사망일)일 현재 보유하고 있던 일반주택에 한하여만 비과세를 적용한다. (2013. 2. 15. 이후 취득하여 양도하는 일반주택부터 적용)

다만, 상속받은 주택이 수도권 밖의 지역 중 읍(도시지역 안의 지역은 제외함)·면지역에 소재한 상속주택(피상속인이 5년 이상 거주한 주택에 한함)인 경우 일반주택은 종전(취득 순서를 따지지 않음)과 동일하게 비과세가 가능하다.

225페이지 예시 및 229페이지 사례 1 참고

사례 1 父는 사망일 현재 1주택·사망일 현재 별도 세대

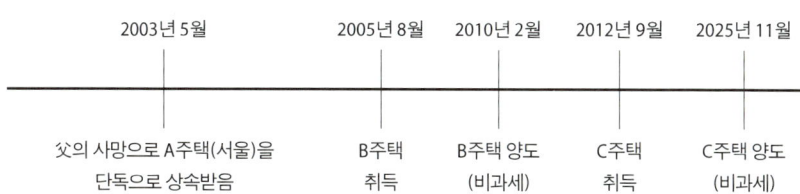

▲ 풀이: B주택과 C주택은 '13.2.14. 이전에 취득한 주택이므로 일반주택에 해당한다.

사례 2 父는 사망일 현재 1주택·사망일 현재 별도 세대

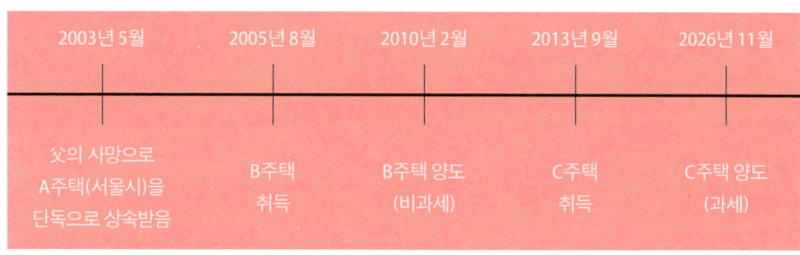

▲풀이: C주택은 '13.02.15. 이후에 취득한 주택이므로 일반주택에 해당하지 않는다.

관련 규정 | 소득세법 집행기준 89-155-15

상속받은 주택(또는 조합원입주권)을 소유한 상태에서 일반주택을 수차례 취득·양도하는 경우 매번 양도소득세를 비과세를 받을 수 있는 불합리를 개선하여 상속받은 시점에서 상속인의 1세대 1주택에 대해서만 비과세 특례 적용

다만, 수도권 밖의 읍·면에 소재하는 상속주택(피상속인이 5년 이상 거주한 주택에 한함)의 경우에는 기존과 같이 1세대 1주택 비과세 판정 시 주택 수 계산에서 제외하여 일반주택을 수차례 취득·양도해도 비과세 계속 적용 가능

(주1) 2013.2.15. 이후 일반주택을 취득하여 양도하는 분부터 적용
(주2) 2014.2.21. 이후 양도하는 분부터 상속 당시 보유한 조합원입주권이 주택으로 전환된 경우도 포함 / 2021.1.1. 이후 양도하는 분부터 상속 당시 보유한 분양권(2021년 이후 취득)이 주택으로 전환된 경우도 포함

관련 규정 소득세법 시행령 제155조

아래 7항 조문을 보면 그 밖의 주택에 '상속개시(사망일) 당시 보유한 주택'이라는 내용은 없다.

⑦ 다음 각호의 어느 하나에 해당하는 주택으로서 수도권 밖의 지역 중 읍 지역(도시지역 안의 지역을 제외한다) 또는 면지역에 소재하는 주택(이하 이 조에서 "농어촌주택"이라 한다)과 그 밖의 주택(이하 이 항 및 제11항부터 제13항까지에서 "일반주택"이라 한다)을 국내에 각각 1개씩 소유하고 있는 1세대가 일반주택을 양도하는 경우에는 국내에 1개의 주택을 소유하고 있는 것으로 보아 제154조 제1항을 적용한다. 다만, 제3호의 주택에 대해서는 그 주택을 취득한 날부터 5년 이내에 일반주택을 양도하는 경우에 한정하여 적용한다. (2021.02.17. 개정)

1. 상속받은 주택(피상속인이 취득 후 5년 이상 거주한 사실이 있는 경우에 한한다)
2. 이농인(어업에서 떠난 자를 포함한다. 이하 이 조에서 같다)이 취득일 후 5년 이상 거주한 사실이 있는 이농주택
3. 영농 또는 영어의 목적으로 취득한 귀농주택

1. 소유자의 주택으로 보지 않는 상속받은 주택의 범위

일반 주택과 상속받은 주택[47]을 보유하고 있는 1세대가 일반주택을 양도하는 경우에는 1세대 1주택 비과세 규정을 적용한다.

> **주의** 그렇다고 해서 무조건 국내에 1개의 주택을 소유하고 있는 것으로 보아 1세대 1주택 비과세 규정을 적용하지는 않는다. 피상속인의 주택 수 등의 상황에 따라서 개인마다 전혀 다른 결과가 나오므로 주의가 필요하다.

---

47) 피상속인이 2주택 이상을 보유한 경우 선순위 상속주택을 말한다.

별첨(1). 상속개시일 현재 피상속인이 1주택을 보유한 경우

(1) 상속개시 현재 별도 세대원이 단독으로 상속을 받는 경우

앞에서 살펴보았듯이 상속주택과 일반주택의 취득 순서만 주의하면 된다. 상속개시일 현재 상속인이 보유하고 있던 일반주택만 1세대 1주택 비과세 규정을 적용한다.

사례 1   일반주택보다 상속주택이 先취득인 경우

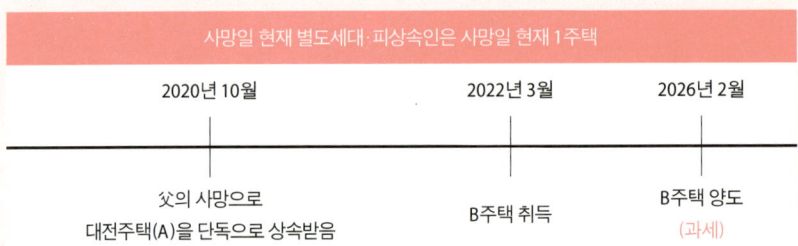

▲풀이: A주택은 상속주택이 맞지만 B주택은 상속개시 이후에 취득한 주택이므로 일반주택에 해당하지 않는다.

※ 사례 1의 경우 A주택을 먼저 양도(과세)하면 B주택은 비과세 규정을 적용받을 수 있으며 B주택을 취득한 날부터 3년 이내에 비과세 요건을 충족한 A주택을 먼저 양도하면 2개의 주택 모두 비과세를 받을 수 있다.

사례 2   일반주택을 상속주택보다 先취득한 경우

▲풀이 : A주택은 상속주택보다 先취득한 주택이므로 일반주택에 해당한다.

법규과-1841, 2022.06.21.

공동상속주택 소수지분을 소유한 1세대가 상속개시일 이후 일반주택(취득 당시 조정대상지역 소재)을 취득한 경우로서 2년 이상 보유 및 거주한 해당 주택을 양도하는 경우 공동상속주택 소수지분을 해당 거주자의 소유주택으로 보지 아니하여 1세대 1주택 비과세 적용이 가능함.

> **주의**
>
> **후순위 상속주택:** 공동상속주택 소수지분자도 상속주택이 아닌 일반주택으로 인식되므로 주의가 필요하다.

(2) 상속개시 현재 별도 세대원이 공동으로 상속을 받는 경우 (이하, 공동상속주택)

소득세법 시행령 제154조 1항(1세대 1주택 비과세)을 적용할 때 **공동상속주택**[48] 외의 다른 일반주택을 양도하는 때에는 해당 공동상속주택은 해당 거주자의 주택으로 보지 아니한다(일반주택 양도 시 비과세).

다만, 상속 지분이 가장 큰 상속인의 경우에는 그러하지 아니하며 상속 지분이 가장 큰 상속인이 2명 이상인 경우에는 그 2명 이상의 사람 중 다음 아래의 순서에 따라 해당 각호에 해당하는 사람이 그 공동상속주택을 소유한 것으로 본다. (소세령 155 ③)

① 당해 주택에 거주하는 자

② 삭제(2008.02.22.)

③ 최연장자

> 3인이 1/3씩 공동으로 상속받은 경우에도 상속 지분이 가장 큰 상속인이 2명 이상인 경우에 해당한다.

---

48) 상속으로 여러 사람이 공동으로 소유하는 1주택을 말하며, 피상속인이 상속개시 당시 2 이상의 주택(상속받은 1주택이 재개발사업, 재건축사업 또는 소규모재건축사업 등의 시행으로 2 이상의 주택이 된 경우를 포함한다)을 소유한 경우에는 소세령 제155조 제2항 각호의 순위에 따른 1주택을 말한다.

> **관련 규정 | 소득세법 시행령 제155조**

③ 제154조 제1항을 적용할 때 공동상속주택[상속으로 여러 사람이 공동으로 소유하는 1주택을 말하며, 피상속인이 상속개시 당시 2 이상의 주택(상속받은 1주택이 재개발사업, 재건축사업 또는 소규모재건축사업 등의 시행으로 2 이상의 주택이 된 경우를 포함한다)을 소유한 경우에는 제2항 각호의 순위에 따른 1주택을 말한다] 외의 다른 주택을 양도하는 때에는 해당 공동상속주택은 해당 거주자의 주택으로 보지 아니한다. 다만, 상속 지분이 가장 큰 상속인의 경우에는 그러하지 아니하며, 상속 지분이 가장 큰 상속인이 2명 이상인 경우에는 그 2명 이상의 사람 중 다음 각호의 순서에 따라 해당 각호에 해당하는 사람이 그 공동상속주택을 소유한 것으로 본다.

1. 당해 주택에 거주하는 자
2. 삭제(2008.02.22.)
3. 최연장자

> **관련 규정 | 소득세법 시행령 제155조**

② 상속받은 주택 [조합원입주권 또는 분양권을 상속받아 사업 시행 완료 후 취득한 신축주택을 포함하며, **피상속인이 상속개시 당시 2 이상의 주택**(상속받은 1주택이 「도시 및 주거환경정비법」에 따른 재개발사업(이하 "재개발사업"이라 한다), 재건축사업(이하 "재건축사업"이라 한다) 또는 「빈집 및 소규모주택 정비에 관한 특례법」에 따른 소규모재건축사업, 소규모재개발사업, 가로주택정비사업, 자율주택정비사업(이하 "소규모재건축사업 등"이라 한다)의 시행으로 2 이상의 주택이 된 경우를 포함한다)**을 소유한 경우에는 다음 각호의 순위에 따른 1주택을 말한다]** 과 그 밖의 주택 (상속개시 당시 보유한 주택 또는 상속개시 당시 보유한 조합원입주권이나 분양권에 의하여 사업 시행 완료 후 취득한 신축주택만 해당하며, 상속개시일부터 소급하여 2년 이내에 피상속인으로부터 증여받은 주택 또는 증여받은 조합원입주권이나 분양권에 의하여 사업 시행 완료 후 취득한 신축주택은 제외한다. 이하 이 항에서 "일반주택"이라 한다)을 국내에 각각 1개씩 소유하고 있는 1세대가 일반주택을 양도하는 경우에는 국내에 1개의 주택을 소유하고 있는 것으로 보아 제154조 제1항을 적용한다. 다만, 상속인과 피상속인이 상속개시 당시 1세대인 경우에는 1주택을 보유하고 1세대를 구성하는 자가 직계존속(배우자의 직계존속을 포함하며, 세대를 합친 날 현재 직계존속 중 어느 한 사람 또는 모두가 60세 이상으로서 1주택을 보유하고 있는 경우만 해당한다)을 동거봉양하기 위하여 세대를 합침에 따라 2주택을 보유하게 되는 경우로서 합치기 이전부터 보유하고 있었던 주택만 상속받은 주택으로 본다.

1. 피상속인이 소유한 기간이 가장 긴 1주택
2. 피상속인이 소유한 기간이 같은 주택이 2 이상일 경우에는 피상속인이 거주한 기간이 가장 긴 1주택
3. 피상속인이 소유한 기간 및 거주한 기간이 모두 같은 주택이 2 이상일 경우에는 피상속인이 상속개시 당시 거주한 1주택
4. 피상속인이 거주한 사실이 없는 주택으로서 소유한 기간이 같은 주택이 2 이상일 경우에는 기준시가가 가장 높은 1주택(기준시가가 같은 경우에는 상속인이 선택하는 1주택)

(3) 상속개시일 현재 동일세대원이 상속을 받은 경우

동일세대원으로부터 상속받은 주택은 상속받은 주택으로 볼 수 없어 상속주택 비과세 특례규정에 해당하지 않는다. 그러나 여기에도 예외는 존재한다.

(소득세법 시행령 제155조 2항 단서 규정)

다만, 상속인과 피상속인이 상속개시 당시 1세대인 경우에는 1주택을 보유하고 1세대를 구성하는 자가 직계존속(배우자의 직계존속을 포함하며, 세대를 합친 날 현재 직계존속 중 어느 한 사람 또는 모두가 60세 이상으로서 1주택을 보유하고 있는 경우만 해당한다)을 동거봉양하기 위하여 세대를 합침에 따라 2주택을 보유하게 되는 경우로서

합치기 이전부터 보유하고 있었던 주택만 상속받은 주택으로 본다(이하 제3항, 제7항 제1호, 제156조의 2 제7항 제1호 및 제156조의 3 제5항 제1호에서 같다).

▲풀이: 1세대를 구성하는 자가 직계존속을 동거봉양하기 위하여 세대를 합가한 경우로서 세대합가하기 이전부터 피상속인 보유하고 있던 주택만 상속주택으로 보아 비과세 여부 판정.

사례 1

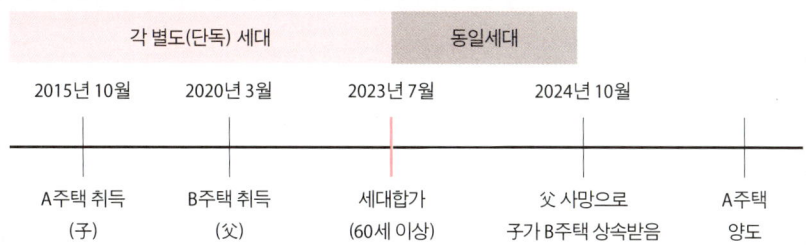

▲풀이: 동일세대원으로부터 상속받은 B주택은 상속받은 주택으로 볼 수 없어 상속주택 비과세 특례규정에 해당하지 않는다.

그러나 해당 사례의 경우 소세령 제155조 2항 단서 규정에 해당하는 '직계존속을 동거봉양하기 위하여 세대를 합침에 따라 2주택을 보유하게 되는 경우'로서 B주택은 세대를 합치기 이전부터 피상속인이 보유하고 있었던 주택이므로 B주택은 상속받은 주택으로 본다.

즉, 양도하는 A주택은 국내에 1개의 주택을 소유하고 있는 것으로 보아 1세대 1주택 비과세 규정을 적용한다.

부부가 각각 1주택으로 소유하고 있는 경우로서 배우자의 사망으로 배우자가 그 1주택을 상속을 받은 경우

사례 2 甲과 乙은 부부

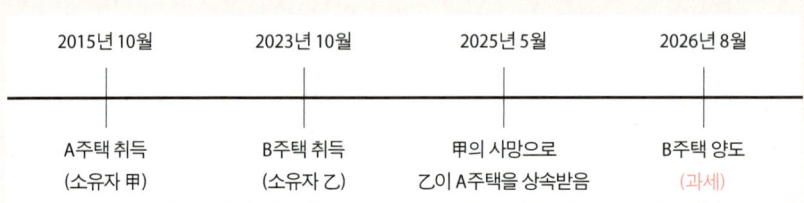

▲ 풀이: 동일세대원으로부터 상속받은 A주택은 상속받은 주택으로 볼 수 없어 A주택은 상속주택 비과세 특례규정에 해당하지 않는다.

사례 3 甲과 乙은 부부

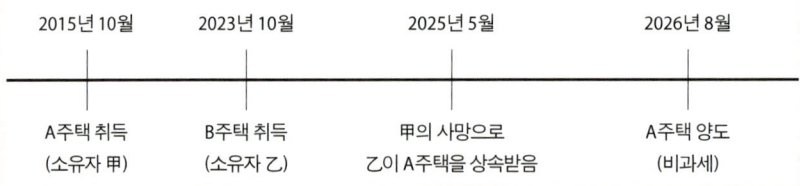

▲ 풀이: A주택의 비과세 판정 시 보유기간 계산은 피상속인의 보유기간과 상속인의 보유기간을 통산하므로 A주택은 일시적 2주택 비과세. 즉, 양도 순서만 조절하면 2개의 주택 모두 비과세를 받을 수 있다.

> **Tip**
> 소득세법 시행령 제154조 제1항의 1세대 1주택 비과세 규정을 적용함에 있어 그 보유기간 등은 동일세대원으로서 피상속인의 보유기간과 상속인의 보유기간 등을 통산하여 비과세 요건을 판단하는 것이다.

2주택을 소유하고 있는 배우자의 사망으로 그 2주택을 배우자가 상속을 받은 경우

사례 4   甲과 乙은 부부

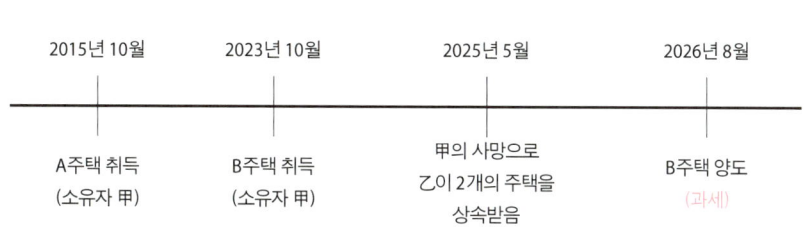

▲풀이: 순서만 조절하면 2개의 주택을 모두 비과세 받을 수 있다.

사례 5   甲과 乙은 부부

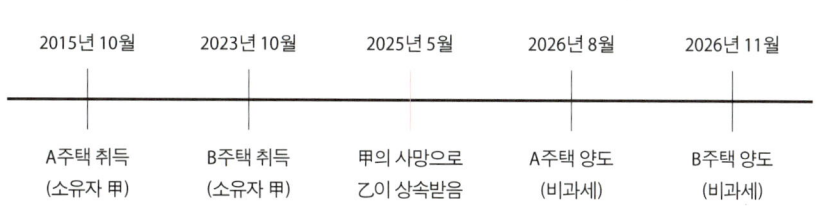

A주택은 일시적 2주택으로 비과세

B주택은 1세대 1주택으로 비과세

별첨(2). 상속개시일 현재 피상속인이 2주택 이상을 보유한 경우

피상속인이 상속개시(사망일) 당시 2주택 이상을 소유한 경우에는 다음의 순위에 따른 1주택을 상속주택으로 본다. (이하 '선순위 상속주택'이라 한다)

① 피상속인이 소유한 기간이 가장 긴 1주택
② 피상속인이 소유한 기간이 같은 주택이 2 이상일 경우에는 피상속인이 거주한 기간이 가장 긴 1주택
③ 피상속인이 소유한 기간 및 거주한 기간이 모두 같은 주택이 2 이상일 경우에는 피상속인이 상속개시 당시 거주한 1주택
④ 피상속인이 거주한 사실이 없는 주택으로서 소유한 기간이 같은 주택이 2개 이상일 경우에는 기준시가가 가장 높은 1주택(기준시가가 같은 경우에는 상속인이 선택하는 1주택)

> 위 내용을 쉽게 풀어본다면 (각 별도세대라는 전제)
>
> 1주택(일반주택)을 소유하고 있던 상속인 甲과 乙이 <u>2주택을 보유하고 있던 아버지가 사망하여</u> 각각 1채씩 상속을 받아 2주택이 된 경우로서
>
> 상속인 甲과 乙이 일반주택을 양도하는 경우 위 <u>선순위주택을 상속받은 자만 일반주택을 먼저 양도할 때 1세대 1주택으로 비과세가 가능하고</u> 후순위주택을 상속받은 자가 일반주택을 먼저 양도할 때는 양도소득세가 과세된다. 다만, 처분 기한* 내 일반주택을 먼저 양도하면 일시적 2주택 비과세 규정을 적용한다.

* 상속개시일(사망일)부터 3년 이내

| 관련 규정 | 소득세법 시행령 제155조

② 상속받은 주택[조합원입주권 또는 분양권을 상속받아 사업 시행 완료 후 취득한 신축주택을 포함하며, **피상속인이 상속개시 당시 2 이상의 주택**(상속받은 1주택이 「도시 및 주거환경정비법」에 따른 재개발사업(이하 "재개발사업"이라 한다), 재건축사업(이하 "재건축사업"이라 한다) 또는 「빈집 및 소규모주택 정비에 관한 특례법」에 따른 소규모재건축사업, 소규모재개발사업, 가로주택정비사업, 자율주택정비사업(이하 "소규모재건축사업 등"이라 한다)의 시행으로 2 이상의 주택이 된 경우를 포함한다)**을 소유한 경우에는 다음 각호의 순위에 따른 1주택을 말한다**]과 그 밖의 주택(상속개시 당시 보유한 주택 또는 상속개시 당시 보유한 조합원입주권이나 분양권에 의하여 사업 시행 완료 후 취득한 신축주택만 해당하며, 상속개시일부터 소급하여 2년 이내에 피상속인으로부터 증여받은 주택 또는 증여받은 조합원입주권이나 분양권에 의하여 사업 시행 완료 후 취득한 신축주택은 제외한다. 이하 이 항에서 "일반주택"이라 한다)을 국내에 각각 1개씩 소유하고 있는 1세대가 일반주택을 양도하는 경우에는 국내에 1개의 주택을 소유하고 있는 것으로 보아 제154조 제1항을 적용한다. 다만, 상속인과 피상속인이 상속개시 당시 1세대인 경우에는 1주택을 보유하고 1세대를 구성하는 자가 직계존속(배우자의 직계존속을 포함하며, 세대를 합친 날 현재 직계존속 중 어느 한 사람 또는 모두가 60세 이상으로서 1주택을 보유하고 있는 경우만 해당한다)을 동거봉양하기 위하여 세대를 합침에 따라 2주택을 보유하게 되는 경우로서 합치기 이전부터 보유하고 있었던 주택만 상속받은 주택으로 본다(이하 제3항, 제7항 제1호, 제156조의 2 제7항 제1호 및 제156조의 3 제5항 제1호에서 같다). (2022.02.15. 개정)

1. 피상속인이 소유한 기간이 가장 긴 1주택

2. 피상속인이 소유한 기간이 같은 주택이 2 이상일 경우에는 피상속인이 거주한 기간이 가장 긴 1주택

3. 피상속인이 소유한 기간 및 거주한 기간이 모두 같은 주택이 2 이상일 경우에는 피상속인이 상속개시 당시 거주한 1주택

4. 피상속인이 거주한 사실이 없는 주택으로서 소유한 기간이 같은 주택이 2 이상일 경우에는 기준시가가 가장 높은 1주택(기준시가가 같은 경우에는 상속인이 선택하는 1주택)

Check Point

1주택을 보유한 1세대가 상속받은 주택으로 2주택이 된 경우로서 다음과 같은 경우에는 전혀 복잡하지 않다.

① 상속개시 당시 피상속인과 상속인은 소득세법상 별도세대이고
② 상속개시 당시 피상속인은 1개의 주택을 소유하고 있었고
③ 해당 주택을 단독으로 상속(공동상속 포함)을 받았다면

상속받은 주택을 보유한 상태에서 상속개시일 이전에 보유하고 있던 일반주택을 먼저 양도하는 경우에는 국내에 1개의 주택을 소유하고 있는 것으로 보아 제154조 제1항을 적용하여 1세대 1주택으로 비과세가 가능하다.

상속개시일 현재 피상속인이 2주택 이상을 보유한 경우라는 전제를 두고 사례별로 설명해보도록 하겠다.

(1) 상속인들이 각각 단독으로 상속을 받은 경우

- 상속개시 당시 피상속인과 상속인은 소득세법상 별도세대.
- 상속개시 당시 피상속인은 3개의 주택을 소유.
- 상속인들이 각각 1채씩 단독으로 상속을 받음.
- 상속인들은 상속개시 이전에 각각 1주택(일반주택)을 보유.

사례 1 피상속인은 B주택에서만 거주

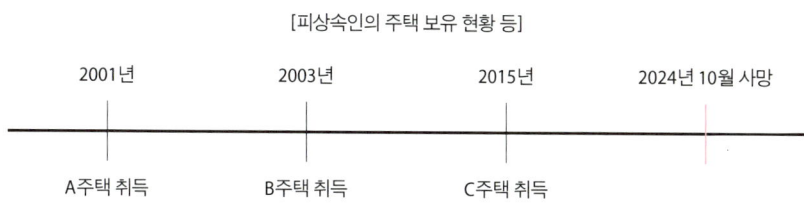

[피상속인의 주택 보유 현황 등]

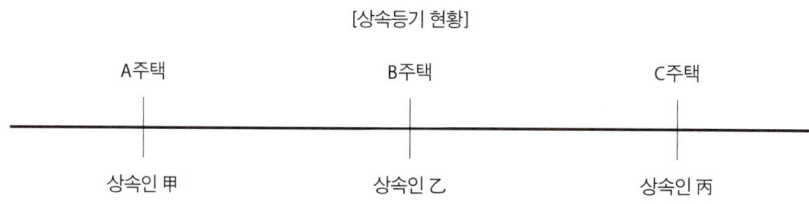

[상속등기 현황]

▲ 풀이: 선순위 상속주택은 A주택이다. 즉, 상속인 甲이 상속주택을 보유한 상태에서 일반주택을 먼저 양도하는 경우 1개의 주택을 소유하고 있는 것으로 보아 비과세가 가능하다.

사례 2 피상속인은 B주택에서만 거주

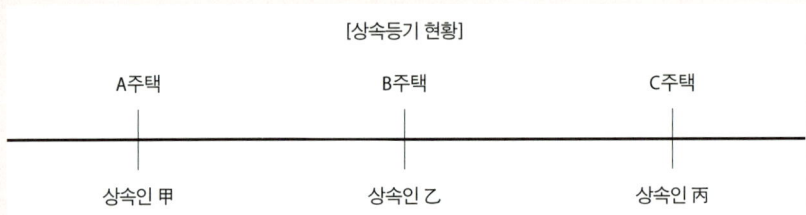

사례 2는 앞선 사례 1과 같은 경우이다.

▲풀이: 선순위 상속주택은 A주택이므로 乙과 丙이 보유하고 있는 상속주택은 상속주택이 아닌 일반주택으로 본다.

즉, 상속주택을 보유한 상태에서 甲이 일반주택을 먼저 양도하는 경우 1세대 1주택으로 비과세가 가능하고

乙과 丙은 보유하고 있던 일반주택을 먼저 양도하는 경우 1세대 2주택이므로 양도소득세가 과세된다. 다만, 사망일부터 3년 이내에 비과세 요건을 충족한 일반주택을 양도하면 일시적 2주택 비과세 특례규정을 적용받을 수 있다.

Check Point

상속개시일 현재 피상속인이 2주택 이상을 보유한 경우 선순위 상속주택

1. 피상속인이 소유한 기간이 가장 긴 1주택
2. 피상속인이 소유한 기간이 같은 주택이 2 이상일 경우에는 피상속인이 거주한 기간이 가장 긴 1주택
3. 피상속인이 소유한 기간 및 거주한 기간이 모두 같은 주택이 2 이상일 경우에는 피상속인이 상속개시 당시 거주한 1주택
4. 피상속인이 거주한 사실이 없는 주택으로서 소유한 기간이 같은 주택이 2 이상일 경우에는 기준시가가 가장 높은 1주택(기준시가가 같은 경우에는 상속인이 선택하는 1주택)

> 주의 후순위 상속주택의 경우 공동상속주택 소수지분자도 상속주택이 아닌 일반주택으로 인식되므로 주의가 필요하다.

사례 3 피상속인이 보유한 기간이 같고 거주기간이 다른 경우

[피상속인의 주택 보유 현황 등]

2001년 4월 10일	2001년 4월 10일	2022년 취득	2023년 10월 사망
A주택 취득 (8년 거주)	B주택 취득 (10년 거주)	C주택 취득	C주택에서 거주

상속등기 현황

▲풀이: 선순위 상속주택은 B주택이므로 후순위 상속주택을 상속받은 甲과 丙의 상속주택은 상속받은 주택으로 보지 않는다.

즉, 상속주택을 보유한 상태에서 乙이 일반주택을 먼저 양도하는 경우 비과세가 가능하지만,

甲과 丙의 경우 보유하고 있던 일반주택을 먼저 양도하는 경우에는 1세대 2주택이므로 양도소득세가 과세된다. 다만, 사망일부터 3년 이내에 비과세 요건을 충족한 일반주택을 먼저 양도하면 일시적 2주택 비과세 특례규정을 적용받을 수 있다.

일반주택을 보유하고 있는 1세대가 주택을 상속받아 2주택이 된 경우로서 상속받은 주택을 먼저 양도하는 경우에는 1세대 2주택으로 양도소득세 과세대상이다.

다만, 상속개시일부터 6개월 이내에 해당 상속주택이 매매되면 해당 주택의 양도차익은 없다.

(2) 상속인들이 공동으로 상속을 받은 경우

□ 상속개시 당시 피상속인은 3개의 주택을 소유.

□ 상속인들이 1개의 주택을 공동으로 상속을 받음.

□ 상속인들은 상속개시 이전에 각각 1주택(일반주택)을 보유.

사례 1 상속개시 당시 피상속인과 상속인은 소득세법상 별도세대

[피상속인의 주택 보유 현황 등]

상속등기 현황

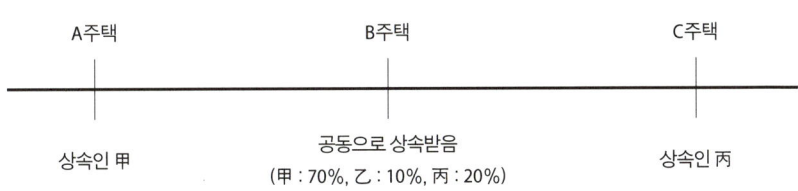

▲풀이 : 선순위 상속주택은 A주택이다. B주택은 후순위 상속주택이므로 소수지분 여부와 상관 없이 B주택은 상속받은 주택으로 보지 않는다.

즉, 소수지분 여부와 상관없이 乙은 B상속주택을 소유한 상태에서 보유하고 있던 일반주택을 먼저 양도하는 경우 1세대 2주택이므로 양도소득세 과세된다. 다만, 상속개시일부터 3년 이내에 비과세 요건을 충족한 일반주택을 먼저 양도하면 일시적 2주택 비과세 특례규정을 적용받을 수 있다.

Check Point

피상속인이 2주택 이상을 보유한 경우로서 상속개시 현재 별도 세대원이라는 전제

후순위 상속주택의 경우 1% 지분을 상속받은 소수지분자도 상속받은 주택이 아닌 일반주택으로 인식된다.

내가 상속받은 주택이 선순위 상속주택인지 후순위 상속주택인지 그 판단을 먼저 한다.

내가 선순위 상속주택을 상속받았다. 상속개시 전에 내가 보유하고 있던 일반주택을 먼저 양도해도 1세대 1주택으로 비과세가 가능하다.

그러나 내가 후순위 상속주택을 상속받았다. (1% 지분을 받은 경우 포함)

상속개시 전에 내가 보유하고 있던 일반주택을 먼저 양도하면 양도소득세가 과세되므로, 상속개시일부터 3년 이내에 비과세 요건을 충족한 일반주택을 양도하거나 (일시적 2주택 비과세) 상속받은 주택을 먼저 양도(과세)한 후에 일반주택을 양도한다.

공동으로 주택을 상속받은 경우(이하 '공동상속주택'이라 한다) **복잡하다.** 이 부분은 다수의 전문가로부터 도움을 받으시길 바란다.

공동상속주택 머리 아프다. 여러 책을 보고 있는데 저자마다 해석이 조금씩 다르다.

> **Tip**
> 소득세법 시행령 제155조 2항과 3항은 다르다. 여기에 답이 있다.

공통예시

피상속인이 상속개시 당시 1주택이고 상속인과 피상속인은 같은 세대가 아니었다는 전제 (선순위 상속주택)]

소득세법 시행령 제155조 ②

상속받은 주택과 그 밖의 주택을 국내에 각각 1개씩 소유하고 있는 1세대가 <u>일반주택을 양도하는 경우에는 국내에 1개의 주택을 소유하고 있는 것으로 보아</u> 제154조 제1항을 적용한다. (취득순서를 따진다)

소득세법 시행령 제155조 ③

소득세법 시행령 제154조 1항(1세대 1주택 비과세)을 적용할 때 공동상속주택 외의 다른 <u>일반주택을 양도하는 때에는 해당 공동상속주택은 해당 거주자의 주택으로 보지 아니한다.</u> 다만, 상속지분이 가장 큰 상속인의 경우에는 그러하지 아니하며, 상속지분이 가장 큰 상속인이 2명 이상인 경우에는 그 2명 이상의 사람 중 다음 각호의 순서에 따라 해당 각호에 해당하는 사람이 그 공동상속주택을 소유한 것으로 본다.

1. 당해 주택에 거주하는 자
2. 삭제(2008.02.22.)
3. 최연장자

◆ 공동상속주택 → 소득세법 시행령 제155조 ③항을 살펴본다.

일반주택을 양도하는 때에는 해당 공동상속주택은 해당 거주자의 주택으로 보지 아니한다. 라고 하고 있다.

즉, 공동상속주택 소수지분자*는 상속개시 이후에 일반주택을 취득하는 경우에도 공동상속주택은 거주자의 주택으로 보지 않으므로 일반주택은 1세대 1주택으로 보아 1세대 1주택 비과세 규정을 적용받을 수 있다.

(선순위 상속주택 소수지분자가 일반주택을 수차례 취득 양도해도 공동상속주택은 해당 거주자의 주택으로 보지 않으므로 계속 비과세가 가능하다는 해석이 나오는데 이 부분은 다수의 전문가로부터 도움을 받으시길 바란다.)

다만, 상속 지분이 가장 큰 상속인의 경우에는 그러하지 아니하며, 상속 지분이 가장 큰 상속인이 2명 이상인 경우에는 그 2명 이상의 사람 중 다음 각호의 순서에 따라 해당 각호에 해당하는 사람이 그 공동상속주택을 소유한 것으로 본다. (이하 '주된 상속인'이라 한다)

1. 당해 주택에 거주하는 자
3. 최연장자

위 내용을 풀어보면 주된 상속인이 일반주택을 양도하는 경우에는 주된 상속인이 그 공동상속주택을 소유한 것으로 본다라고 하는 해석이 나온다.

---

* 주된 상속인이 아닌 자.

즉, 주된 상속인은 소세령 제155조 2항(취득순서를 따짐)을 적용받아 상속받은 주택과 그 밖의 주택 국내에 각각 1개씩 소유하고 있는 1세대가 일반주택을 양도하는 경우에는 국내에 1개의 주택을 소유하고 있는 것으로 보아 1세대 1주택 비과세를 적용한다는 해석이다.

사례 1   공동상속인의 지분이 서로 다른 경우

구분	지분	비고
상속인 A	50%	-
상속인 B	30%	당해 주택에 거주하는 자
상속인 C	20%	최연장자

사망일 현재 별도세대·피상속인은 사망일 현재 1주택

2003년~2018년	2020년 10월	2026년
상속인 각 세대가 1주택을 취득 (일반주택)	父가 사망하여 공동으로 상속받음(공동상속주택)	상속인 A 일반주택 양도(비과세)

▲풀이: 주된 상속인(상속인 A)이 공동상속주택을 소유한 것으로 본다. 즉, 상속받은 주택과 그 밖의 주택을 1개씩 소유하고 있는 1세대가 일반주택을 양도하는 경우에 해당하므로 국내에 1개의 주택을 소유하고 있는 것으로 본다. (령 제155조 ②)

> **선순위 상속주택:** 공동상속주택 소수지분자는 일반주택 양도 시 해당 상속주택은 소유자의 주택으로 보지 않는다. 위 소수지분자가 일반주택을 먼저 양도해도 비과세.

> **주의**
>
> 후순위 상속주택: 공동상속주택 소수지분자도 상속주택이 아닌 일반주택으로 인식되므로 주의가 필요하다.

> 상속개시(등기) 이후에 지분이 변경되었다고 하더라도 지분 판정은 '상속개시일'을 기준으로 한다.

사례 2 공동상속인의 지분이 같은 경우로서 당해 주택에 거주하는 상속인이 있는 경우

구 분	지분	비 고
상속인 A	1/3	-
상속인 B	1/3	당해 주택에 거주하는 자
상속인 C	1/3	최연장자

▲풀이: 주된 상속인(상속인 B)이 공동상속주택을 소유한 것으로 본다. 즉, 상속받은 주택과 그 밖의 주택을 1개씩 소유하고 있는 1세대가 일반주택을 양도하는 경우에 해당하므로 국내에 1개의 주택을 소유하고 있는 것으로 본다. (소세령 제155조 ②)

> *선순위 상속주택: 주된 상속인이 아닌 자가 일반주택 양도 시 공동상속주택은 소유자의 주택으로 보지 않는다. 즉, 상속인 A, C가 일반주택을 먼저 양도하는 경우 비과세.

사례 3 공동상속인의 지분이 같은 경우로서 당해 주택에 거주하는 상속인이 없는 경우

구분	지분	비고
상속인 A	1/3	최연장자
상속인 B	1/3	-
상속인 C	1/3	-

▲풀이: 주된 상속인(상속인 A)이 공동상속주택을 소유한 것으로 본다. 즉, 상속받은 주택과 그 밖의 주택을 1개씩 소유하고 있는 1세대가 일반주택을 양도하는 경우에 해당하므로 국내에 1개의 주택을 소유하고 있는 것으로 본다. (소세령 제155조 ②)

> *선순위 상속주택: 주된 상속인이 아닌 자가 일반주택을 먼저 양도하는 경우 공동상속주택은 소유자의 주택으로 보지 않는다. 즉, 상속인 B, C가 일반주택을 먼저 양도하는 경우 1세대 1주택으로 보아 비과세.

사례 4   공동상속인의 지분이 서로 다른 경우로서 상속주택이 先취득인 경우 (1)

구분	지분	비고
상속인 A	50%	-
상속인 B	30%	당해 주택에 거주하는 자
상속인 C	20%	최연장자

▲ 풀이: 주된 상속인(상속인 A)이 공동상속주택을 소유한 것으로 본다.

상속받은 주택과 그 밖의 주택을 1개씩 소유하고 있는 1세대가 일반주택을 양도하는 경우에 해당하므로 국내에 1개의 주택을 소유하고 있는 것으로 본다. (소세령 제155조 ②)

그러나 취득순서가 상속주택이 先취득이고 B주택이 後취득이므로 B주택은 1세대 1주택 비과세를 적용받는 일반주택에 해당하지 않는다. 소세령 제155조 ②를 적용받을 때에는 취득순서가 있으므로 주의해야 한다.

사례 5 공동상속인의 지분이 서로 다른 경우로서 상속주택이 先취득인 경우 (2)

구분	지분	비고
상속인 A	50%	-
상속인 B	30%	-
상속인 C	20%	-

▲ 풀이: 주된 상속인(상속인 A)이 공동상속주택을 소유한 것으로 본다.

상속받은 주택과 그 밖의 주택을 1개씩 소유하고 있는 1세대가 일반주택을 양도하는 경우에 해당하므로 국내에 1개의 주택을 소유하고 있는 것으로 본다. (소세령 제155조 ②)

주된 상속인(A)의 경우 취득순서를 따지는 소세령 제155조 2항을 적용받는다. 그러나 상속인 A의 B주택은 2013.02.14. 이전에 취득한 주택이므로 일반주택에 해당하여 비과세가 가능하다.

또한 주된 상속인이 아닌 상속인 B, C의 경우에는 소세령 제155조 3항을 적용받게 되므로 취득순서를 따지지 않는다. 즉, 비과세가 가능

서면-2016-부동산-4022, 부동산 납세과-1357 (2016.09.01.)

공동상속주택 최대지분자의 비과세 특례

소득세법 시행령 제154조 제1항의 1세대 1주택 비과세 규정을 적용할 때 공동상속주택(상속으로 여러 사람이 공동으로 소유한 1주택을 말함)은 최대 상속 지분을 소유한 상속인이 해당 공동상속주택을 소유한 것으로 보는 것이며, 해당 상속인이 해당 공동상속주택 외 다른 주택을 양도할 때에는 같은 영 제155조 제2항의 규정에 따라 1세대 1주택 비과세 여부를 판정하는 것이다.

복습

상속받은 주택 외 일반주택 양도 시 1세대 1주택으로 비과세가 가능했으나 상속개시(사망일)일 현재 보유하고 있던 일반주택에 한하여만 비과세를 적용한다. (2013.02.15. 이후 취득하여 양도하는 일반주택부터 적용)

다만, 상속받은 주택이 수도권 밖의 지역 중 읍(도시지역 안의 지역은 제외함)·면 지역에 소재한 상속주택(피상속인이 5년 이상 거주한 주택에 한함)인 경우 일반주택은 종전과 동일하게 비과세를 적용한다.

사례 6 공동상속인의 지분이 같은 경우로서 상속인 甲과 乙은 해당 상속주택에 거주하지 않고 있는 경우

구분	지분	비고
상속인 甲	50%	최연장자
상속인 乙	50%	-

Q. 공동상속주택을 보유한 상태에서 상속인 乙이 상속개시일 이후에 취득한 B주택을 양도하는 경우

▲ 풀이: 최연장자인 상속인 甲이 공동상속주택을 소유한 것으로 본다.

즉, 주된 상속인 甲은 취득순서를 따지는 소세령 제155조 2항을 적용받는다.
그러나 상속인 乙은 최연장자가 아니므로 소세령 제155조 3항을 적용받아 공동상속주택 외의 다른 일반주택을 양도하는 때에는 해당 공동상속주택은 해당 거주자의 주택으로 보지 아니한다. 즉, 2026년 3월에 양도하는 B주택은 1세대 1주택으로 보아 비과세 규정을 적용받아 비과세가 가능하다.

별첨(4). 상속받은 주택을 양도하는 경우

상속받은 주택의 취득일은 상속개시일(사망일)이다. 다만, 동일세대원으로부터 상속받은 주택을 양도하는 경우 1세대 1주택 비과세 규정을 적용할 때는 피상속인의 보유기간과 상속인의 보유기간을 통산한다.

또한 상속받은 주택과 일반주택을 보유하고 있는 1세대가 상속받은 주택을 먼저 양도하는 경우에는 1세대 2주택이므로 양도소득에 대해서 양도소득세가 과세된다.

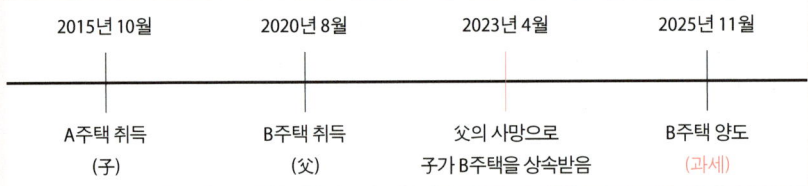

상속받은 주택을 상속개시일(사망일)부터 5년 이내에 양도하면 양도소득세를 비과세하지 않냐고 많은 분들이 묻는다. 하지만 그런 규정은 어디에도 없다.

상속개시일부터 5년이라는 기간이 나오는 경우는 양도소득 다주택자 중과 제외와 취득세 중과 판정 시에서 나오는 기간으로 한정된다.

1) 같은 세대원으로부터 상속받은 주택을 양도하는 경우

상속받은 주택의 취득일은 상속개시일이다. 다만, 동일세대원으로부터 상속받은 주택을 양도하는 경우 1세대 1주택 비과세 특례규정을 적용할 때는 피상속인의 보유기간과 상속인의 보유기간을 통산한다.

① 배우자가 상속을 받은 경우

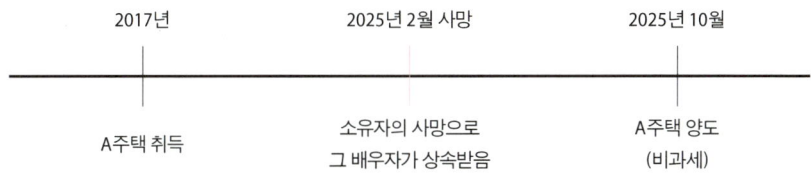

▲ 풀이: 1세대 1주택 비과세 규정은 세대를 기준으로 판단한다. 즉, 피상속인의 보유기간과 상속인의 보유기간을 통산하여 A주택은 비과세

② 동일세대원인 자녀가 상속을 받은 경우

사례 1 父와 子는 A주택을 취득할 때부터 계속해서 동일세대

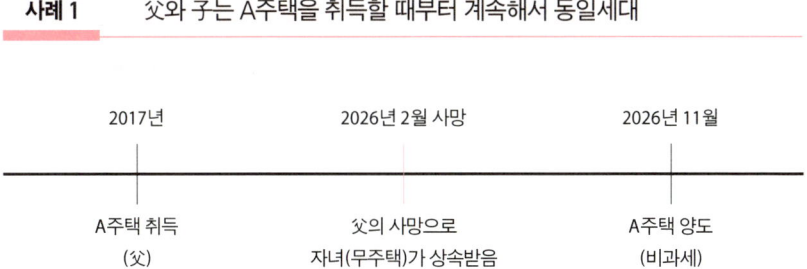

사례 2

피상속인과 동일세대원으로 함께한 기간과 상속인이 보유한 기간을 통산한 기간이 2년 미만인 경우

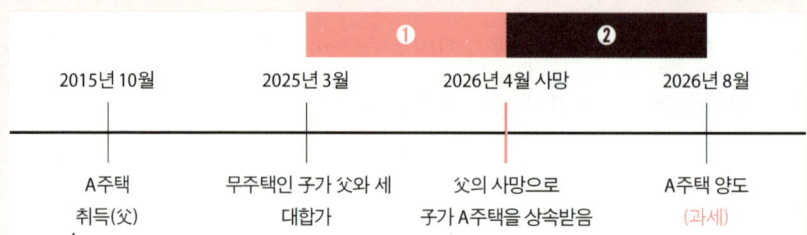

▲ 풀이: 상속주택의 보유기간 계산은 상속개시일부터 양도일까지로 한다. 다만, 1세대 1주택 비과세 판정 시에는 ❷상속인의 보유기간과 ❶피상속인과 상속인이 동일세대원으로서의 보유한 기간만 통산한다.

❷ 구간의 보유기간: 4개월
❶ 구간의 보유기간: 1년 1개월

사례 3

피상속인과 동일세대원으로 함께한 기간과 상속인이 보유한 기간을 통산한 기간이 2년 이상인 경우

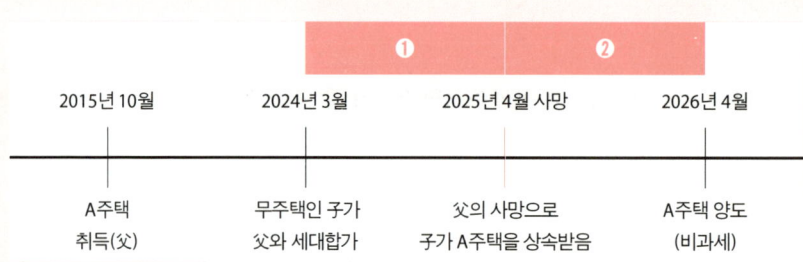

▲ 풀이: 상속주택의 보유기간 계산은 상속개시일부터 양도일까지로 한다. 다만, 1세대 1주택 비과세 판정 시에는 동일세대원으로서 ❶피상속인의 보유기간과 ❷상속인의 보유기간을 통산한다.

❶ 구간의 보유기간: 1년 1개월
❷ 구간의 보유기간: 1년

사례 4 A주택을 상속받은 자녀가 새로운 주택(B)을 취득하여 일시적 2주택이 된 경우

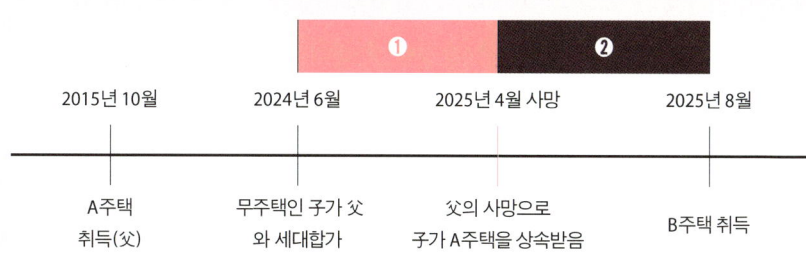

▲ 풀이: 상속주택의 취득일은 상속개시일이다. 다만, 1세대 1주택 비과세 판정 시에는 동일세대원으로서 ❶피상속인의 보유기간과 ❷상속인의 보유기간을 통산한다.

❶ 구간의 보유기간 : 10개월

❷ 구간의 보유기간 : 4개월

즉, ❶ + ❷ 기간을 합산하여 1년이 지난 후에 B주택을 취득하였으므로 A주택은 일시적 2주택으로 비과세가 가능하다.

부동산 납세과 - 468, 2014.07.04.

"소득세법 시행령 제155조 제1항에 따른 일시적 2주택 특례규정을 적용할 때 종전의 주택이 상속받은 주택으로서 상속인과 피상속인이 상속개시 당시 동일세대인 경우 상속개시 전에 상속인과 피상속인이 동일세대로서 보유한 기간 및 상속개시일부터 다른 주택 취득일 전일까지의 기간을 합산하여 특례 해당 여부를 판정하는 것임."

2) 상속받은 주택을 양도하는 경우 취득가액 산정은

상속받은 부동산 등을 2020. 02. 11. 이후에 양도하는 경우 그 부동산의 취득가액은 세무서장 등이 결정*·경정한 가액이 있는 경우 그 결정·경정한 가액으로 한다.

즉, 상속받은 주택을 비과세가 아닌 과세로 양도할 경우를 대비하여 상속세 과세 미달이라고 해도 시가로 상속세 신고를 하는 쪽으로 적극 검토한다.

> **서울고등법원-2022-누-56694 (2023.01.12.)**
>
> "2020.02.11. 이후 양도하는 상속받은 자산의 취득가액은 2020.02.11. 대통령령 제30395호로 개정된 소득세법 시행령 제163조 제9항 괄호 규정에 따라 상속세법 제76조에 따른 상속재산 결정가액임."

> **관련 규정 소득세법 시행령 제163조**
>
> ⑨ 상속 또는 증여(법 제88조 제1호 각 목 외의 부분 후단에 따른 부담부증여의 채무액에 해당하는 부분도 포함하되, 「상속세 및 증여세법」제33조부터 제39조까지, 제39조의 2, 제39조의 3, 제40조, 제41조의 2부터 제41조의 5까지, 제42조, 제42조의 2 및 제42조의 3에 따른 증여는 제외한다)받은 자산에 대하여 법 제97조 제1항 제1호 가목을 적용할 때에는 상속개시일 또는 증여일 현재 「상속세 및 증여세법」제60조부터 제66조까지의 규정에 따라 평가한 가액(같은 법 제76조에 따라 세무서장 등이 결정*·경정한 가액이 있는 경우 그 결정·경정한 가액으로 한다)을 취득 당시의 실지거래가액으로 본다. 다만, 다음 각호의 어느 하나에 해당하는 경우에는 각호의 구분에 따라 계산한 금액으로 한다. (2020.02.11. 개정)

---

* 상속세 신고 기한(사망일이 속하는 그달의 말일부터 6개월 이내)이 속하는 그달의 말일부터 9개월 이내

1. 「부동산 가격공시에 관한 법률」에 따라 1990년 8월 30일 개별공시지가가 고시되기 전에 상속 또는 증여받은 토지의 경우에는 상속개시일 또는 증여일 현재 「상속세 및 증여세법」 제60조 내지 제66조의 규정에 의하여 평가한 가액과 제164조 제4항의 규정에 의한 가액 중 많은 금액 (2016.08.31. 개정)

2. 「상속세 및 증여세법」 제61조 제1항 제2호 내지 제4호의 규정에 의한 건물의 기준시가가 고시되기 전에 상속 또는 증여받은 건물의 경우에는 상속개시일 또는 증여일 현재 「상속세 및 증여세법」 제60조 내지 제66조의 규정에 의하여 평가한 가액과 제164조 제5항 내지 제7항의 규정에 의한 가액 중 많은 금액 (2005. 08. 05. 개정)

사례 1   상속세 신고를 무신고한 경우로서 상속개시일부터 5년이 지난 후 해당 주택을 2020.02.11. 이후 양도

사망일 현재 공동주택공시가격	250,000,000원
해당 상속주택의 시가 (이하, 유사매매사례가액)	385,000,000원
세무서장이 결정한 가액(보충적 평가금액)	250,000,000원
양도가액	530,000,000원

▲ 해당 주택의 취득가액은 250,000,000원이다. 그러나 해당 주택의 상속가액이 385,000,000원으로 경정이 되는 경우 해당 주택의 취득가액은 385,000,000원이다.

사례 2   상속세 신고를 무신고한 경우로서 상속개시일부터 3년이 지난 후 해당 주택을 2020.02.11. 이후 양도

사망일 현재 공동주택공시가격	250,000,000원
해당 상속주택의 유사매매사례가액	385,000,000원
세무서장이 결정한 가액(보충적 평가금액)	250,000,000원
양도가액	400,000,000원

▲ 해당 주택의 취득가액은 250,000,000원이다. 그러나 해당 주택의 상속가액이 385,000,000원으로 경정이 되는 경우 해당 주택의 취득가액은 385,000,000원이다.

사례 3   상속개시일부터 6개월*이 지나기 이전에 해당 주택을 양도

사망일 현재 공동주택공시가격	250,000,000원
해당 상속주택의 유사매매사례가액	420,000,000원
세무서장이 결정한 가액	–
양도가액	380,000,000원

▲ 상속세 신고 여부와 상관없이 해당 주택의 취득가액은 380,000,000원이다. 세무서장은 상속가액을 380,000,000원으로 결정한다고 보면 된다.

---

* 계약일 기준이다. 사망일부터 6개월 이내에 계약을 하고 계약금을 받으면 된다.

사례 4 상속개시일부터 6개월이 지나기 이전에 해당 주택을 14억 원에 양도한다?

사망일 현재 공동주택공시가격	540,000,000원
해당 상속주택의 유사매매사례가액	820,000,000원
세무서장이 결정한 가액	-
양도가액	1,400,000,000원

▲ 상속세 신고 여부와 상관없이 해당 주택의 취득가액은 1,400,000,000원이다. 양도차익은 없지만 상속세 과세 여부를 검토해야 한다.

사례 5 상속주택에 대하여 상속인이 상속세 과세표준 신고를 하지 아니하고 세무서장 등도 과세표준이나 세액을 결정하지 아니한 경우

사망일 : 2020년 12월

양도일 : 2024년 3월

사망일 현재 공동주택공시가격	250,000,000원
해당 상속주택의 유사매매사례가액	385,000,000원
세무서장이 결정한 가액	없음
양도가액	400,000,000원

▲ 상속세 신고 여부와 상관없이 해당 주택의 취득가액은 385,000,000원이다.

사전-2024-법규재산-0143, 2024.03.19.

상속주택의 실지거래가액 산정함에 있어서 상속세 신고 여부와 관계없이 소득세법 시행령 제163조 제9항에 따라 상속개시일 현재 「상속세 및 증여세법」 제60조부터 제66조까지의 규정에 따라 평가한 가액임.

재산세과-731, 2009.04.10.

자산의 양도차익을 실지거래가액에 의하여 산정함에 있어서 상속을 원인으로 취득한 부동산의 취득가액은 상속세 신고 여부와 관계없이 상속개시일 현재 「상속세 및 증여세법」 제60조 내지 제66조의 규정에 의하여 평가한 가액(시가를 말하는 것임)을 취득 당시의 실지거래가액으로 보는 것이며,

이 경우 "시가"란 불특정 다수인 사이에 자유로이 거래가 이루어지는 경우 통상 성립된다고 인정되는 가액을 말하는 것으로서 「같은 법 시행령」 제49조 제1항 제2호에서 예시하는 가액은 당해 상속재산의 시가 범위에 포함되는 것임.

☐ **국세청 홈택스에서 유사매매사례가액을 조회 확인하는 방법**

국세청 홈택스 로그인 → 세금 신고 → 상속세 신고 or 증여세 신고 → 일반신고 → 재산가액 스스로 평가하기 → 상속·증여재산 평가하기

☐ 조회일 현재 기준 전년도 분부터 자료만 조회가 가능하다.
☐ 유사매매사례가액을 무조건 맹신하면 안 된다.

> **(예) 2023년 9월 사망**
>
> 2025년 2월에 조회를 한다면 2024년도분부터 조회가 가능하다.

□ **1개의 감정기관 평가가 가능한 자산의 범위에 분양권을 포함한다. (개정안)**

상속세 및 증여세법 시행령 제49조【평가의 원칙 등】6항

종 전	시행일 이후 상속개시 또는 증여분부터
(원칙) 2개 이상의 감정기관이 평가한 감정가액의 평균가액을 시가로 본다.	(좌 동)
(예외) 기준시가 10억 원 이하인 아파트, 주택, 건물 등의 경우 1개 이상의 감정기관이 평가한 감정가의 평균가액도 시가로 본다.	(좌 동) (추가) 공급계약서상 공급가액이 10억 원 이하인 분양권도 포함한다.

개정안이 확정되는 경우 다음 ①의 경우에도 단수 감정을 한 가액도 시가로 본다.

(현재) 기준시가 10억 원 이하의 부동산은 하나의 감정기관 감정가액도 시가로 인정하고 있는데 다음의 경우에는 둘(복수 감정) 이상의 공신력이 있는 감정기관이 감정한 감정가액의 평균액을 당해 자산의 시가로 한다.

① 부동산을 취득할 수 있는 권리
② 고시된 기준시가(공시가격 등)가 없는 아파트 등

> **(예)**
>
> 신규 입주하여 공시가격이 아직 고시되지 않은 아파트 or 신축한 다가구주택을 바로 감정을 받는 경우 복수 감정한 가액의 평균액을 시가로 본다.

12

주택임대사업자 등이 임대주택 외 일반주택을 양도하는 경우

주택임대사업자 등의 거주주택 비과세 특례

소득세법 시행령
제155조 ⑳~㉕

주택임대사업자 등이 그 등록임대주택[49] 외 다른 일반주택을 양도하는 경우 그 일반주택은 무조건 양도소득세가 비과세가 되는 것으로 많은 분들이 알고 있다. 아니다. 절대로 그렇지 않다.

『주택임대사업자 등의 거주주택 비과세』 이 책에서는 중요한 부분만 간단하게 다루고 있다. 더 자세한 내용은 후속편에서 다룰 예정이다.

---

49) 민간임대주택법 포함 누더기 세법으로 인해 상당히 복잡하게 되어있다. 사전검토와 주의가 필요하다.

1. 주택임대사업자 등의 거주주택 비과세 특례

주택임대사업자 등이 그 등록임대주택 외 일반주택을 양도하는 경우 그 일반주택의 취득일 현재 조정대상지역 여부와 상관없이 2년 거주요건이 있다. 이것을 '주택임대사업자 등의 거주주택 비과세 특례규정'이라고 한다.

요건을 모두 갖춘 상생임대주택을 양도하는 경우에는

소득세법 시행령

제154조 제1항(1세대 1주택 비과세 2년 이상 거주)
제155조 제20항 제1호(주택임대사업자 등의 거주주택 비과세)
제159조의 4(장기보유특별공제 표2)를 적용할 때

해당 규정에 따른 거주기간의 제한을 받지 않는다. 즉 거주주택도 상생임대주택에 해당하는 경우 2년 거주요건을 면제한다.

사례 1   일반주택에서 거주한 사실이 없는 경우

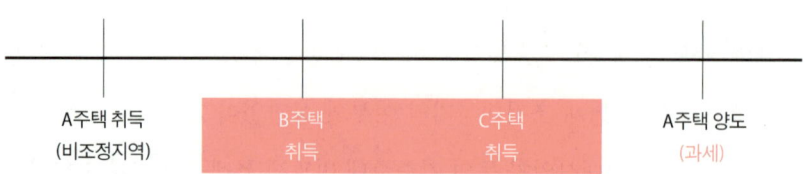

- □ B주택과 C주택은 등록임대주택 요건을 모두 충족
- □ A주택(일반주택)에서는 소유자(세대원 포함)가 거주한 사실이 없음.

▲ 풀이: A주택은 2년 거주요건이 있다. 즉, 양도하는 A주택은 임대사업자의 거주주택 비과세 특례규정을 적용받지 못한다. 그러나 상생임대주택에 해당하는 경우 2년 거주요건이 면제되므로 비과세가 가능하다.

사례 2   일반주택에서 2년 이상 거주한 사실이 있는 경우

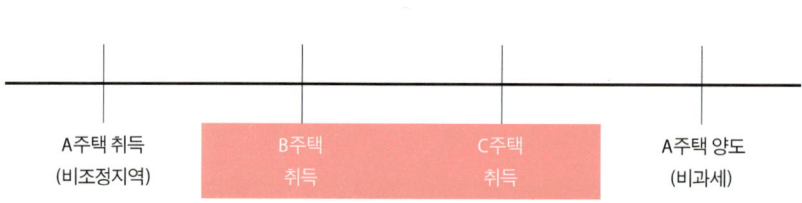

- □ B주택과 C주택은 임대주택요건을 모두 충족
- □ A주택(일반주택)에서는 2년 이상 거주

▲ 풀이: 양도하는 A주택은 주택임대사업자의 거주주택으로 비과세를 받는다.

> 주의 그렇다고 해서 주택임대사업자 등의 거주주택 비과세 특례규정(이하 '거주주택'이라 한다)이 무조건 적용이 되는 것은 아니다.
>
> 1) 직전거주주택 양도일 이후에 발생한 양도차익만 비과세가 가능하고
> 2) 거주주택 비과세 생애 한차례 규정(2019.02.12. 이후 취득한 주택)이 있다.
>
> 생애 한차례 규정은 삭제되었다. 2025년 2월 28일 이후 양도하는 주택부터는 생애 한차례 규정을 적용받지 않는다. 즉, 횟수 제한 없이 거주주택 비과세 특례규정을 적용받을 수 있다.

사례 3   직전거주주택 양도일 이후에 발생한 양도차익만 비과세

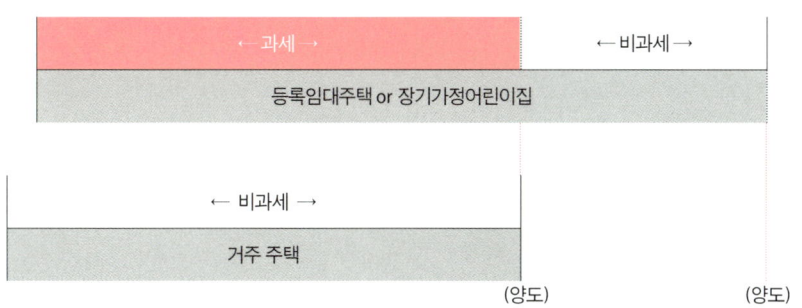

▲ 풀이: 임대의무기간 등을 충족한 임대주택 or 가정어린이집만 남은 상태에서 양도하는 경우이지만 직전거주주택 양도일 이후에 발생한 양도차익만 비과세가 가능하다.

사례 4 생애 한차례 규정을 적용받은 거주주택의 경우

□ 전부 '19.02.12. 이후에 취득한 주택으로서 '25. 02. 28. 이전에 양도한 주택

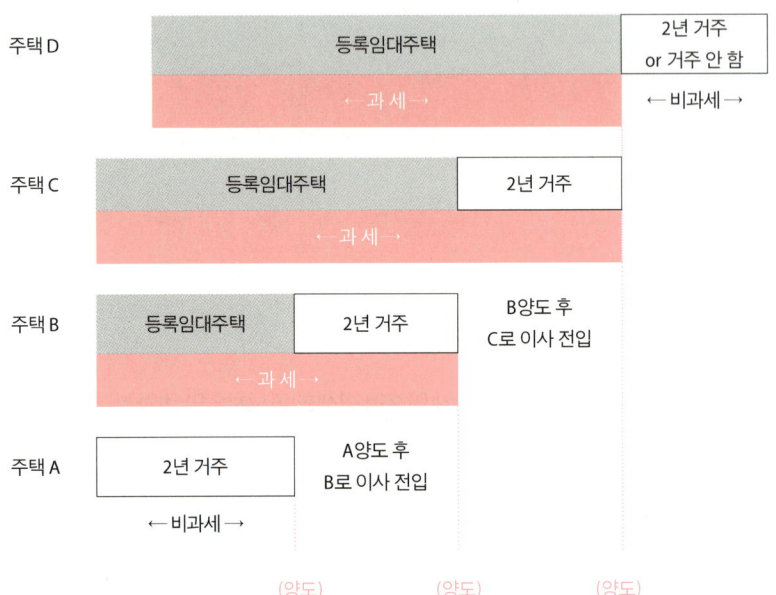

▲ 풀이: 주택 B와 C는 생애 한차례 규정을 적용받아서 비과세가 불가능하며, 최종적으로 남은 D주택만 1세대 1주택으로 비과세가 가능하다. 그러나 D주택도 전액 비과세는 받지 못한다.

> **가정어린이집** 운영자의 거주주택 비과세 특례규정을 적용받는 거주주택은 생애 한차례 규정을 적용받지 않는다.

사례 5 생애 한차례 규정을 적용받지 않는 거주주택의 경우

□ 전부 2019.02.11. 이전에 취득한 주택 또는 2025년 2월 28일 이후에 양도하는 주택

▲ 풀이: 생애 한차례 규정 첫 시행일(2019.02.12.) 이전에 취득한 주택이고 또는 2025년 2월 28일 이후에 양도하는 거주주택이므로 생애 한차례 규정 적용 대상이 아니다. 주택 B와 C도 거주주택으로 비과세가 가능하지만 직전거주주택 양도일 이후에 발생한 양도차익만 비과세가 가능하다.

사례 5-❶ B, C의 양도차익이 소액이고 D의 양도차익이 고액인 경우

□ 주택 B와 C의 거주주택 비과세를 포기하면 D주택의 ①구간과 ②구간에 대해서 모두 비과세가 가능한지

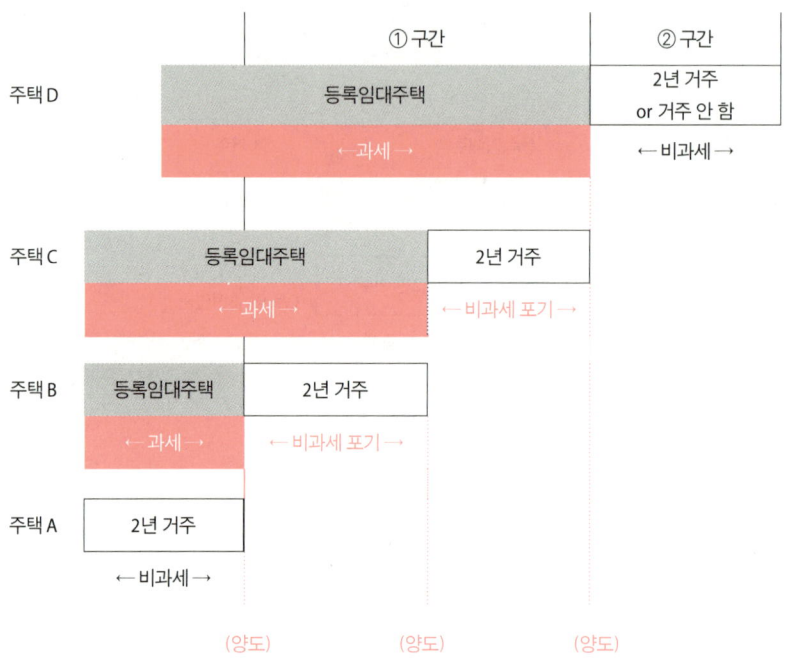

▲풀이: 현재 유권 해석상 납세자가 선택할 수 없다. 주택 B, C에서 비과세를 포기한 경우에도 D주택의 비과세는 ②구간만 가능하다.

| 저자 견해 | 이런 경우에는 주택 B와 C의 비과세 요건을 만들지 말고 과세 대상으로 만들면 D주택의 ① ② 구간 모두 비과세가 가능하다 판단이 된다.

○ **주택임대사업자의 거주주택 비과세 생애 한차례 규정**

부 칙(2019.02.12. 대통령령 제29523호)

제7조【주택임대사업자 거주주택 양도소득세 비과세 요건에 관한 적용례 등】

① 제154조 제10항 제2호 및 제155조 제20항(제2호는 제외한다)의 개정규정은 이 영 시행 이후 취득하는 주택부터 적용한다.

② 다음 각호의 어느 하나에 해당하는 주택에 대해서는 제154조 제10항 제2호, 제155조 제20항(제2호는 제외한다)의 개정규정 및 이 조 제1항에도 불구하고 종전의 규정에 따른다.

1. 이 영 시행 당시 거주하고 있는 주택
2. 이 영 시행 전에 거주주택을 취득하기 위해 매매계약을 체결하고 계약금을 지급한 사실이 증빙서류에 의해 확인되는 주택

○ **주택임대사업자의 거주주택 비과세 생애 한차례 규정 삭제**

부 칙 (2025.02.28. 대통령령 제35349호) 제1조【시행일】

이 영은 공포한 날부터 시행한다. 다만, 다음 각호의 개정규정은 해당 호에서 정하는 날부터 시행한다.

〈중간 생략〉

제14조【주택임대사업자의 거주주택 등 양도에 관한 적용례】

제155조 제20항의 개정규정은 이 영 시행 이후 주택을 양도하는 경우부터 적용한다.

2. 「민간임대주택에 관한 특별법」에 따른 임대주택(아파트) 등록이 폐지되면서 주택 임대 사업자가 거주 주택을 양도하는 경우

구 분	말소 유형	양도 기한	주의 사항
임대주택 양도 시 양도소득세 중과배제	자진 말소	등록말소일로부터 1년 이내 양도	「민간임대주택에 관한 특별법」 제43조의 임대의무기간 1/2 이상 임대 후 자진 말소할 것
	자동 말소	양도 기한 제한 없음	-
거주 주택 양도 시 양도소득세 비과세	자진 말소	등록말소일로부터 5년 이내 양도	「민간임대주택에 관한 특별법」 제43조의 임대의무기간 1/2 이상 임대 후 자진 말소할 것
	자동 말소	등록말소일로부터 5년 이내 양도	-

> **주의** 임대주택 등록말소가 되기 이전에 거주주택 비과세를 먼저 받은 후 그 이후에 자진 말소(임차인의 동의가 필요)하는 경우에는 임대의무기간 1/2을 계산할 때 주의가 필요하다. (주의)기간계산을 잘못, 자진말소를 하여 비과세 받은 거주주택의 양도소득세 1억 원을 넘게 추징당한 경우가 있었다.

「민간임대주택에 관한 특별법」에 따른 유형별 임대주택 및 폐지 여부 등(2020. 08. 18. 기준)

임대주택 구분		의무 기간	매입 임대	건설 임대
단기 임대	단기 민간임대주택	4년	폐지	폐지
장기 임대	장기 일반임대주택	8년	유지 (단, 아파트는 폐지)	유지
	공공지원 민간임대주택	8년	유지	유지

□ 등록임대주택의 변천사(등록일 기준)

2020.07.10. 이전 : 5년 이상 (단기, 장기임대주택)
2020.07.11.~2020.08.17. : 8년 이상 (장기임대주택)
2020.08.18. 이후 : 10년 이상 (장기임대주택)
2025.06.04. 이후 : 6년 이상 단기임대주택 신설

6년 단기 임대주택(일정 요건을 충족할 것)이 신설·도입되었습니다. 세제 혜택은 2025년 6월 4일 이후 민간임대주택으로 등록한 단기 민간임대주택을 양도하는 경우부터 적용한다. (아파트는 주임사 등록 X)

Q. 장기임대주택 자진 말소 또는 자동 말소 후에도 5% 증액 제한 등 각종 요건을 계속 준수하고 있어야 거주주택 비과세가 가능한지

- □ 5% 증액 제한을 준수하지 않아도
- □ 세무서에 등록한 사업자등록을 폐업해도
- □ 말소된 임대주택을 공실로 두거나 소유자가 거주해도

A. 최초 말소일로부터 5년 이내 거주주택을 양도하는 경우 거주주택 비과세 특례 규정을 적용받을 수 있다.

> 말소된 임대주택을 모두 양도하고 거주주택만 남은 경우 해당 거주주택은 임대사업자의 거주주택 비과세 특례규정을 적용받은 것이 아니고 1세대 1주택 비과세 규정을 적용받는다. 즉, 말소일로부터 5년 이내 규정을 적용받지 않는다.

■ 주택임대사업자의 거주주택 비과세 생애 한차례 규정 변천사

2019.02.12. 이전	2019.02.12. 이후	2025.02.28. 이후
횟수 제한 없음	횟수 제한 있음	횟수 제한 없음

> **주의** 직전거주주택 양도일 이후에 발생한 양도차익만 비과세가 가능하다.

관련 규정 | 소득세법 시행령 제155조 (2025.02.28. 개정)

⑳ 제167조의3 제1항 제2호에 따른 주택[같은 호 가목 및 다목에 해당하는 주택의 경우에는 해당 목의 단서에서 정하는 기한의 제한은 적용하지 않되, 2020년 7월 10일 이전에 「민간임대주택에 관한 특별법」 제5조에 따른 임대사업자등록 신청(임대할 주택을 추가하기 위해 등록사항의 변경 신고를 한 경우를 포함한다)을 한 주택으로 한정하며, 같은 호 마목에 해당하는 주택의 경우에는 같은 목 1)에 따른 주택[같은 목 2) 및 3)에 해당하지 않는 경우로 한정한다.]을 포함한다. 이하 이 조에서 "장기임대주택"이라 한다] 또는 같은 항 제8호의2에 해당하는 주택(이하 "장기어린이집"이라 한다)과 그 밖의 1주택을 국내에 소유하고 있는 1세대가 각각 제1호와 제2호 또는 제1호와 제3호의 요건을 충족하고 해당 1주택(이하 이 조에서 "거주주택"이라 한다)을 양도하는 경우에는 국내에 1개의 주택을 소유하고 있는 것으로 보아 제154조 제1항을 적용한다. 이 경우 해당 거주주택을 「민간임대주택에 관한 특별법」 제5조에 따라 민간임대주택으로 등록하였거나 「영유아보육법」 제13조 제1항에 따른 인가를 받거나 같은 법 제24조 제2항에 따른 위탁을 받아 어린이집으로 사용한 사실이 있고 그 보유기간 중에 양도한 다른 거주주택(양도한 다른 거주주택이 둘 이상인 경우에는 가장 나중에 양도한 거주주택을 말한다. 이하 "직전거주주택"이라 한다)이 있는 거주주택(이하 이 항에서 "직전거주주택 보유주택"이라 한다)인 경우에는 직전거주주택의 양도일 후의 기간분에 대해서만 국내에 1개의 주택을 소유하고 있는 것으로 보아 제154조 제1항을 적용한다. (2025.02.28. 개정)

〈이하 생략〉

관련 규정 | 소득세법 시행령 제155조 (2025.02.28. 개정 전)

⑳ 제167조의3 제1항 제2호에 따른 주택[같은 호 가목 및 다목에 해당하는 주택의 경우에는 해당 목의 단서에서 정하는 기한의 제한은 적용하지 않되, 2020년 7월 10일 이전에 「민간임대주택에 관한 특별법」 제5조에 따른 임대사업자등록 신청(임대할 주택을 추가하기 위해 등록사항의 변경 신고를 한 경우를 포함한다)을 한 주택으로 한정하며, 같은 호 마목에 해당하는 주택의 경우에는 같은 목 1)에 따른 주택[같은 목 2) 및 3)에 해당하지 않는 경우로 한정한다]을 포함한다. 이하 이 조에서 "장기임대주택"이라 한다] 또는 같은 항 제8호의2에 해당하는 주택(이

하 "장기어린이집"이라 한다)과 그 밖의 1주택을 국내에 소유하고 있는 1세대가 각각 제1호와 제2호 또는 제1호와 제3호의 요건을 충족하고 해당 1주택(이하 이 조에서 "거주주택"이라 한다)을 양도하는 경우(장기임대주택을 보유하고 있는 경우에는 생애 한 차례만 거주주택을 최초로 양도하는 경우에 한정한다)에는 국내에 1개의 주택을 소유하고 있는 것으로 보아 제154조 제1항을 적용한다. 이 경우 해당 거주주택을 「민간임대주택에 관한 특별법」 제5조에 따라 민간임대주택으로 등록하였거나 「영유아보육법」 제13조 제1항에 따른 인가를 받거나 같은 법 제24조 제2항에 따른 위탁을 받아 어린이집으로 사용한 사실이 있고 그 보유기간 중에 양도한 다른 거주주택(양도한 다른 거주주택이 둘 이상인 경우에는 가장 나중에 양도한 거주주택을 말한다. 이하 "직전거주주택"이라 한다)이 있는 거주주택(민간임대주택으로 등록한 사실이 있는 주택인 경우에는 1주택 외의 주택을 모두 양도한 후 1주택을 보유하게 된 경우로 한정한다. 이하 이 항에서 "직전거주주택 보유주택"이라 한다)인 경우에는 직전거주주택의 양도일 후의 기간분에 대해서만 국내에 1개의 주택을 소유하고 있는 것으로 보아 제154조 제1항을 적용한다. 〈신설 2011.10.14, 2012.02.02, 2013.02.15, 2015.02.03, 2015.12.28, 2017.02.03, 2018.02.13, 2019.02.12, 2020.02.11, 2020.10.07, 2021.02.17, 2022.02.15〉

〈이하 생략〉

13

고가주택 및 고가 겸용 주택

양도가액이 12억 원을 초과하는 고가주택

소득세법 제89조
1항 3호, 소세령
제156조

거주자인 1세대가 양도일 현재 1주택(일시적 2주택 등 각종 특례규정에 따라 1세대 1주택으로 보는 경우를 포함한다.)을 보유하고 있는 경우로서 양도일 현재 비과세 요건을 충족한 주택을 양도하면서 발생한 양도소득에 대한 양도소득세를 과세하지 않는다.

그러나 양도하는 주택의 양도가액이 12억 원을 초과하는 고가주택의 경우 12억 원을 초과하는 양도소득금액은 1세대 1주택 비과세 규정을 적용하지 않는다.

1. 고가주택

양도가액이 12억 원[50]을 초과하는 주택을 말한다.

> 12억 원을 초과하는 양도가액을 과세하는 것이 아니다. 12억 원을 초과하는 소득금액을 과세하는 것이다.

양도차익 = 양도가액 − 취득가액 − 필요경비

소득금액 = 양도차익 − 장기보유특별공제액

Tip
해당 고가주택이 상생임대주택에 해당하는 경우에는 장기보유특별공제 표 2 (거주기간에 따라 최대 80% 공제)를 적용할 때 2년 거주기간의 제한을 받지 않는다.

---

50) 부부 등 공동으로 소유하고 있는 주택의 경우에도 그 주택의 양도가액으로 고가주택(12억 원)을 판정한다. 공동명의라고 해서 12억 원 판단을 각자의 양도가액으로 하면 안 된다.

1) 1세대 1주택 등 비과세 고가주택의 양도차익을 계산하는 방법(1인 단독명의)

(공통예시) 보유기간 5년(거주기간 없음) / 합산소득금액 없음 / 기본공제 가능

양도가액	17억 원
취득가액	8억 원
취득세	9백만 원
기타 필요경비 등	8백만 원

① 비과세를 잠시 무시하고 전체 양도차익을 먼저 구한다.

○ 전체 양도차익* = 양도가액 − 취득가액 등 − 기타 필요경비

*883,000,000원 = 17억 원 − 8억 9백만 원 − 8백만 원

② 전체 양도차익 중 12억 원을 초과하는 양도차익을 구한다.

$$\text{12억 원을 초과하는 양도차익} = \text{전체 양도차익} \times \frac{\text{양도가액} - \text{12억 원}}{\text{양도가액}}$$

$$○\ 259{,}705{,}882원 = 883{,}000{,}000원 \times \frac{5억\ 원}{17억\ 원}$$

③ 12억 원을 초과하는 양도차익의 장기보유특별공제액을 구한다.

○ 25,970,588원 = 259,705,882원 × 10% (5년×2%)

④ 12억 원을 초과하는 양도소득금액을 구한다.

12억 원을 초과하는 양도소득금액	=	12억 원을 초과하는 양도차익 − 장특공제액
○ 233,735,294원	=	259,705,882원 − 25,970,588원

233,735,294원에서 기본공제 250만 원을 공제한 금액이 과세표준이다.

2) 부부 공동지분으로 소유하고 있는 고가주택의 양도차익을 계산하는 방법

> 주의   단독명의로 취득을 한 이후에 50% 지분을 배우자에게 증여하여 부부 공동명의가 된 경우에는 아래 계산식을 무조건 적용하면 안 된다.

① 전체 양도차익 : 883,000,000원

883,000,000원 × (50/100) = 441,500,000원 (1인 전체 양도차익)

② 1인 전체 양도차익 중 12억 원을 초과하는 양도차익을 구한다.

12억 원을 초과하는 양도차익	=	전체 양도차익	×	(양도가액 − 12억 원) / 양도가액
○ 129,852,941원	=	441,500,000원	×	5억 원 / 17억 원

③ 12억 원을 초과하는 양도차익의 장기보유특별공제액을 구한다.

○ 12,985,294원 = 129,852,941원 × 10% (5년×2%)

④ 12억 원을 초과하는 양도소득금액을 구한다.

12억 원을 초과하는 양도소득금액	=	12억을 초과하는 양도차익 − 장특공제액
○ 116,867,647원	=	129,852,941원 − 12,985,294원

116,867,647원에서 기본공제 250만 원을 공제한 금액이 바로 1인 과세표준이다.

▫ 공동명의 : 2인이 납부할 양도소득세 합계액은 49,177,340원

▫ 단독명의일 경우 : 납부할 양도소득세는 74,722,350원

2. 겸용 주택

하나의 건물에 주택과 주택 외의 부분으로 복합된 경우와 주택에 딸린 토지에 주택 외의 건물이 있는 경우를 겸용 주택이라고 한다.

겸용 주택은 그 전부를 주택으로 본다. 다만, 주택의 연면적이 주택 외 부분의 연면적보다 적거나 같은 때에는 주택 외의 부분은 주택으로 보지 아니한다.

1) 고가 겸용 주택(소득세법 시행령 제160조 ①)

1세대 1주택 등 비과세 겸용 주택이지만 양도가액이 12억 원을 초과하는 겸용 주택을 고가 겸용 주택이라 한다. 2022.1.1.이후 양도하는 고가 겸용 주택은 주택 부분만 비과세를 적용하고 주택 외 부분은 1세대 1주택 등 비과세 규정을 적용하지 않는다.

고가 겸용 주택의 경우 주택과 주택 외 부분의 과세 합리화

2021.12.31. 이전	2022.01.01. 이후
○ 주택 면적 〉 주택 외 면적	○ 주택 면적 〉 주택 외면적
⇨ 전부를 주택으로 본다.	⇨ 주택 부분만 주택으로 본다.

2) 양도가액이 12억 원을 초과하지 않는 겸용 주택

1세대 1주택 비과세 판정 시 주택 면적이 더 크면 주택 외 부분도 전부 주택으로 보아 1세대 1주택 비과세 규정을 적용한다.

다만, 주택의 연 면적이 주택 외 부분의 연 면적보다 적거나 같은 때에는 주택 외의 부분은 주택으로 보지 아니한다.

1세대 1주택 비과세 판정 시

※ 양도가액이 12억 원을 초과하지 않는 겸용 주택

2021.12.31. 이전	2022.01.01. 이후
○ 주택 면적 〉 주택 외면적 ⇨ 전부를 주택으로 보아 주택 외 부분도 비과세	좌 동
○ 주택 면적 ≤ 주택 외면적 ⇨ 주택 부분만 주택으로 본다. 즉, 주택 외 부분은 과세	좌 동

※ 주택 면적이 작다고 주택 수에서 제외하는 분들이 많다. 주택 면적이 작아도 주택이다.

장기보유특별공제율 표2 적용 시 세대원 일부가 사업상 형편으로 거주하지 않은 기간 포함 여부

기획재정부 재산세제과-942, 2022.08.10.

「소득세법」 제95조 제2항 표2에 따른 장기보유특별공제 거주기간별 공제액 계산 시 거주자가 사업상의 형편 등 부득이한 사유로 본래의 주소 또는 거소에서 일시 퇴거한 경우 나머지 세대원이 양도 대상 주택에 거주한 기간을 거주기간에 포함할 수 있는 것입니다.

세대원의 일부가 근무상 형편으로 처음부터 거주하지 않은 경우 장기보유특별공제 적용 여부

부동산 납세과-790, 2023. 03. 24.

「소득세법」 제95조 제2항 표2에 따른 장기보유특별공제 거주기간별 공제액 계산 시, 근무상의 형편 등 부득이한 사유로 세대원 일부가 거주하지 못한 기간을 포함할 수 있는 것임.

신축한 건물 등을 준공일부터 5년 이내 양도하는 경우 5% 가산세를 주의해야 한다.

다가구주택 등 건물을 신축하여 사용승인을 받은 날부터 5년 이내 양도하는 경우로서 건물의 취득가액을 확인할 수 없어 건물의 취득가액을 환산취득가액(감정가액 포함)으로 하는 경우에는 양도소득세 외 별도로 가산세[51]가 발생한다. (소득세법 제114조의 2)

---

51) 건물 전체 환산 취득가액 또는 감정가액의 5%

다만, 도급계약서 등 적격증빙자료에 의하여 신축한 가액이 확인이 되는 경우로서 그 가액을 취득가액으로 하는 경우에는 가산세 부과 대상에서 제외한다.

① 증축: 바닥면적 합계가 85m²를 초과하여 증축한 경우 환산가액 등으로 취득가액으로 하는 경우 환산취득가액 등의 5%에 해당하는 가산세를 부과한다.

② 고가주택: 양도하는 주택이 고가주택에 해당하는 경우 환산가액 등으로 취득가액으로 하는 경우에는 건물 전체 환산가액 등에 대하여 5% 가산세 규정을 적용한다. 다만, 양도가액이 12억 원을 초과하지 않는 주택을 양도하는 경우에는 5% 가산세 규정을 적용하지 않는다.

③ 고가 겸용 주택: 고가 겸용 주택을 사용승인을 받은 날부터 5년 이내에 양도하는 경우 순수한 주택 부분의 양도가액이 12억 원을 초과하지 않는 경우에도 환산가액 등을 취득가액으로 하는 경우에는 건물 전체 환산취득가액 등에 대하여 가산세 규정을 적용한다.

| 저자견해 | 양도소득 본세가 전액 비과세인데 주택건물의 환산취득가액 등에도 5% 가산세를 적용하는 것은 타당하지 않다고 본다.

상가주택(다가구주택 포함)을 양도하거나 보유하고 있는 경우

건축법상 다가구주택을 구획된 부분별로 양도하지 아니하고 하나의 매매 단위로 하여 양도하는 경우에는 그 전체를 하나의 주택(단독주택)으로 본다고 규정하고 있다.

그러나 다음과 같은 경우에는 주택으로 사용하는 층수가 4개 층에 해당하여 해당 다가구주택을 하나의 주택이 아닌 여러 개의 주택으로 본다.

3층 건물(1, 2, 3층 주택): 준공 후 옥탑 등을 주거용으로 사용하여 주택으로 사용하는 층수가 4개 층에 해당하는 경우

4층 건물(1, 2, 3층 주택): 4층을 근린생활시설로 준공을 받고 그 이후에 4층을 주거용으로 사용하는 경우

4층 건물에 1층은 상가, 2층, 3층, 4층은 주택인 경우로서 1층 일부 공간을 주거용으로 사용하는 경우

즉, 건축법상 다가구주택에 해당하는 경우에만 그 다가구주택을 하나의 주택으로 보아 1세대 1주택 비과세 규정을 적용한다.

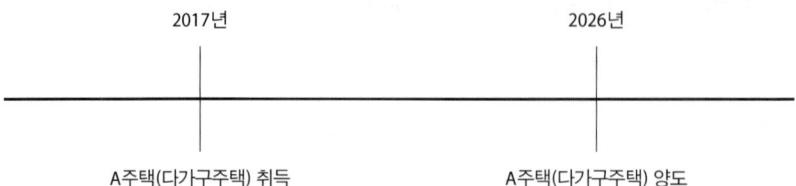

▲풀이: 해당 다가구주택이 건축법상 다가구주택에 해당하지 않는 경우 다세대주택에 해당하여 납세자가 선택하는 한 개의 호만 1세대 1주택 비과세 규정을 적용하고 나머지 호는 비과세 규정을 적용받지 못한다.

건축법상 다가구주택: 다음의 요건을 모두 갖춘 주택으로서 공동주택에 해당하지 아니하는 것을 말한다. [건축법 시행령 별표 1【용도별 건축물의 종류】제3조의 5]

① 주택으로 쓰는 층수(지하층은 제외한다)가 3개 층 이하일 것. 다만, 1층의 전부 또는 일부를 필로티 구조로 하여 주차장으로 사용하고 나머지 부분을 주택(주거 목적으로 한정한다) 외의 용도로 쓰는 경우에는 해당 층을 주택의 층수에서 제외한다.
② 1개 동의 주택으로 쓰이는 바닥면적(부설 주차장 면적은 제외한다. 이하 같다)의 합계가 660㎡ 이하일 것.
③ 19세대 (대지 내 동별 세대수를 합한 세대를 말한다) 이하가 거주할 수 있을 것.

▲풀이: B주택(다가구주택)이 건축법상 다가구주택에 해당하지 않는 경우 1세대 다주택에 해당하여 양도하는 A주택은 1세대 1주택 비과세 특례규정을 적용받지 못한다.

주택으로 사용하는 층수가 4개 층 이상에 해당하여 비과세를 부인당하는 경우(양도소득세 등 1억 원 넘게 추징)를 자주 보고 있다. 주의가 필요하다.

14

재건축·재개발 입주권 등을 양도하는 경우

> 재개발·재건축 등 조합원입주권 그 자체는 주택이 아니다. 다른 주택을 양도(취득)할 때 주택의 수에 가산을 하는 것뿐이다.

재개발조합 또는 재건축조합의 조합원이 입주권을 양도하는 경우 그 입주권은 "부동산을 취득할 수 있는 권리"로서 "주택"과는 구별되므로 1세대 1주택에 관한 비과세 규정을 직접 적용하여 양도소득세를 비과세할 수는 없다.

그러나 입주권 비과세 특례규정에 의하여 그 조건에 충족이 되는 조합원입주권을 양도하는 경우에는 "부동산을 취득할 수 있는 권리"임에도 불구하고 입주권 비과세 특례규정을 적용하여 양도소득세를 비과세한다.

조합원입주권의 정의 (소득세법 제88조 9호)

"조합원입주권"이란 「도시 및 주거환경정비 법」 제74조에 따른 관리처분계획의 인가 및 「빈집 및 소규모주택 정비에 관한 특례법」 제29조에 따른 사업시행계획인가로 인하여 취득한 입주자로 선정된 지위를 말한다.

이 경우 「도시 및 주거환경정비 법」에 따른 재건축사업 또는 재개발사업, 「빈집 및 소규모주택 정비에 관한 특례법」에 따른 자율주택정비사업, 가로주택정비사업, 소규모재건축사업 또는 소규모재개발사업을 시행하는 정비사업 조합의 조합원(같은 법 제22조에 따라 주민합의체를 구성하는 경우에는 같은 법 제2조 제6호의 토지 등 소유자를 말한다)으로서 취득한 것(그 조합원으로부터 취득한 것을 포함한다)으로 한정하며, 이에 딸린 토지를 포함한다.

조합원 입주권을 양도하는 경우

소득세법 제89조
1항 4호

재개발·재건축 등 조합원입주권 그 자체는 주택이 아니다. 다른 주택을 양도(취득)할 때 주택의 수에 가산을 하는 것일 뿐이다.

1. 조합원입주권 비과세 특례

다음의 조건을 모두 충족하는 조합원입주권을 양도하는 경우에 한하여 입주권 비과세 특례규정을 적용하여 양도소득세를 비과세한다.

❶ 관리처분계획의 인가(인가일 전에 기존주택이 철거되는 때에는 기존주택의 철거일)일 현재 1세대 1주택 비과세 요건을 충족하였을 것[52]

❷ 양도일 현재 다른 주택·입주권 또는 분양권을 보유하지 아니할 것

---

52) 관리처분계획인가일 이후에도 계속 주택으로 사용하면서 거주를 한 경우에는 철거일 현재 비과세 요건을 충족했으면 된다.

❸ 양도일 현재 1조합원입주권 외에 1주택을 보유한 경우(분양권을 보유하지 아니하는 경우로 한정한다)로서 해당 1주택을 취득한 날부터 3년 이내에 해당 조합원입주권을 양도할 것.

관련 규정 | 소득세법 제89조 【비과세 양도소득】

① 다음 각호의 소득에 대해서는 양도소득에 대한 소득세(이하 "양도소득세"라 한다)를 과세하지 아니한다. (2009. 12. 31. 개정)

4. 조합원입주권을 1개 보유한 1세대[「도시 및 주거환경정비 법」제74조에 따른 관리처분계획의 인가일 및 「빈집 및 소규모주택 정비에 관한 특례법」제29조에 따른 사업시행계획인가일(인가일 전에 기존주택이 철거되는 때에는 기존주택의 철거일) 현재 제3호 가목에 해당하는 기존주택을 소유하는 세대]가 다음 각 목의 어느 하나의 요건을 충족하여 양도하는 경우 해당 조합원입주권을 양도하여 발생하는 소득. 다만, 해당 조합원입주권의 양도 당시 실지거래가액이 12억 원을 초과하는 경우에는 양도소득세를 과세한다. (2021.12.08. 개정; 법률 제18578호 부칙 제1조 2021.12.08. 시행)

가. 양도일 현재 다른 주택 또는 분양권을 보유하지 아니할 것** (2021.12.08. 개정)
나. 양도일 현재 1조합원입주권 외에 1주택을 보유한 경우(분양권을 보유하지 아니하는 경우로 한정한다*)로서 해당 1주택을 취득한 날부터 3년 이내에 해당 조합원입주권을 양도할 것(3년 이내에 양도하지 못하는 경우로서 대통령령으로 정하는 사유에 해당하는 경우를 포함한다) (2021.12.08. 개정)

즉, 2022.01.01. 前에 취득한 조합원입주권을 보유하고 있는 경우로서 그 세대가 '22.01.01. 이후에 취득한 분양권을 보유하고 있는 경우에도 그 입주권은 입주권 비과세 특례규정을 적용받을 수 있다.

---

* ** 분양권('22.01.01. 이후 취득하는 분양권을 말한다)을 보유하지 않아야 하는 조건은 2022.01.01. 이후 취득하는 조합원입주권부터 적용한다.

사례 1   관리처분계획인가일 현재 1세대 1주택 비과세 요건을 충족한 경우

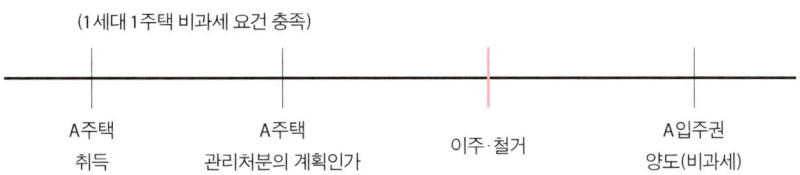

▲ 풀이: 해당 입주권을 양도하여 발생하는 양도소득에 대해서는 1세대 1주택으로 비과세한다.

> 주의   주택입주권을 2개(1+1) 보유하고 있는 경우에는 입주권 비과세 특례규정을 적용받을 수 없다.

양도하는 입주권의 양도가액이 12억 원을 초과하는 경우 12억 원을 초과하는 소득금액은 1세대 1주택 비과세 규정을 적용받지 못한다. 즉, 과세

사례 2   관리처분계획인가일 현재 비과세 요건을 충족하지 못한 경우

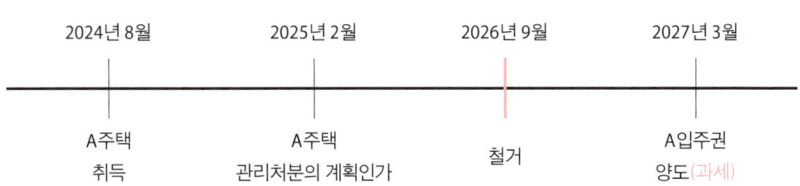

▲ 풀이: 해당 입주권은 입주권 비과세 특례규정을 적용받지 못한다.

> 그러나 철거일 이전까지 주택으로 실지 사용을 한 경우에는 철거일 이전까지 비과세 요건을 충족하였으면 비과세가 가능하다.

사례 3   A입주권을 보유한 상태에서 새로운 주택(B)을 취득한 경우

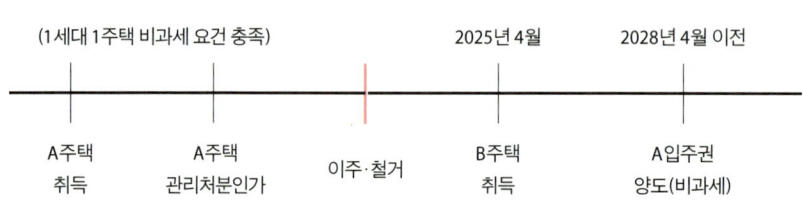

▲ 풀이: 해당 입주권을 양도하여 발생하는 양도소득에 대해서는 이를 1세대 1주택으로 보아 비과세한다. (일시적 2주택 비과세)

사례 4   관리처분계획인가일 현재 2주택(A, B)을 보유한 경우로서 새로운 주택(B)을 취득한 날부터 3년 이내에 A입주권을 양도하는 경우

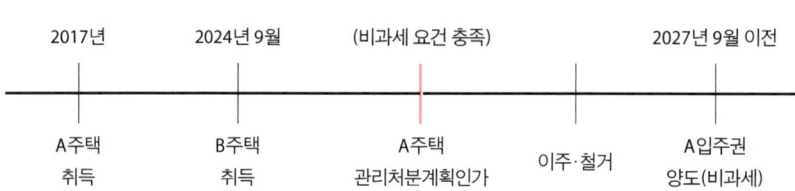

▲ 풀이: 해당 입주권을 양도하여 발생하는 양도소득에 대해서는 이를 1세대 1주택으로 보아 비과세한다. (일시적 2주택 비과세)

사례 5　관리처분계획인가일 현재 2주택을 보유한 경우

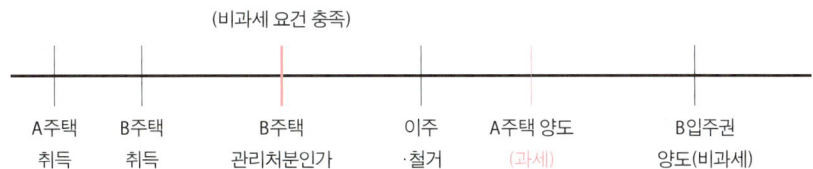

▲ 풀이: 관리처분계획인가일 현재 2주택을 보유한 경우에도 관리처분계획의 인가일 현재 비과세 요건을 충족하였고 조합원입주권을 양도하기 이전에 A주택을 양도하였으므로 B입주권 양도소득에 대해서는 1세대 1주택으로 비과세한다.

새로운 주택을 취득한 날부터 3년 이내에 조합원입주권을 양도하지 못하는 경우로서 '대통령령으로 정하는 사유'란 다른 주택을 취득한 날부터 3년이 되는 날 현재 다음 각호의 어느 하나에 해당하는 경우를 말한다. (소득세법 시행령 제155조 ⑱)

1. 「한국자산관리공사 설립 등에 관한 법률」에 따른 한국자산관리공사에 매각을 의뢰한 경우 (2022.02.17. 개정)

2. 법원에 경매를 신청한 경우

3. 「국세징수법」에 따른 공매가 진행 중인 경우

4. 재개발사업, 재건축사업 또는 소규모재건축사업 등의 시행으로 「도시 및 주거환경정비법」 제73조 또는 「빈집 및 소규모주택 정비에 관한 특례법」 제36조에 따라 현금으로 청산을 받아야 하는 토지 등 소유자가 사업시행자를 상대로 제기한 현금청산금 지급을 구하는 소송절차가 진행 중인 경우 또는 소송절차는 종료되었으나 해당 청산금을 지급받지 못한 경우 (2022.02.15. 개정)

5. 재개발사업, 재건축사업 또는 소규모재건축사업 등의 시행으로 「도시 및 주거환경정

비 법」제73조 또는 「빈집 및 소규모주택 정비에 관한 특례법」제36조에 따라 사업시행자가 「도시 및 주거환경정비 법」제2조 제9호 또는 「빈집 및 소규모주택 정비에 관한 특례법」제2조 제6호에 따른 토지 등 소유자(이하 이 호에서 "토지 등 소유자"라 한다)를 상대로 신청·제기한 수용재결 또는 매도청구소송 절차가 진행 중인 경우 또는 재결이나 소송절차는 종료되었으나 토지 등 소유자가 해당 매도대금 등을 지급받지 못한 경우 (2022.02.15. 개정)

사례 6
관리처분계획인가일 현재 주택임대사업자 등의 거주주택 비과세 판정 시 주택의 수에서 제외하고 있는 장기임대주택을 보유하고 있는 경우

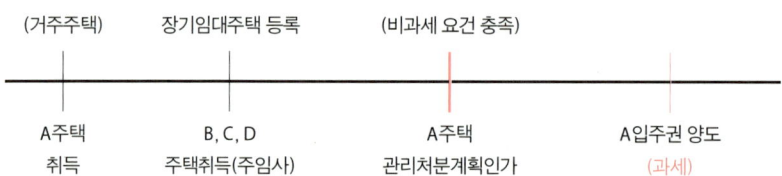

▲ 풀이: 관리처분계획인가일 이전에 A주택을 양도하면 주택임대사업자 등의 거주주택으로 비과세가 가능하지만, 관리처분계획인가일 이후에 A조합원입주권을 양도하는 경우에는 입주권 비과세 특례규정이 적용되지 않는 것이다.(법령해석과-830, 2020.03.19.)

서면인터넷방문상담4팀-1690, 2004.10.22.

재건축아파트입주권 양도일 현재 당해 입주권 이외에 동법 시행령 제155조 제7항에서 규정하는 이농주택 또는 귀농주택을 별도 소유하고 있는 경우에는 양도일 현재 다른 주택이 있는 경우에 해당하여 양도하는 재건축아파트 입주권은 1세대 1주택 양도소득세 비과세대상에 해당되지 아니하는 것입니다.

| 사례 7 | 관리처분계획인가일 현재 거주자의 소유주택으로 보지 않는 조세특례제한법 미분양 주택 등을 보유하고 있는 경우 |

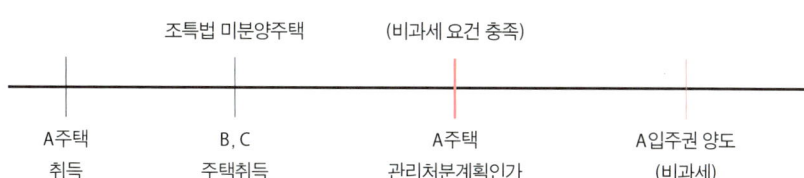

▲ 풀이: 거주자의 소유주택으로 보지 않는 조세특례제한법 미분양주택은 소유자의 주택에서 제외하고 입주권 비과세 특례규정을 적용한다. 즉, 해당 입주권을 양도하여 발생하는 양도소득에 대해서는 이를 1세대 1주택으로 보아 비과세한다.

서일46014-11681, 2003.11.24.

양도일 현재 다른 주택이 없는 경우에는 이를 제154조 제1항의 규정에 의한 1세대 1주택으로 보아 양도소득세를 비과세하는 것임. 상기의 1세대 1주택의 특례를 적용함에 있어 조세특례제한법 제98조 제1항의 규정에 해당하는 미분양주택은 소유주택에서 제외하여 판단하는 것임.

| 사례 8 | 혼인으로 일시적 2주택 된 상태에서 기존 1주택이 관리처분의 계획인가로 입주권으로 전환이 된 후에 새로운 주택을 취득한 경우 |

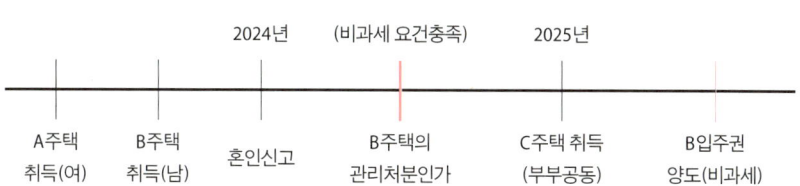

▲ 풀이: C주택을 취득한 날부터 3년 이내에 B입주권을 양도하는 경우 해당 입주권을 양도하여 발생하는 양도소득에 대해서는 이를 1세대 1주택으로 보아 비과세한다.

소득세법 제89조 1항 4호에서 말하고 있는 '분양권을 보유하지 아니하는 경우'

4. 조합원입주권을 1개 보유한 1세대[「도시 및 주거환경정비 법」 제74조에 따른 관리처분계획의 인가일 및 「빈집 및 소규모주택 정비에 관한 특례법」 제29조에 따른 사업시행계획인가일(인가일 전에 기존주택이 철거되는 때에는 기존주택의 철거일) 현재 제3호 가목에 해당하는 기존주택을 소유하는 세대]가 다음 각 목의 어느 하나의 요건을 충족하여 양도하는 경우 해당 조합원입주권을 양도하여 발생하는 소득. 다만, 해당 조합원입주권의 양도 당시 실지거래가액이 12억 원을 초과하는 경우에는 양도소득세를 과세한다. (2021.12.08. 개정; 법률 제18578호 부칙 제1조 2021.12.08. 시행)

가. 양도일 현재 다른 주택 또는 분양권을 보유하지 아니할 것.
나. 양도일 현재 1조합원입주권 외에 1주택을 보유한 경우(분양권을 보유하지 아니하는 경우로 한정한다)로서 해당 1주택을 취득한 날부터 3년 이내에 해당 조합원입주권을 양도할 것(3년 이내에 양도하지 못하는 경우로서 대통령령으로 정하는 사유에 해당하는 경우를 포함한다)

부 칙 (2021.12.08. 법률 제18578호)

제1조【시행일】

이 법은 2022년 1월 1일부터 시행한다. 다만, 다음 각호의 개정규정은 각호의 구분에 따른 날부터 시행한다.

제7조【비과세 양도소득 등에 관한 적용례 등】
① 제88조 제9호 후단 및 제89조 제2항 단서의 개정규정은 이 법 시행 이후 취득하는 조합원입주권부터 적용한다.
② 이 법 시행 전에 취득한 종전의 제88조 제9호에 따른 조합원입주권의 양도소득 비과세 요건에 관하여는 제89조 제1항 제4호 가목 및 나목의 개정규정에도 불구하고 종전의 규정에 따른다.
③ 이 법 시행 이후 취득하는 조합원입주권의 양도소득 비과세 요건과 관련하여 제89조 제1항 제4호 가목 및 나목의 개정규정을 적용하는 경우 2022년 1월 1일 이후에 취득한 분양권을 대상으로 한다.
④ 제89조 제1항 제3호의 개정규정은 같은 개정규정의 시행일 이후 양도하는 주택부터 적용한다.
⑤ 제89조 제1항 제4호 각 목 외의 부분 단서의 개정규정은 같은 개정규정의 시행일 이후 양도하는 조합원입주권부터 적용한다.

| 사례 9 | 입주권과 새로 취득한 1개의 주택 그리고 '22.01.01. 이후 취득한 C분양권을 보유하고 있는 경우 |

☐ 관리처분계획의 인가일은 2021.12.31. 이전

▲ 풀이: 관리처분계획인가일이 2022.01.01. 이전이므로 A입주권 비과세 판정 시 C분양권은 무시한다. 즉, A입주권은 입주권 비과세 특례규정을 적용받는다.

| 사례 9-① | 2022.01.01. 이전에 취득한 B분양권을 보유하고 있는 경우 |

☐ 관리처분계획의 인가일은 2022.01.01. 이후

▲ 풀이: 관리처분계획인가일이 2022.01.01. 이후 이지만 A입주권 비과세 판정 시 B분양권은 무시한다. 그 이유는 B분양권은 2022.01.01. 이전에 취득한 분양권이므로. 즉, A입주권은 입주권 비과세 특례규정을 적용받는다.

사업시행기간 중 취득한 대체주택 양도 시 비과세

소득세법 시행령 제156조의 2 ⑤

1. 대체주택 비과세 특례

재건축 등 사업시행기간 중에 거주할 다른 주택(이하 "대체주택"이라 한다)을 취득하여 일정 요건을 충족한 상태에서 그 대체주택을 양도하는 경우에는 이를 1세대 1주택으로 보아 1세대 1주택 비과세를 적용하고 있다.
이 경우 소득세법 시행령 제154조 제1항(1세대 1주택 비과세)의 보유기간 및 거주기간의 제한을 받지 않는다.

> **관련 규정 | 소득세법 시행령 제156조의 2**
>
> ⑤ 국내에 1주택을 소유한 1세대가 그 주택(이하 '기존주택'이라 한다)에 대한 재개발사업, 재건축사업 또는 소규모재건축사업 등의 시행 기간 동안 거주하기 위하여 대체주택을 취득한 경우로서 다음 각호의 요건을 모두 갖추어 대체주택을 양도하는 때에는 이를 1세대 1주택으로 보아 1세대 1주택 비과세를 적용한다. 이 경우 제154조 제1항(1세대 1주택 비과세)의 보유기간 및 거주기간의 제한을 받지 않는다.

1. 재개발사업, 재건축사업 또는 소규모재건축사업 등의 사업시행인가일 이후 대체주택을 취득하여 1년 이상 거주할 것.

2. 재개발사업, 재건축사업 또는 소규모재건축사업 등의 관리처분계획 등에 따라 취득하는 주택이 완성된 후 3년[53] 이내에 그 주택으로 세대 전원이 이사(기획재정부령으로 정하는 취학, 근무상의 형편, 질병의 요양, 그밖에 부득이한 사유로 세대원 중 일부가 이사하지 못하는 경우를 포함한다)하여 1년 이상 계속하여 거주할 것. 다만, 주택이 완성된 후 3년[53] 이내에 취학 또는 근무상의 형편으로 1년 이상 계속하여 국외에 거주할 필요가 있어 세대 전원이 출국하는 경우에는 출국 사유가 해소(출국한 후 3년 이내에 해소되는 경우만 해당한다)되어 입국한 후 1년 이상 계속하여 거주해야 한다. (2023.02.28. 개정)

3. 재개발사업, 재건축사업 또는 소규모재건축사업 등의 관리처분계획 등에 따라 취득하는 주택이 완성되기 전 또는 완성된 후 3년[53] 이내에 대체주택을 양도할 것. (2023.2.28. 개정)

대체주택 비과세 특례규정을 쉽게 풀어본다면

① 기존주택을 관리처분계획인가일 이전에 취득하였을 것. (원조합원)

- ▫ 기존주택을 사업시행인가일 이후에 취득한 경우에도 대체주택 비과세 규정을 적용받을 수 있다.

② 기존주택을 취득한 이후에 대체주택을 취득하였을 것.

- ▫ 기존주택의 사업시행인가일 이후에 대체주택을 취득할 것
- ▫ 기존주택의 관리처분계획인가일 이후에 대체주택을 취득해도 상관없다.

---

53) 3년: 2023년 1월 12일 이후 주택을 양도하는 경우부터 적용한다. 다만, 2023년 1월 12일 전에 주택을 양도한 경우에는 종전 규정(2년)을 적용한다. (부칙, 2023.02.28. 대통령령 제33267호)

③ 대체주택을 취득하여 그 대체주택에서 세대 전원이 1년 이상 거주할 것.
④ 재건축사업 등의 관리처분계획 등에 따라 취득하는 주택이 완성된 후 3년 이내에 그 주택으로 세대 전원이 이사(기획재정부령으로 정하는 취학, 근무상의 형편, 질병의 요양, 그밖에 부득이한 사유로 세대원 중 일부가 이사하지 못하는 경우를 포함한다)하여 1년 이상 계속하여 거주할 것.
⑤ 재건축사업 등의 관리처분계획 등에 따라 취득하는 주택이 완성되기 전 또는 완성된 후 3년 이내에 대체주택을 양도할 것.

사례 1   재건축 주택이 완성되기 이전에 대체주택을 먼저 양도하는 경우

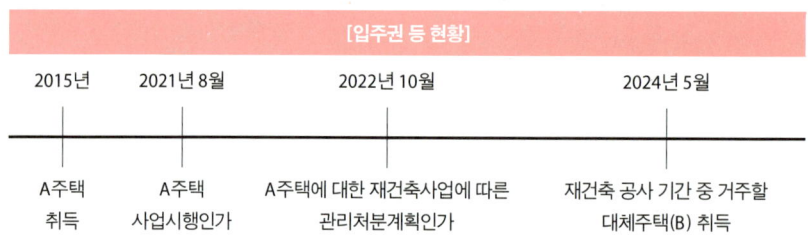

□ 대체주택에서 1년 이상 거주 등 다른 요건은 모두 충족한다는 전제

▲ 풀이: 재건축사업 등의 관리처분계획 등에 따라 취득하는 A주택이 완성되기 이전에 대체주택(B)을 먼저 양도하는 경우 대체주택으로 비과세가 가능하다. 과세당국에서는 사후관리*를 하게 된다.

사례 2 재건축사업으로 조합원입주권을 2개(1+1) 취득한 경우에도 사업시행기간 중 취득한 대체주택을 양도하는 경우 1세대 1주택 비과세 적용 여부

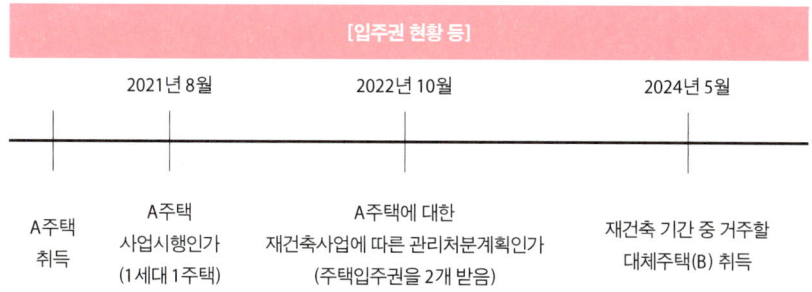

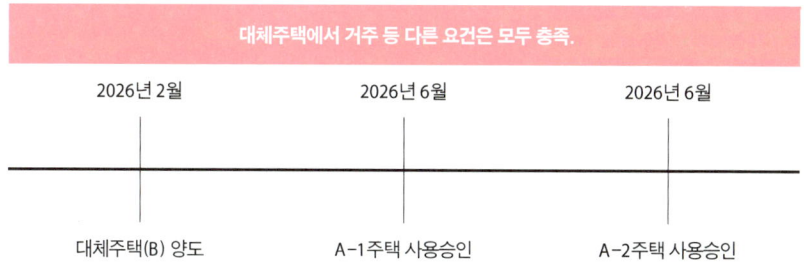

▲ 풀이: "1+1 재건축사업"으로 종전 1주택 대신 입주권 2개 취득한 경우 소득세법 시행령 제156의 2 제5항에 따른 대체주택 비과세 규정이 적용되지 않는다. 서면-2018-법령해석재산-3798 (2019.09.03.)

*사후관리: 재건축사업 등의 관리처분계획 등에 따라 취득하는 주택이 완성된 후 3년 이내에 그 주택으로 세대 전원이 이사하여 1년 이상 계속하여 거주하였는지

법규과-1032, 2024.10.29.

귀 사전답변의 사실관계와 같이, 「소득세법 시행령」 제156조의 2 제5항을 적용함에 있어 기획재정부 새로운 해석 [재산세과-1270(2023. 10. 23)] 이전에 취득한 대체주택의 경우에도 대체주택 취득일 현재 2주택을 소유한 경우에는 해당 특례규정이 적용되지 않는 것입니다.

기획재정부 재산세제과-1270, 2023.10.23.

「소득세법 시행령」 제156조의 2 제5항(이하 "특례규정"이라 한다)은 대체주택 취득일을 기준으로 1주택을 소유한 1세대인 경우에 적용되는 것이며, 귀 질의와 같이 대체주택 취득일 현재 2주택 이상을 소유한 경우에는 해당 특례규정이 적용되지 않는 것입니다. 동 해석은 회신일 이후 결정·경정하는 분부터 적용됩니다. 끝.

법규 재산-2817, 2023.11.10.

귀 서면질의의 경우, 기획재정부 재산세제과-1270, 2023.10.23.를 참고하시기 바라며, 국내에 1주택을 소유한 1세대(A)가 그 주택에 대한 재건축사업의 시행 기간 동안 거주하기 위하여 대체주택(C)을 취득한 경우로서, 대체주택(C) 취득일 현재 재건축 대상 주택 외 다른 주택이 없는 경우의 C 주택은 「소득세법 시행령」 제156조의 2 제5항에 따른 1세대 1주택자가 취득한 대체주택에 해당하는 것입니다.

사례 3   순수한 주택이 아닌 다른 입주권(B)을 대체주택으로 취득하여 B입주권에 따라 완성된 대체주택(B)을 양도하는 경우

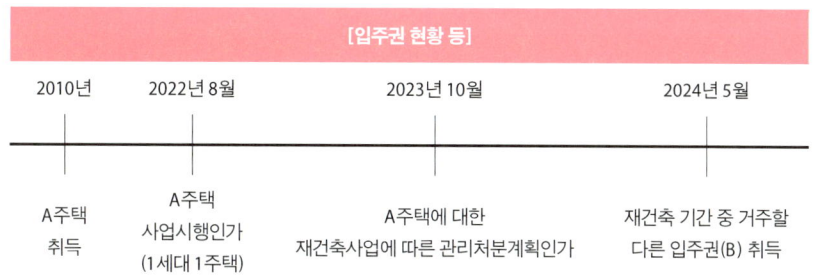

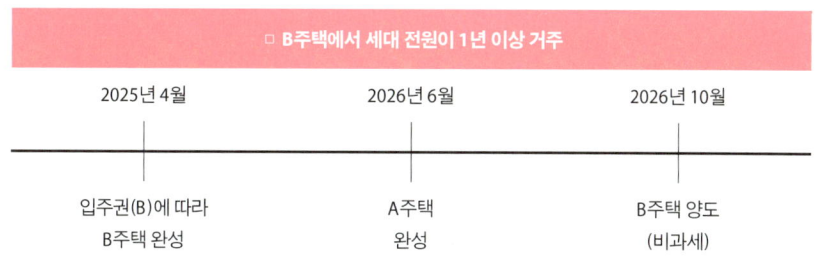

▫ 재건축사업 등의 관리처분계획 등에 따라 취득하는 A주택이 완성된 후 3년 이내에 그 주택으로 세대 전원이 이사하여 1년 이상 계속하여 거주한다는 전제

▲ 풀이: 순수한 주택이 아닌 다른 입주권(B)을 대체주택으로 취득하여 B주택이 먼저 완성이 되어 B주택에서 1년 이상 거주요건을 충족한 후 양도하는 경우에는 대체주택으로 비과세가 가능하다.

(참고) 기획재정부 재산세제과-110, 2008.01.24.

> 주의   B주택보다 A주택이 먼저 완성이 되는 경우에는 대체주택 비과세 특례규정을 적용받지 못한다. 대체주택의 취득일은 대체주택(B)의 사용승인일이다.
> (참고) 조심 2008-서-2973, 2009.01.19.

부동산납세과-946, 2022.04.18.

사업시행인가일 현재 일시적 2주택(A, B)인 경우로서 대체주택(C) 취득 전에 종전주택(A)을 양도하고 같은 영 제155조 제1항에 따른 일시적 2주택에 해당하여 같은 영 제154조 제1항에 따라 비과세를 적용받는 경우

재건축 대상 주택(B)의 재건축 사업시행기간 동안 거주하기 위하여 취득한 대체주택(C)은 특례규정에서 정하는 다른 요건을 충족할 경우 해당 규정을 적용받을 수 있는 것입니다.

기획재정부 재산세제과-1470, 2024.12.30.

대체주택 취득일 현재 2주택(농어촌주택과 재개발주택)을 보유한 경우 대체주택 특례 적용 가능 여부

「소득세법 시행령」제155조 제7항에 따른 농어촌주택과 일반주택을 각각 1개씩 보유한 1세대가 일반주택의 재개발사업 시행 기간 동안 거주하기 위하여 다른 주택을 취득한 경우에는 「소득세법 시행령」제156조의2 제5항 규정이 적용되는 것입니다.

사례 3-1   사례 3번과 같은 경우로서 A주택과 B주택의 완성 순서만 다르다

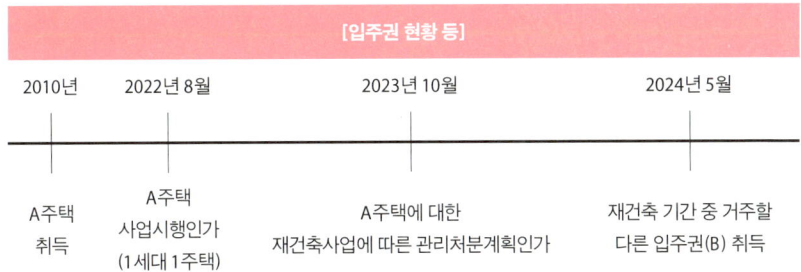

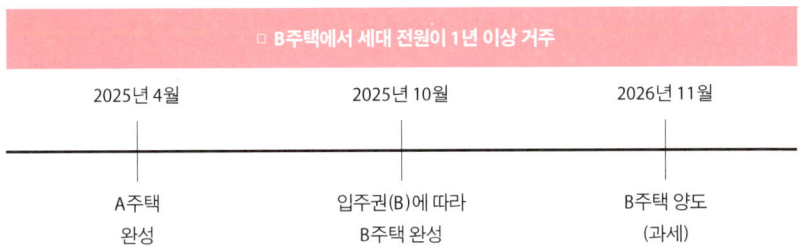

☐ 재건축사업 등의 관리처분계획 등에 따라 취득하는 A주택이 완성된 후 3년 이내에 그 주택으로 세대 전원이 이사하여 1년 이상 계속하여 거주를 한다는 전제

▲ 풀이: 대체주택(B)의 취득일은 2025년 10월이다. A주택이 먼저 완성이 되었으므로 B주택(대체주택)은 A주택의 재건축 등이 완료된 이후에 취득한 경우에 해당한다. 즉, B주택은 대체주택 비과세 특례규정을 적용받지 못한다.

대체주택(B)의 취득 시기는 대체주택(B)의 사용승인일이다.

(참고) 조심 2008-서-2973, 2009.01.19.

사례 4 공공임대주택의 분양전환에 따라 취득한 주택이 대체주택에 해당하는지

* 민간임대주택에 관한 특별법」에 따른 민간건설임대주택이나「공공주택 특별법」에 따른 공공건설임대주택 또는 공공매입임대주택 (소세령 제154조 제1항 1호)

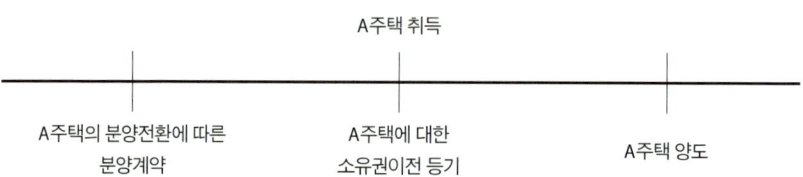

▫ 다른 조건은 모두 충족한다는 전제

▲ 풀이: 재개발사업의 시행 기간 동안 거주를 위하여 분양전환으로 공공임대주택을 대체주택으로 취득한 경우에도 소득세법 시행령 제156조의2 제5항(대체주택 비과세 특례규정)을 적용할 수 있다.

(참고) 서면-2021-법규재산-6731, 2024.09.23.

15

취득세

□ **국민기초생활보장법상 기준 중위소득 (월)**

연도	1인 가구	2인 가구	3인 가구	4인 가구	5인 가구
2023년 (40%)	2,077,892원 (831,157)	3,456,155원 (1,382,462)	4,434,816원 (1,773,926)	5,400,964원 (2,160,386)	6,330,688원 (2,532,275)
2024년 (40%)	2,228,445원 (891,378)	3,682,609원 (1,473,044)	4,714,657원 (1,885,863)	5,729,913원 (2,291,965)	6,695,735원 (2,678,294)
2025년 (40%)	2,392,013원 (956,805)	3,932,658원 (1,573,063)	5,025,353원 (2,010,141)	6,097,773원 (2,439,109)	7,108,192원 (2,843,276)

주택에 대한 취득세

다주택자 취득세 중과(8%, 12%) 규정이 생기면서 취득세도 양도소득세만큼 상당히 복잡하게 되어있다. 주택을 유상으로(매매) 취득하는 경우 과세표준 금액별로 1%·2%·3%의 취득세 세율이 적용되었으나,

2020년부터 6억 원~9억 원에 해당하는 구간은 1%~3%(0.01% 단위)로 세분화가 되었으며,

2020.08.12. 이후부터는 보유하고 있는 주택의 수에 따라서 새로 취득하는 주택의 취득세 세율은 8%, 12%로 중과되고 있다. (지방교육세 및 농어촌특별세 별도)

취득세 중과 폐지 등 아래 개선안이 입법예고 등 절차를 거친 후 국회에서 통과·처리가 되는 경우에는 그 개정되는 내용을 우선으로 합니다.

① 2022년 12월: 정부에서 취득세 3주택 중과 인하 및 2주택 중과 폐지 개선안을 발표
② 2025년 3월: 다주택자가 지방 주택을 추가로 취득하는 경우 취득세 중과를 폐지하겠다는 개선안을 정부 여당에서 발표

◆ 부동산 유상취득 시 취득세 과세표준 기준

구 분	2022.12.31. 이전	2023년 이후
과세표준	취득가액과 시가표준액 중 더 큰 금액	사실상의 취득가액 (법인이 취득하는 경우 공인중개사에게 지불한 중개보수료도 취득세 과세표준에 산입한다)

Check Point

취득세 중과판정 시 주거용 오피스텔 분양권은 주택의 수에 가산하지 않는다. 그러나 주택분양권과 조합원입주권은 주택의 수에 가산하고 있다. 다만, 2020. 08. 12. 이후 취득하는 주택분양권 등*부터

---

* 2020.08.11. 이전에 계약한 분양권·조합원입주권을 2020.08.12. 이후에 취득한 경우에도 해당 주택분양권과 조합원입주권은 주택의 수에 포함하지 않는다.

1. 주택 유상거래 취득세 세율

취득세와 등록세로 구분이 되었던 것을 2011년부터 등록세가 취득세로 통합되었다.

1) 표준세율

구분	전용 면적	
	85㎡ 이하	85㎡ 초과
취득세	4%	4%
농특세**	-	0.2%
교육세***	0.4%	0.4%
합 계	4.4%	4.6%

2) 주택 취득세 세율 〈기준 : 취득가액〉

구분	6억 원 이하		6억 초과~9억 이하		9억 원 초과	
	85㎡ 이하	85㎡ 초과	85㎡ 이하	85㎡ 초과	85㎡ 이하	85㎡ 초과
취득세	1%	1%	1.01%~2.99%		3%	3%
농특세	-	0.2%	-	0.2%	-	0.2%
교육세	0.1%	0.1%	0.10%~0.29%		0.3%	0.3%
합 계	1.1%	1.3%	1.11%~3.49%		3.3%	3.5%

** 표준세율을 2%로 하여 그 2%의 10%
*** 각 취득세의 10%

非 조정지역에 2주택(A, B)을 보유하고 있는 1세대가 非 조정지역 내 분양권(C)을 취득한 경우로서

C 분양권에 의한 신축 아파트를 등기할 때 취득세 세율은 ⇨ 8.4% (9.0%)

(주의1) C 분양권의 분양 대금 잔금을 완납하기 이전에 보유하고 있던 주택을 처분한다고 해도 취득세는 중과된다. 그러나 중과세를 피하는 방법(배우자 등에게 증여)이 전혀 없는 것은 아니다.

(주의2) 지방세법 시행령 개정으로 2025.1.1. 이후 '최초'로 취득하는 분양권은 위에서 말하는 그 방법으로도 불가능하다.

3) 2020.08.12. 이후 주택 유상 거래 취득 시 취득세 중과

※ 2020. 07. 10. 이전에 계약(분양 및 분양권 포함)하고 계약금을 지급한 사실이 증빙서류로 확인이 되는 주택은 취득세를 중과하지 않는다.

구분	2주택			3주택			
	조정대상지역		비 조정지역	조정대상지역		비 조정지역	
	85㎡↓	85㎡↑	85㎡↑	85㎡↓	85㎡↑	85㎡↓	85㎡↑
취득세	8%	8%	2번) 세율	12%	12%	8%	8%
농특세	–	0.6%		–	1%	–	0.6%
교육세*	0.4%	0.4%		0.4%	0.4%	0.4%	0.4%
합 계	8.4%	9.0%	1.1~3.5%	12.4%	13.4%	8.4%	9.0%
'22년 발표 정부 개정안	1.1%~3.5%			50% 인하		50% 인하	

'22년 발표 정부 개정안은 말 그대로 개정안이다. 2025년 8월 현재까지도 법 개정이 되지 않았으며, 국회문턱을 넘어야 가능하다.

조정대상지역 지정고시일 이전에 주택에 대한 매매계약(공동주택 분양계약을 포함한다)을 체결한 경우(다만, 계약금을 지급한 사실 등이 증빙서류에 의하여 확인되는 경우에 한정한다)에는 조정대상지역으로 지정되기 전에 주택을 취득한 것으로 본다.

> 시가표준액 1억 원** 이하의 주택(단, 재개발 등 정비구역은 중과) 등 시행령에서 말하는 일시적 2주택 및 취득세 중과에서 제외되는 주택 등은 다주택 여부와 상관없이 취득세를 중과하지 않는다.

---

* 1) 표준세율 취득세(4%)의 10%

** 「수도권정비계획법」 제2조 제1호에 따른 수도권 외의 지역에 소재하는 주택은 시가표준액 2억 원 이하의 주택으로 상향되었다 (지방세법 시행령 개정)

① 법인이 취득하는 경우 또는 개인(지역 구분 없음) 4주택 이상

전용면적 85㎡ 이하 : 12.4%

전용면적 85㎡ 초과 : 13.4%

'22년 발표 정부 개정안 : 개인 4주택 이상 50% 인하

> **Tip**
> 주택의 수 및 지역에 따라 달라지는 주택 취득세 세율

신규주택을 취득한 날부터 3년 이내에 종전주택을 처분하는 경우 취득세를 중과하지 않는다. (일시적 2주택 취득세 중과 제외)

지역 구분 없이 1주택 소유하고 있는 1세대가 非 조정지역 내 1주택을 추가로 구입하는 경우 ⇨ 1.1%~3.5%

非 조정지역에 1주택을 소유하고 있는 1세대가 조정대상지역 내 1주택을 추가로 구입하는 경우 ⇨ 8.4% (9.0%)

조정대상지역 지정고시일 이전에 주택에 대한 매매계약(공동주택 분양계약을 포함한다)을 체결한 경우(다만, 계약금을 지급한 사실 등이 증빙서류에 의하여 확인되는 경우에 한정한다)에는 조정대상지역으로 지정되기 전에 주택을 취득한 것으로 본다.

조정대상지역에 1주택을 소유하고 있는 1세대가 조정대상지역 내 1주택을 추가로 구입하는 경우 ⇨ 8.4% (9.0%)

지역 구분 없이 2주택을 소유하고 있는 1세대가 非 조정지역 내 1주택을 추가로 구입하는 경우 ➪ 8.4% (9.0%)

지역 구분 없이 2주택을 소유하고 있는 1세대가 조정대상지역 내 1주택을 추가로 구입하는 경우 ➪ 12.4% (13.4%)

지역 구분 없이 3주택을 소유하고 있는 1세대가 非 조정지역 내 1주택을 추가로 구입하는 경우 12.4% (13.4%)

2. 1세대의 기준 (지방세법 시행령 제28조의 3)

특이하게 지방세법에서는 실지현황이 아닌 형식으로 1세대를 판정하고 있다. 형식으로 1세대를 판정한다고? 이게 무슨 뜻일까?

예를 들어 30세 이상(30세 미만 성인 미혼의 경우 소득요건을 충족한 경우) 자녀와 부모가 함께 같은 주소지에서 같이 거주를 하고 있지만, 주민등록표에는 아들과 부모가 분리되어 있으면 지방세법에서는 각각 별도 세대로 본다. 그러나 소득세법에서는 동일세대(1세대)로 본다.

사례 1   자녀와 부모는 같은 주소지에서 거주하고 있지만 주민등록표에는 자녀와 부모가 분리가 되어 있는 경우

(자녀와 부모는 함께 같은 주소지에서 거주하고 있다)

▲풀이: C주택 취득일 현재 주민등록표에는 자녀와 부모가 분리되어 있으므로 각각 별도 세대로 본다. 즉, 자녀가 취득하는 C주택은 취득세 중과 대상이 아니다.

관련 규정 | 지방세법 시행령 제28조의 3【세대의 기준】

① 법 제13조의 2 제1항부터 제4항까지의 규정을 적용할 때 1세대란 주택 취득일 현재 주택을 취득하는 사람과 「주민등록법」 제7조에 따른 세대별 주민등록표(이하 이 조에서 "세대별 주민등록표"라 한다) 또는 「출입국관리법」 제34조 제1항에 따른 등록외국인기록표 및 외국인등록표(이하 이 조에서 "등록외국인기록표등"이라 한다)에 함께 기재되어 있는 가족(동거인은 제외한다)으로 구성된 세대를 말하며 주택을 취득하는 사람의 배우자(사실혼은 제외하며, 법률상 이혼을 했으나 생계를 같이 하는 등 사실상 이혼한 것으로 보기 어려운 관계에 있는 사람을 포함한다. 이하 제28조의 6에서 같다), 취득일 현재 미혼인 30세 미만의 자녀 또는 부모(주택을 취득하는 사람이 미혼이고 30세 미만인 경우로 한정한다)는 주택을 취득하는 사람과 같은 세대별 주민등록표 또는 등록외국인기록표 등에 기재되어 있지 않더라도 1세대에 속한 것으로 본다. (2020.8.12. 신설) (2024.12.31. 개정)
② 제1항에도 불구하고 다음 각호의 어느 하나에 해당하는 경우에는 각각 별도의 세대로 본다. (2020.08.12. 신설)

1. 부모와 같은 세대별 주민등록표에 기재되어 있지 않은 30세 미만의 자녀로서 주택 취득일이 속하는 달의 직전 12개월 동안 발생한 소득으로서 행정안전부장관이 정하는 소득이 「국민기초생활 보장법」에 따른 기준 중위소득을 12개월로 환산한 금액의 100분의 40 이상이고, 소유하고 있는 주택을 관리·유지하면서 독립된 생계를 유지할 수 있는 경우. 다만, 미성년자인 경우는 제외한다. (2021.12.31. 개정)

2. 취득일 현재 65세 이상의 직계존속(배우자의 직계존속을 포함하며, 직계존속 중 어느 한 사람이 65세 미만인 경우를 포함한다)을 동거봉양(同居奉養)하기 위하여 30세 이상의 직계비속, 혼인한 직계비속 또는 제1호에 따른 소득요건을 충족하는 성년인 직계비속이 합가(合家)한 경우 (2023.03.14. 개정)

3. 취학 또는 근무상의 형편 등으로 세대 전원이 90일 이상 출국하는 경우로서「주민등록법」제10조의 3 제1항 본문에 따라 해당 세대가 출국 후에 속할 거주지를 다른 가족의 주소로 신고한 경우

4. 별도의 세대를 구성할 수 있는 사람이 주택을 취득한 날부터 60일 이내에 세대를 분리하기 위하여 그 취득한 주택으로 주소지를 이전하는 경우 (2021.12.31. 신설)

사례 2 주택 취득일 현재 다주택을 보유하고 있는 부모님과 자녀가 같은 1세대인 경우

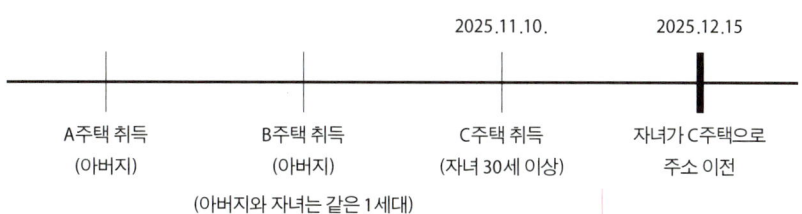

▲풀이: C주택의 취득일 현재 주민등록표상 아버지와 자녀는 같이 기재가 되어있어 같은 1세대로 본다. 그러나 C주택을 취득한 날부터 60일 이내에 자녀가 C주택으로 주소를 이전하였으므로 C주택은 취득세를 중과하지 않는다.

사례 3   주택 취득일 현재 다주택을 보유하고 있는 부모님과 자녀가 같은 1세대인 경우

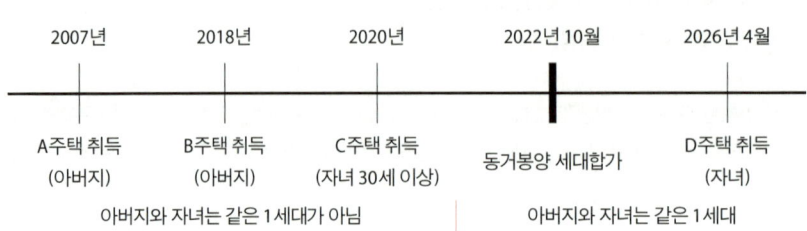

※ 동거봉양 합가일 현재 아버지는 65세 미만
※ D주택 취득일 현재 아버지의 나이는 65세 이상

▲ 풀이: 아버지와 아들은 각각 별도의 1세대로 본다. 즉, 자녀가 취득하는 D주택의 취득세는 중과 대상이 아니다. (나이 기준은 합가 당시가 아니고 D주택 취득일로 한다)

사례 4   각각 2주택을 보유하고 아버지와 아들이 동거봉양으로 합가한 경우

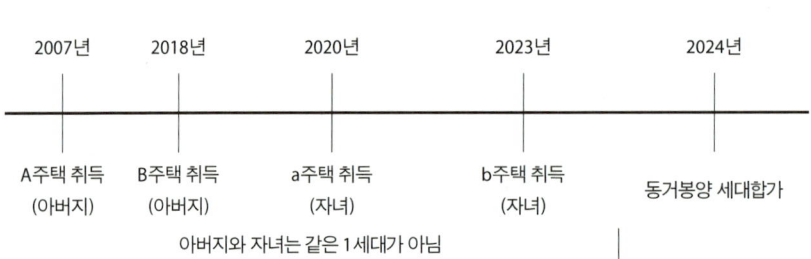

▲ 풀이: 아버지와 자녀는 각각 별도의 1세대로 본다.

사례 5

1. 납세자의 父는 대전 동구에 주소지를 두고 거주하고 있다.

2. 납세자의 아내와 자녀는 대전 중구에 주소지를 두고 거주하고 있다.

3. 납세자와 납세자의 母는 논산시 같은 주소지에 주민등록표가 같이 되어있다.

4. 납세자는 충남 논산시에서 거주하고 있다.

5. 납세자의 母는 배우자와 대전 동구 같은 주소지에서 실지 거주하고 있다.

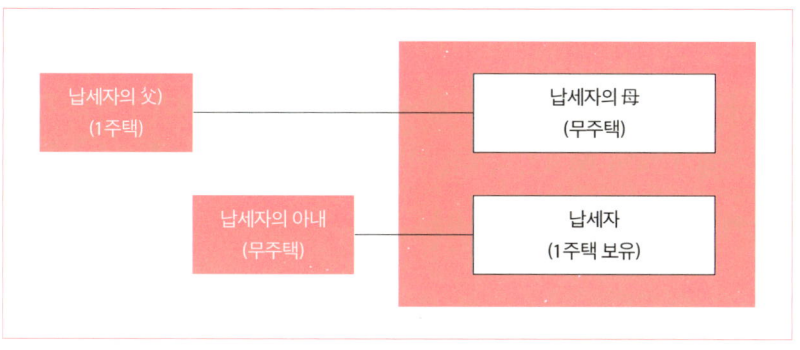

Q. 납세자가 추가로 조정대상지역이 아닌 곳에 있는 1주택을 취득하는 경우 취득세 중과 여부

A. 취득세 중과 대상이 아니다. 그 이유는 다음과 같다.

납세자와 같은 1세대는 납세자의 아내와 자녀(미성년자) 그리고 납세자의 母다. 납세자의 父는 납세자와 같은 1세대가 아니다. 즉, 납세자가 속한 1세대는 1주택을 보유하고 있는 경우에 해당한다.

3. 취득세 중과판정 시 주거용 오피스텔의 주택 수 포함 여부

많은 분들이 잘 못 알고 있다. 소득세법(양도소득세)과 지방세법(취득세)은 글자 그대로 전혀 다르다.

주거용 오피스텔은 취득세 중과판정 시 주택의 수에 포함하지 않는다. 또한 주거용 오피스텔을 취득할 때도 취득세 등 세율은 4.6%.

그러나 2020.08.12. 이후에 취득한 주거용 오피스텔은 얘기가 다르다. 그렇다고 해서 2020. 08. 12. 이후에 취득한 주거용 오피스텔을 무조건 주택의 수에 포함한다는 얘기는 아니다.

소유자가 재산세를 주택으로 변경하여 재산세가 주택으로 과세되는 경우에 한해서만 취득세 중과판정 시 주택의 수로 계산하고 있으며, 그 주거용 오피스텔을 취득하는 매수인도 주택 취득세 세율을 적용받는다.

■ 취득세 중과판정 시 주거용 오피스텔 주택 수 포함 여부

계약일	취득일	재산세 과세	주택 수 포함 여부
2020.08.12. 이후	2020.08.12. 이후	건축물	×
		주택	○
2020.08.12. 前	2020.08.12. 이후	건축물	×
		주택	×
2020.08.12. 前	2020.08.12. 前	건축물	×
		주택	×

◆ 양도소득세 (소득세법) : 주거용 오피스텔도 주택이다. 임차인의 전입신고 유무로 주택 여부를 판정하지 않는다. 또한 임차인의 사업자등록 유무로 주택 여부를 판정하지도 않는다.

물론 임차인이 실지로 주거용이 아닌 업무용으로 사용하는 경우가 있을 수도 있다. 객관적인 증빙자료(임차인이 통상적인 출퇴근 시간에 교통카드를 사용한 내역 등)로 입증을 하고, 누가 봐도 내부 구조가 주거용이 아닌 업무용으로 되어있으면 주택이 아닌 업무용으로 인정할 수도 있지만 이 부분 또한 과세관청에서 사실 판단할 사안이다.

사례 1 재산세가 주택으로 과세되고 있는 주거용 오피스텔 포함 2주택을 보유하고 있는 1세대가 새로운 주택을 취득하는 경우

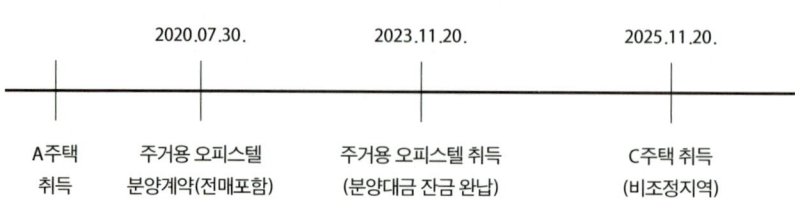

〈질문〉 C주택의 취득세 세율은?

〈답변〉 C주택의 취득세를 중과하지 않는다. 취득가액에 따른 취득세 일반세율을 적용받는다. 그 이유는 주거용 오피스텔의 재산세가 주택으로 과세가 되고 있지만 2020.08.12.전(前)에 계약한 주거용 오피스텔이므로 주택의 수에 포함하지 않는다.

Check Point

주거용 오피스텔 분양권은 지방세법과 소득세법에서 주택의 수에 포함을 하지 않는다.

사례 2 재산세가 건축물로 과세되고 있는 주거용 오피스텔 포함 2주택을 보유하고 있는 1세대가 새로운 주택을 취득하는 경우

⟨질문⟩ C주택의 취득세 세율은?

⟨답변⟩ C주택은 취득세 중과 대상이 아니다. 취득가액에 따른 취득세 일반세율을 적용받는다. 그 이유는 주거용 오피스텔의 재산세가 주택이 아닌 건축물(업무용)로 과세가 되고 있기 때문에 주택 수에 포함하지 않는다.

사례 3   재산세가 주택으로 과세되고 있는 주거용 오피스텔 포함 2주택을 보유하고 있는 1세대가 새로운 주택을 취득하는 경우

□ A주택, 주거용 오피스텔, C주택은 모두 비조정지역이라는 전제

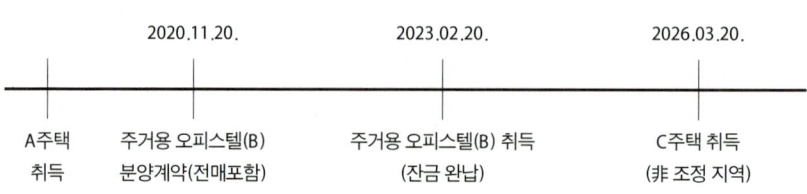

〈질문〉 C주택의 취득세 세율은?

〈답변〉 3주택으로 취득세 등 세율은 8.4%(9.0%) 중과 대상이다. 그 이유는 주거용 오피스텔의 재산세가 주택으로 과세가 되고 있기 때문이다.

다만, 주거용 오피스텔(B)의 시가표준액 또는 A주택의 주택공시가격이 1억* 원을 초과하지 않으면(단, 재건축 등 정비구역 밖에 있을 것) C주택의 취득세를 중과하지 않는다.

---

*「수도권정비계획법」제2조 제1호에 따른 수도권 외의 지역에 소재하는 시가표준액 2억 원 이하의 주택으로 상향되었다. (지방세법 시행령 개정)

4. 취득세 중과판정 시 그 세대의 소유주택 수에 가산하고 있는 주택분양권과 조합원입주권의 범위

주택분양권과 조합원입주권 그 자체는 주택이 아니다. 그러나 2020. 08. 12. 이후에 취득하는 주택분양권과 조합원입주권은 취득세 중과판정 시 그 세대의 소유주택 수에 가산하고 있다.

그렇다고 해서 2020.08.12. 이후에 취득한 주택분양권 등을 무조건 주택의 수에 가산하지는 않는다.

① 2020.08.12. 전(前)에 계약한 주택분양권 등 : 주택 수에 가산하지 않는다.
② 2020.08.12. 이후에 계약한 주택분양권 등 : 주택 수에 가산한다.

취득세 중과판정 시 주택분양권 주택 수 포함 여부

계약일	취득일	주택 수 포함 여부
2020.08.12. 이후	2020.08.12. 이후	○
2020.08.12. 前	2020.08.12. 이후	×
2020.08.12. 前	22020.08.12. 前	×

Check Point

취득세(지방세법)에서 보는 조합원입주권* 취득 시점

구 분	조합원입주권으로 전환되는 시점
원조합원	관리처분계획인가 후 기존주택이 멸실된 날
승계조합원	관리처분계획인가 → 승계취득 → 기존주택 멸실 : 멸실된 날
	기존주택이 멸실된 이후에 승계 취득한 경우 : 입주권을 승계 취득한 날

주의 분양권의 취득일을 판정할 때 소득세법(양도소득세)과 지방세법(취득세)에서는 차이가 있다.

○ 소득세법(양도소득세): 부동산의 분양계약을 체결한 자가 해당 계약에 관한 모든 권리를 양도한 경우에는 그 권리에 대한 취득 시기는 해당 부동산을 분양받을 수 있는 권리가 확정되는 날(아파트 당첨권은 당첨일)이고 타인으로부터 그 권리를 인수받은 때에는 잔금청산일이 취득 시기가 된다.

○ 지방세법(취득세): 분양사업자로부터 주택분양권을 취득하는 경우에는 분양계약일

* 「도시 및 주거환경정비 법」 제74조에 따른 관리처분계획의 인가 및 「빈집 및 소규모주택 정비에 관한 특별법」 제29조에 따른 사업시행인가로 인하여 취득한 입주자로 선정된 지위.

사례 1   2020.08.12. 전(前)에 계약한 분양권을 2020.8.12. 이후에 취득한 경우

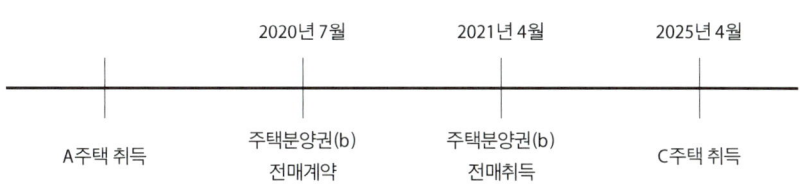

▲풀이: 주택분양권(b)은 C주택의 취득세 중과판정 시 주택 수에 가산하지 않는다.

사례 2   2020.8.12. 이후에 계약·취득한 분양권을 보유하고 있는 경우

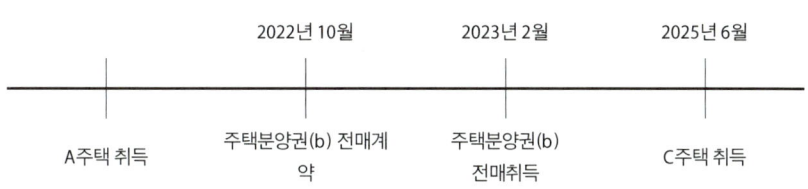

▲풀이: 주택분양권(b)은 C주택의 취득세 중과판정 시 주택 수에 가산한다.

사례 3   해당 주택이 멸실되기 이전에 승계취득(2020.08.12. 前)한 입주권을 보유하고 있는 경우

(관리처분계획인가일 : 2020년 이전)

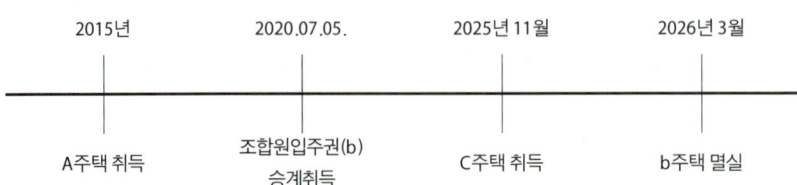

▲풀이: 입주권(b)은 b주택이 멸실되기 이전에 승계취득 하였으므로 입주권이 아닌 주택을 취득한 것으로 본다. 즉, C주택의 취득세 중과판정 시 b는 주택이므로 주택 수에 가산한다.

사례 4   조합원이 당해 조합에 기존주택(b)과 그 부수 토지를 제공하고 취득한 조합원입주권을 보유하고 있는 경우

▲풀이: b주택이 멸실되기 이전에 C주택을 취득하였으므로 b는 조합원입주권이 아닌 주택으로 본다. 즉, C주택의 취득세는 중과 대상이다.

사례 5 해당 주택이 멸실된 이후에 승계취득(2020.08.12.이후)한 입주권을 보유하고 있는 경우

- 관리처분계획 인가일 : 2018년 이전
- 해당 주택(b)의 멸실 일 : 2019년 9월

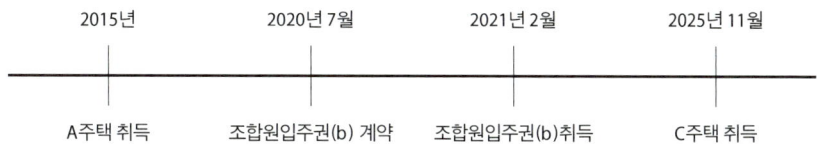

2015년	2020년 7월	2021년 2월	2025년 11월
A주택 취득	조합원입주권(b) 계약	조합원입주권(b)취득	C주택 취득

▲풀이 : 입주권(b)은 2020.08.12. 이후에 취득한 조합원입주권이다. 그러나 2020.08.12. 전(前)에 계약한 조합원입주권에 해당하므로 C주택의 취득세 중과판정 시 주택의 수에 가산하지 않는다.

> **주의** 취득세 중과판정 시 소유주택의 수를 계산할 때
>
> 1주택을 여러 사람이 공동으로 소유하는 경우에도 공동소유자 각각 1주택을 소유하는 것으로 보고, 주택의 부속 토지만을 소유하는 경우에도 주택을 소유하는 것으로 본다.

2주택 이상을 보유하고 있는 납세자가 주택분양권을 취득하는 경우

1. 해당 주택분양권에 의해서 취득하는 신축 아파트를 등기할 때 취득세 세율은

취득세 중과(8%, 12%) 규정이 생기고 이 부분을 많은 분들이 알지 못하여 또는 너무 안일하게 대수롭지 않게 생각을 하여 취득세를 8% 또는 12%를 납부한 분들이 많다. 안타깝다.

그나마 다행인 건 그래도 지금은 이 부분을 많은 분들이 인식하고 있다는 것이다. 그러나 아직도 많은 잘못된 정보를 접하고 실수하는 것도 사실이다.

2주택 이상을 보유하고 있는 상태에서 주택분양권을 취득한 경우 보유하고 있던 기존주택을 먼저 처분한다고 해도 분양권에 의해 취득하는 신축 아파트를 등기할 때는 분양권취득일 현재 보유하고 있던 주택의 수를 가지고 취득세 중과 여부를 판정하고 있다.

그러나 취득세를 중과를 피하는 방법이 전혀 없는 것이 아니다. (지방세법 시행령 개정으로 2025.01.01. 이후 최초로 취득하는 분양권은 그 방법도 불가능하다)

사례 1 다주택을 보유하고 납세자가 분양권(C)을 취득한 후에 분양권에 의해 취득하는 신축주택(C)을 등기할 때 취득세 세율은

사례 1-① 취득세가 중과되는 경우

▲ 풀이: B주택을 처분한다고 해도 C분양권 취득일 현재 2주택을 보유하고 있었으므로 C주택의 취득세를 중과한다.

사례 1-② 취득세가 중과되지 않는 경우 (2025.01.01. 前에 분양권을 취득)

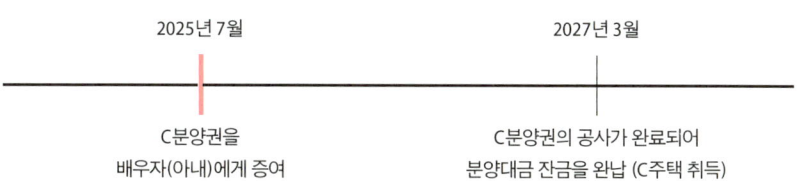

▲ 풀이: C분양권 취득일 현재 2주택을 보유하고 있었지만, B주택을 양도한 이후에 C분양권을 증여하였으므로 C분양권의 증여일 현재 주택의 수를 가지고 취득세 중과 여부를 판정한다. 즉, C주택의 취득세를 중과하지 않는다.

> 주의 중도금 대출이 실행된 분양권을 부담부증여하는 경우 부담부증여 분은 양도에 해당하여 양도소득세 과세대상이다. 즉, 해당 분양권에 프리미엄이 있는 경우 증여인은 양도소득세가 발생한다.

사례 1-③ 취득세가 중과되는 경우 (2025.1.1. 이후에 분양권을 취득)

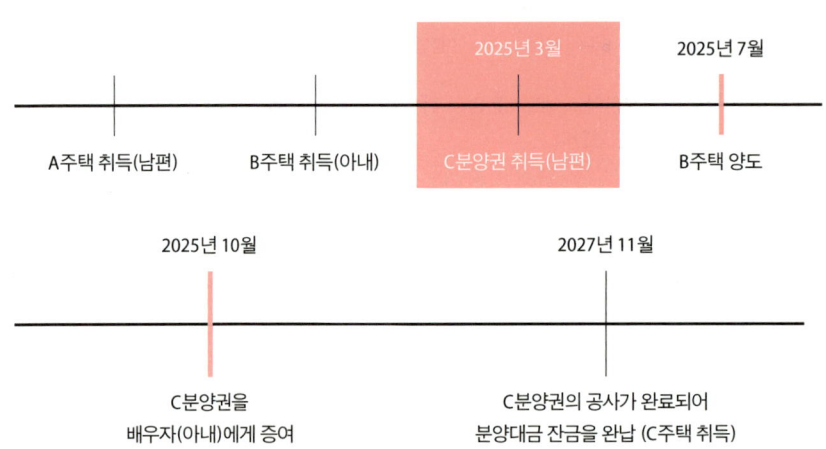

▲ 풀이: B주택을 양도한 이후에 C분양권을 증여하였다고 하더라도 C분양권의 증여일 현재 주택의 수를 가지고 취득세 중과 여부를 판정하는 것이 아니고 2025년 3월 현재 주택의 수를 가지고 취득세 중과 여부를 판정한다. (2024.12.31. 지방세법 시행령 개정)

즉, C주택의 취득세를 중과한다.

| 관련 규정 | 지방세법 시행령 제28조의 4 【주택 수의 산정 방법】

① 법 제13조의 2 제1항 제2호 및 제3호를 적용할 때 세율 적용의 기준이 되는 1세대의 주택 수는 주택 취득일 현재 취득하는 주택을 포함하여 1세대가 국내에 소유하는 주택, 법 제13조의 3 제2호에 따른 조합원입주권(이하 "조합원입주권"이라 한다), 같은 조 제3호에 따른 주택분양권(이하 "주택분양권"이라 한다) 및 같은 조 제4호에 따른 오피스텔(이하 "오피스텔"이라 한다)의 수를 말한다. 이 경우 조합원입주권 또는 주택분양권에 의하여 취득하는 주택의 경우에는 조합원입주권 또는 주택분양권의 취득일(분양사업자로부터 주택분양권을 취득하는 경우에는 분양계약일을 말하고, 주택분양권의 매매·교환 및 증여를 통하여 1세대 내에서 동일한 주택분양권에 대한 취득일이 둘 이상이 되는 경우에는 가장 빠른 주택분양권의 취득일을 말한다)을 기준으로 해당 주택 취득 시의 세대별 주택 수를 산정한다. (2024.12.31. 개정)

| 부 칙 (2024.12.31. 대통령령 제35177호)

제1조 【시행일】
이 영은 2025년 1월 1일부터 시행한다. 다만, 제43조 제2항부터 제4항까지의 개정규정은 2025년 1월 31일부터 시행한다.

제3조 【주택분양권에 의하여 취득하는 주택에 관한 적용례】
제28조의 4 제1항 후단의 개정규정은 이 영 시행 이후 1세대에 속하지 않은 자로부터 해당 주택분양권을 취득하는 경우부터 적용한다.

위에서 말하는 주택분양권의 취득일은 (지방세법)

① 분양사업자로부터 주택분양권을 취득하는 경우에는 분양계약일

② 1세대 내에서 동일한 주택분양권에 대한 취득일이 둘 이상이 되는 경우에는 가장 **빠른** 주택분양권의 취득일

2. 다주택을 보유하고 있는 부모님과 같은 1세대인 자녀가 분양권을 취득하는 경우

사례 1 다주택을 보유하고 있는 부모님과 같은 1세대인 자녀가 분양권을 취득한 후에 그 분양권의 공사가 완료되고 자녀가 해당 아파트를 취득하는 경우

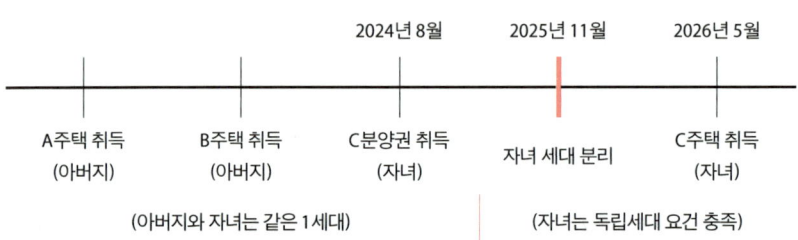

▲ 풀이: C주택의 취득일 현재 아버지와 자녀는 세대가 분리되어 있고 자녀가 독립세대 요건을 충족하였으므로 각각 독립적인 1세대로 본다. 즉, C주택의 취득세는 중과 대상이 아니다.

Check Point

30세 미만 성인 미혼 자녀의 경우 독립세대 요건

① 부모님과 별도로 주민등록표에 기재가 되어있을 것
② 주택 취득일이 속하는 달의 직전 12개월 동안 발생한 소득이 기준 중위소득을 12개월로 환산한 금액의 100분의 40 이상일 것
③ 주택을 관리하면서 독립된 생계를 유지하고 있을 것

사례 2   매도인에게 분양권 잔금을 지불하기 이전에 명의변경을 먼저 한 경우

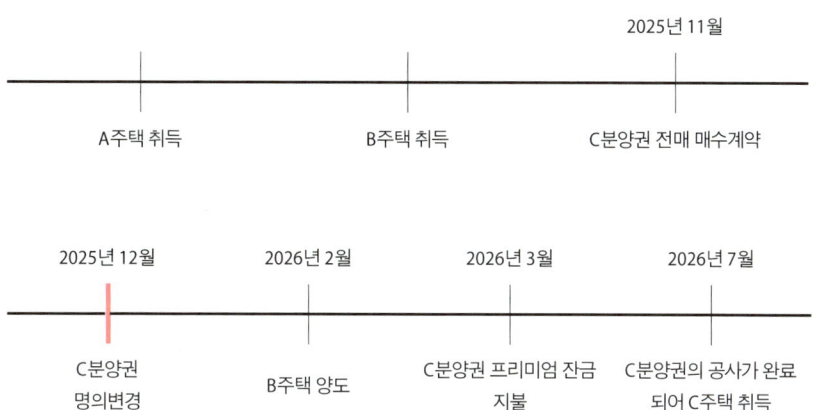

▲풀이: C분양권의 취득일은 2026년 3월이다. 즉, C분양권에 따라 취득하는 신축 아파트(C주택)의 취득세는 중과 대상이 아니다.

부동산 납세과-1984, 2022.07.07.

자산의 양도 시기는 대금을 청산한 날이 되며 대금을 청산하기 전에 소유권이전 등기 한 경우에는 등기부·등록부 또는 명부 등에 기재된 등기접수일 또는 명의개서일이 되는 것이며, 아파트 분양권의 경우에는 등기·등록·명의개서를 요하는 자산에 해당하지 아니하는 것임.

3. 배우자 등으로부터 분양권을 증여받은 후 증여를 받은 배우자 등이 완성된 신축 아파트를 등기할 때 취득세 과세표준은

사례 1번과 2번은 1안이 타당하다.

사례 3번은 2안이 타당하다.

사례 1   프리미엄이 없는 금액으로 증여세를 신고한 경우

*분양가 : 750,000,000원   (1안) 750,000,000원

**증여세 신고 : 프리미엄 0원   (2안) 2024년 9월 현재 시가 인정액

사례 2 프리미엄이 있는 금액으로 증여세를 신고한 경우

*분양가 : 750,000,000원

** 증여세 신고 프리미엄 : 50,000,000원

(1안) 750,000,000원

(2안) 800,000,000원

= 750,000,000원 + 50,000,000원

사례 3 최초분양자로부터 프리미엄을 주고 취득한 분양권을 배우자 등에게 증여를 한 경우

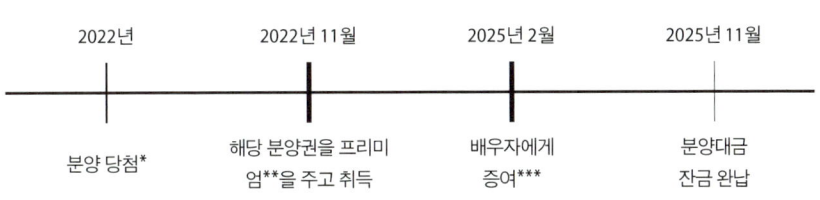

*분양가 : 750,000,000원

**프리미엄: 50,000,000원

***증여세 신고 : 프리미엄 90,000,000원

(1안) 750,000,000원

(2안) 800,000,000원

= 750,000,000원 + 50,000,000원

(3안) 840,000,000원 = 750,000,000원 + 90,000,000원

> **Tip**
>
> 취득세 중과판정 시 중과 제외 주택
>
> 취득세 중과 제외되는 주택은 다주택자가 중과제외 주택을 취득하는 경우 ①취득세를 중과하지 않고 다른 주택 취득 시에도 보유주택 수를 계산할 때 ②주택 수에서 제외된다.

> 주의 무조건 ① ②가 일치하지는 않는다.

다주택자가 취득 시 중과세율을 적용하지 않는 주택 중 일부

(지방세법 시행령 제28조의 2)

구분	내용 (취득 시 중과 제외)
저가 주택	취득일 현재 주택 시가표준액(공시가격)이 1억* 원 이하일 것 (재개발 등 정비구역 내 주택은 저가 주택의 범위에서 제외한다.)
사업용 노인복지주택	정당한 사유 없이 그 취득일부터 1년이 경과할 때까지 해당 용도에 직접 사용하지 않거나 해당 용도로 직접 사용한 기간이 3년 미만인 상태에서 매각·증여하거나 다른 용도로 사용하는 경우는 제외한다. (중과)
가정어린이집	
농어촌주택	– 대지 면적이 660m^2 이내이고 건축물의 연면적이 150m^2 이내일 것 – 건축물의 시가표준액이 6천500만 원 이내일 것 – 지역 요건을 충족할 것

세부적인 내용과 위에서 나열하지 않은 주택들은 지방세법 시행령 제28조의 2를 참고한다.

---

* 「수도권정비계획법」 제2조 제1호에 따른 수도권 외의 지역에 소재하는 시가표준액 2억 원 이하의 주택으로 상향되었다. (지방세법 시행령 개정)

취득세 중과판정 시 주택 수를 계산할 때 그 수에서 제외하고 있는 주택 (지방세법 시행령 제28조의 4)

구분	내 용 (주택 수 제외)
저가 주택	주택 시가표준액(공시가격)이 1억* 원 이하인 주택 (재개발 등 정비구역 내 저가 주택은 주택의 수에 포함한다)
사업용 노인복지주택	정당한 사유 없이 그 취득일부터 1년이 경과할 때까지 해당 용도에 직접 사용하지 않거나 해당 용도로 직접 사용한 기간이 3년 미만인 상태에서 매각·증여하거나 다른 용도로 사용하는 경우는 주택의 수에 포함
가정어린이집	
상속받은 주택	– 상속을 원인으로 취득한 주택, 조합원입주권, 주택 분양권 또는 오피스텔로서 상속개시일부터 5년이 지나지 않은 주택, 조합원입주권, 주택 분양권 또는 오피스텔 (단, 2020.08.12. 이전에 상속이 개시된 경우에는 2020.08.12.까지 주택 수 산정 시 소유주택 수에서 제외한다. – 상속받은 주택 분양권 또는 조합원입주권의 공사가 완료되어 주택으로 전환된 경우에는 5년의 기간이 경과하지 않더라도 주택으로 본다.
혼인한 사람이 혼인 전 소유한 주택 분양권으로 주택을 취득하는 경우	다른 배우자가 혼인 전부터 소유하고 있는 주택
기축 소형주택 및 신축 소형주택 등	360 페이지 참고

▫ 세부적인 내용과 위에서 나열하지 않은 주택들은 지방세법 시행령 제28조의 4 를 참고한다.

---

*「수도권정비계획법」 제2조 제1호에 따른 수도권 외의 지역에 소재하는 시가표준액 2억 원 이하의 주택으로 상향되었다. (지방세법 시행령 개정)

취득세 중과판정 시 주택 수에서 제외되는 주택

1. 상속받은 주택을 보유하고 있는 경우

다음의 요건을 충족하는 단독으로 상속받은 상속 주택은 취득세 중과판정 시 주택 수에 가산하지 않는다.

① 상속개시일(사망일)부터 5년이 지나지 않은 상속주택
② 2020.08.12. 이전에 상속이 개시가 된 상속주택은 2025.08.12.까지

즉, ① ②에서 말하고 있는 기간 내에 다른 주택을 취득하는 경우 그 다른 주택의 취득세 세율을 적용할 때 해당 상속주택은 소유주택 수에서 제외한다.

1) 공동상속 주택 등의 경우

상속으로 여러 사람이 공동으로 1개의 주택, 조합원입주권, 주택 분양권 또는 오피스텔을 소유하는 경우 지분이 가장 큰 상속인을 그 주택, 조합원입주권, 주택 분양권 또는 오피스텔의 소유자로 보고, 지분이 가장 큰 상속인이 두 명 이상인 경우에는 그 중 다음 각호의 순서에 따라 그 주택, 조합원입주권, 주택 분양권 또는 오피스텔의 소유자를 판정한다. 이 경우, 미등

기 상속 주택 또는 오피스텔의 소유 지분이 종전의 소유 지분과 변경되어 등기되는 경우에는 등기상 소유지분을 상속개시일에 취득한 것으로 본다. (2024.03.26. 개정)

1. 그 주택 또는 오피스텔에 거주하는 사람
2. 나이가 가장 많은 사람

> 공동상속 주택의 경우 다음의 순서에 따른 주된 상속인의 주택 수에 포함한다.
>
> ① 지분이 가장 큰 상속인
>
> 지분이 가장 큰 상속인이 두 명 이상인 경우*
> ② 그 주택 등에 거주하는 사람(상속인)
> ③ 그 주택 등에 거주하는 사람(상속인)이 없는 경우에는 최연장자.

---

* 지분이 같은 경우에도 지분이 가장 큰 상속인이 두 명 이상인 경우에 해당한다.

사례 1 1/2지분으로 상속 주택을 공동으로 상속받은 경우로서 상속개시일부터 5년이 지난 경우

(예시) 상속 주택에 거주하는 상속인은 없다.

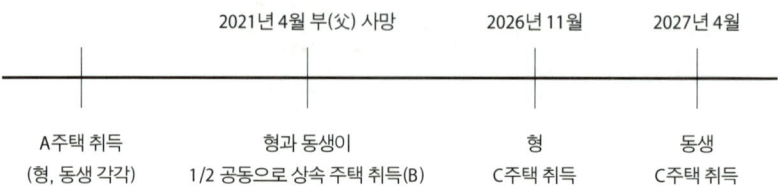

▲ 풀이: 주된 상속인은 형이다. 즉, 상속 주택은 형의 주택 수에 가산되어 형은 취득세 중과되고 동생은 취득세를 중과하지 않는다.

사례 2 상속이 개시된 날부터 5년이 지나지 않은 경우

(예시) 상속 주택에는 형이 거주하고 있다.

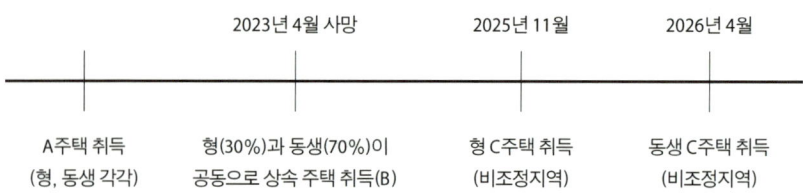

▲ 풀이: 주된 상속인 여부와 상관없이 상속 주택은 취득세 중과판정 시 소유주택 수에서 제외한다. 즉, 형과 동생 둘 다 취득세를 중과하지 않는다.

취득세 중과판정 시 상속 주택 주택 수 포함 여부

상속개시일 (사망일)	상속등기 현황	①소유주택 수로 포함 안 되는 기간	주택 수로 포함 안 되는 ①기간이 지난 경우
'20.08.12. 이전	단독상속	'25.08.12.까지	○
	공동상속		주된 상속인 : ○ 주된 상속인이 아닌 자 : ×
'20.08.12. 이후	단독상속	상속개시일부터 5년간	○
	공동상속		주된 상속인 : ○ 주된 상속인이 아닌 자 : ×

2. 시가표준액(이하, 주택 공시가격) 1억[54] 원 이하의 저가 주택[55]을 보유 또는 취득하는 경우

시가표준액이 1억(수도권 외 지역의 경우 2억[56])원 이하인 저가 주택은 취득세 중과판정 시 주택의 수에 가산을 하지 않는다.

또한 다주택자가 시가표준액이 1억 (수도권 외 지역의 경우 2억[57]) 원 이하인 주택을 취득하는 경우에도 취득세를 중과하지 않는다.

---

54) 전국
55) 저가 주택: 「수도권정비계획법」 제2조 제1호에 따른 수도권 외의 지역에 소재하는 주택은 공시가격 2억 원 이하의 주택으로 상향되었다 (지방세법 시행령 개정)
56) 2025년 1월 2일 이후 해당 주택을 취득한 뒤 다른 일반주택을 취득하는 경우부터 일반주택의 취득세 중과판정 시 주택 수에 가산하지 않는다.
57) 2025년 1월 2일 이후 취득하는 주택부터 다주택 여부와 상관없이 취득세를 중과하지 않는다.

다만,「도시 및 주거환경정비법」제2조 제1호에 따른 정비구역(종전의「주택건설촉진법」에 따라 설립 인가를 받은 재건축조합의 사업 부지를 포함한다)으로 지정·고시된 지역 또는「빈집 및 소규모주택 정비에 관한 특례법」제2조 제1항 제4호에 따른 사업시행구역에 소재하는 주택은 제외한다. (주택 수 포함 및 중과)

관련 규정 | 지방세법 시행령 제28조의 2【주택 유상거래 취득 중과세의 예외】

법 제13조의 2 제1항을 적용할 때 같은 항 각호 외의 부분에 따른 주택(이하 이 조 및 제28조의 3부터 제28조의 6까지에서 "주택"이라 한다)으로서 다음 각호의 어느 하나에 해당하는 주택은 중과세 대상으로 보지 않는다. (2020.08.12. 신설)

1. 다음 각 목의 구분에 따른 주택. 다만,「도시 및 주거환경정비법」제2조 제1호에 따른 정비구역(종전의「주택건설촉진법」에 따라 설립 인가를 받은 재건축조합의 사업 부지를 포함한다)으로 지정·고시된 지역 또는「빈집 및 소규모주택 정비에 관한 특례법」제2조 제1항 제4호에 따른 사업시행구역에 소재하는 주택은 제외한다. (2025.4.29. 개정)

가.「수도권정비계획법」제2조 제1호에 따른 수도권(이하 이 호에서 "수도권"이라 한다)에 소재하는 경우: 법 제4조에 따른 시가표준액(지분이나 부속 토지만을 취득한 경우에는 전체 주택의 시가표준액을 말한다. 이하 이 호에서 "시가표준액"이라 한다)이 1억 원 이하인 주택

나. 수도권 외의 지역에 소재하는 경우: 시가표준액이 2억 원 이하인 주택

관련 규정 | 지방세법 제4조【부동산 등의 시가표준액】

① 이 법에서 적용하는 토지 및 주택에 대한 시가표준액은「부동산 가격공시에 관한 법률」에 따라 공시된 가액(가액)으로 한다. 다만, 개별공시지가 또는 개별주택가격이 공시되지 아니한 경우에는 특별자치시장·특별자치도지사·시장·군수 또는 구청장(자치구의 구청장을 말한다. 이하 같다)이 같은 법에 따라 국토교통부장관이 제공한 토지가격비준표 또는 주택가격비준표를 사용하여 산정한 가액으로 하고, 공동주택가격이 공시되지 아니한 경우에는 대통령령으로 정하는 기준에 따라 특별자치시장·특별자치도지사·시장·군수 또는 구청장이 산정한 가액으로 한다. (2016.12.27. 개정)

② 제1항 외의 건축물(새로 건축하여 건축 당시 개별주택가격 또는 공동주택가격이 공시되지 아니한 주택으로서 토지 부분을 제외한 건축물을 포함한다), 선박, 항공기 및 그 밖의 과세대상에 대한 시가표준액은 거래가격, 수입가격, 신축·건조·제조가격 등을 고려하여 정한 기준가격에 종류, 구조, 용도, 경과 연수 등 과세대상별 특성을 고려하여 대통령령으로 정하는 기준에 따라 지방자치단체의 장이 결정한 가액으로 한다. (2010.3.31. 개정)

③ 행정안전부장관은 제2항에 따른 시가표준액의 적정한 기준을 산정하기 위하여 조사·연구가 필요하다고 인정하는 경우에는 대통령령으로 정하는 관련 전문기관에 의뢰하여 이를 수행하게 할 수 있다. (2015.12.29. 신설; 2017.7.26. 직제개정)

④ 제1항과 제2항에 따른 시가표준액의 결정은 「지방세기본법」 제147조에 따른 지방세심의위원회에서 심의한다. (2016.12.27. 개정)

개별공시지가나 개별주택가격이 공시되지 않은 토지나 주택의 시가표준액은 국토교통부장관이 제공한 토지가격 비준 표 또는 주택가격 비준 표를 사용하여 자치단체장이 산정한 가액으로 함(공동주택의 경우 안전행정부장관이 정하는 기준에 따라 자치단체장이 결정한 가액)

사례 1   3주택을 보유하고 있는 1세대가 새로운 주택(非 조정지역)을 취득

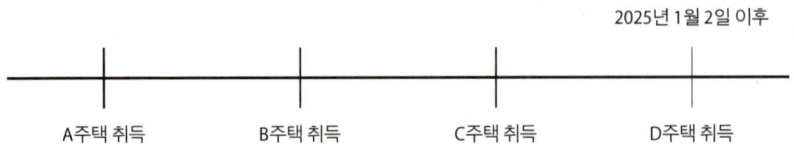

D주택의 취득세 중과판정 시 재개발 등 정비구역 밖에 있는 공시가격(시가표준액) 1억 (2025.1.2. 이후 취득한 수도권 외 지역은 2억) 원 이하의 주택은 주택의 수에 가산하지 않는다.

즉, A, B, C 주택 중 2개 이상의 주택이 정비구역 밖에 있는 공시가격 1억 (2025.1.2. 이후 취득한 수도권 외 지역의 경우 2억) 원 이하에 해당하는 경우 D주택의 취득세를 중과하지 않는다.

또한 다주택자 여부와 상관없이 취득하는 D주택이 수도권 외 지역에 소재하는 시가표준액 2억(수도권의 경우 1억) 원 이하에 해당하는 경우 취득세를 중과하지 않는다. 단, 정비구역 등 밖에 있을 것.

사례 2   A, B, C주택 모두 공시가격 1억 원 이상에 해당하는 경우

취득하는 D주택이 재개발 등 정비구역 밖에 있는 공시가격 1억 원(개정 : 수도권 외의 지역의 경우 2억 원) 이하에 해당하는 경우에는 D주택의 취득세를 중과하지 않는다.

그러나 D주택이 공시가격 1억 원(개정 : 수도권 외 지역은 2억 원)을 초과하는 경우 취득세를 중과한다.

요약

저가 주택의 범위		비 고
전국	시가표준액(공시가격) 1억 원 이하	취득세 중과판정 시 주택 수에 가산하지 않는다.
		다주택자가 취득하는 경우 취득세를 중과하지 않는다.
수도권 외 지역 (2025.4.29. 개정)	시가표준액(공시가격) 2억 원 이하	2025.1.2. 이후 해당 저가 주택을 취득한 뒤 다른 일반주택을 취득하는 경우부터 일반주택의 취득세 중과판정 시 주택 수에 가산하지 않는다.
		2025.1.2. 이후 취득하는 저가 주택부터 다주택 여부와 상관없이 취득세를 중과하지 않는다.

※ 재건축, 재개발 등 정비구역 내에 소재하는 주택은 위 저가 주택의 범위에서 제외한다.

*「수도권정비계획법」 제2조 제1호에 따른 수도권 외의 지역

> ○ 수도권정비계획법 제2조(정의)
> 1. "수도권"이란 서울특별시와 대통령령으로 정하는 그 주변 지역을 말한다.
>
> ○ 수도권정비계획법 시행령 제2조(수도권에 포함되는 서울특별시 주변 지역의 범위)
> 「수도권정비계획법」(이하 "법"이라 한다) 제2조 제1호에서 "대통령령으로 정하는 그 주변 지역"이란 인천광역시와 경기도를 말한다.

3. '24. 03. 26. 개정된 취득세 중과판정 시 신축 소형 주택 등 주택 수 제외 관련 (지방세법 시행령 제28조의 4)

※ 법인은 해당 사항 없음

이하 '3.26 소형주택 등'이라 한다. (2024년 1.10. 부동산대책)

> 주의 각 주택별로 해당 요건을 모두 충족할 것

1) 신축 소형주택 ➡ '24.1.10.부터 '27.12.31.까지 최초 유상 승계취득

① 주택 유형: 다가구주택, 연립주택, 다세대주택, 도시형생활주택, 오피스텔

② 면적: 전용면적 60m^2 이하

③ 취득가액: 수도권 6억 원 이하, 비수도권 3억 원 이하

④ 준공 시점: '24.01.10.~'27.12.31.

2) 기축 소형주택 ➡ '24.01.10.부터 '27.12.31.까지 유상 승계취득

① 주택 유형: 다가구주택, 연립주택, 다세대주택, 도시형생활주택, 오피스텔

② 면적: 전용면적 60m^2 이하

③ 취득가액: 수도권 6억 원 이하, 비수도권 3억 원 이하

④ 임대등록: 취득일부터 60일 이내 임대사업자 등록과 해당 주택을 임대 물건으로 등록할 것

3) 지방 준공 후 미분양 아파트 ➡ '24.01.10.부터 '27.12.31.까지 최초 유상 승계취득

① 주택 유형: 아파트

② 면적: 전용면적 85m^2 이하

③ 취득가액: 6억 원 이하

④ 소재지: 수도권(서울·인천·경기)을 제외한 지역

○ (취득시기) 2024.01.10.~'27.12.31. 취득하는 주택으로 '24.1.10. 이후 납세의무가 성립하는 분부터 적용한다.

※ '24.1.10. 전에 계약한 경우 : '24.01.10. 이후 취득(잔금 지급)한 경우로 본다.

(세율 적용) 요건에 해당하는 주택을 취득할 경우, 취득세율은 무조건 1주택 세율(1.1~3.5%)이 적용되는 것이 아니라, 해당 주택을 제외한 기존 소유주택 수에 따라 산정한다.

예시   A, B, C 모두 비조정지역

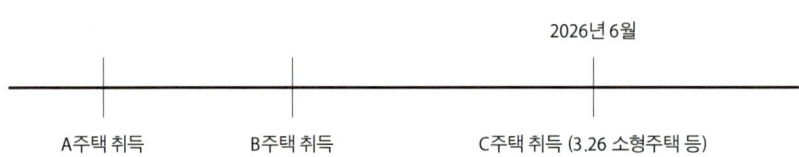

▲ 풀이: C주택은 세 번째 주택이지만, C주택을 제외한 2주택 세율(1.1%~3.5%)을 적용한다. (주택 수 제외) 해당 주택을 취득 후 향후 추가로 주택을 취득할 경우 해당 주택은 취득세 중과 판정 시 주택수에서 제외한다.

예시   A, B, C 모두 비조정지역

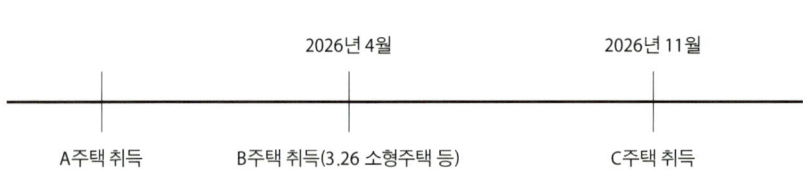

▲풀이: C주택은 세 번째 주택이지만, B주택은 주택의 수에서 제외하게 되므로 2주택 세율(1.1%~3.5%)을 적용한다.

4. 취득세 중과에서 제외되는 일시적 2주택 (지방세법 시행령 제28조의 5)

非 조정대상지역 또는 조정대상지역에 1주택(이하 '종전주택'이라 한다)을 소유하고 있는 1세대가 조정대상지역 내 1주택(이하 '신규주택'이라 한다)을 추가로 구입하는 경우에는 취득세를 중과한다. 다만, 신규주택을 취득한 날부터 3년 이내에 종전주택을 처분(증여 또는 멸실 포함)하는 경우 취득세를 중과하지 않는다.

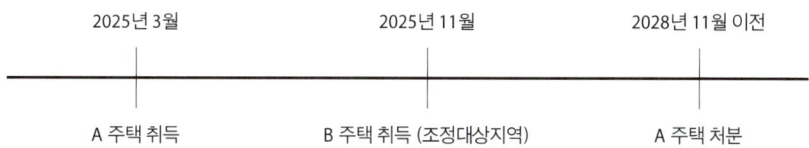

▲ 취득세 중과에서 제외되는 일시적 2주택은 종전주택을 취득한 날부터 1년 이상이 지나기 이전에 신규주택을 취득한 경우에도 적용한다. 즉, B주택의 취득세를 중과하지 않는다. (양도소득세 일시적 2주택 비과세 규정하고는 전혀 다르다)

한편, B주택을 취득한 날부터 3년 이내에 A주택을 처분하지 않고 B주택을 먼저 처분하는 경우 B주택의 취득세는 어떻게 되는지 물어보시는 분들이 있다. 당연히 B주택의 취득세를 중과하여 추징한다.

조정대상지역 지정고시일 이전에 주택에 대한 매매계약(공동주택 분양계약을 포함한다)을 체결한 경우(다만, 계약금을 지급한 사실 등이 증빙서류에 의하여 확인되는 경우에 한정한다)에는 조정대상지역으로 지정되기 전에 주택을 취득한 것으로 본다.

1) 공시가격 1억[58] 이하 1주택 포함 2주택을 보유하고 있는 경우

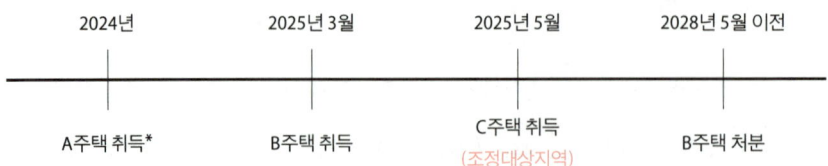

▲ A주택은 취득세 중과판정 시 주택 수에 가산하지 않는 주택이므로 C주택의 취득세를 중과하지 않는다.

*A주택: C주택 취득일 현재 정비구역 밖에 있는 공시가격 1억 원 이하 및 취득세 중과판정 시 주택 수에서 제외하고 있는 중과세율 적용 제외 주택 등

2) 1주택(A)을 보유하고 있는 1세대가 주택 분양권(B)을 취득하여 2주택이 되는 경우

▲ B주택을 취득한 날부터 3년 이내에 B주택 또는 A주택을 처분하는 경우에는 B주택의 취득세를 중과하지 않는다.

---

[58] 「수도권정비계획법」 제2조 제1호에 따른 수도권 외의 지역에 소재하는 시가표준액 2억 원 이하의 주택(2025.1.2. 이후 취득 분부터)으로 상향되었다 (지방세법 시행령 개정).

3) 주택 분양권(A) 또는 조합원입주권(A)을 보유한 1세대가 신규 주택(B)을 취득하여 2주택이 되는 경우

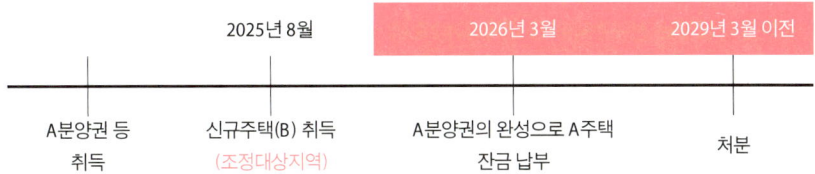

▲ A주택을 취득한 날부터 3년 이내에 B주택 또는 A주택을 처분하는 경우에는 B주택의 취득세를 중과하지 않는다. (지방세법 시행령 제28조의 5 ②)

관련 규정 | 지방세법 시행령 제28조의 5 【일시적 2주택】

① 법 제13조의 2 제1항 제2호에 따른 "대통령령으로 정하는 일시적 2주택"이란 국내에 주택, 조합원입주권, 주택 분양권 또는 오피스텔을 1개 소유한 1세대가 그 주택, 조합원입주권, 주택 분양권 또는 오피스텔(이하 이 조 및 제36조의 3에서 "종전주택 등"이라 한다)을 소유한 상태에서 이사·학업·취업·직장 이전 및 이와 유사한 사유로 다른 1주택(이하 이 조 및 제36조의 3에서 "신규주택"이라 한다)을 추가로 취득한 후 3년(이하 이 조에서 "일시적 2주택 기간"이라 한다) 이내에 종전주택 등(신규주택이 조합원입주권 또는 주택 분양권에 의한 주택이거나 종전주택 등이 조합원입주권 또는 주택 분양권인 경우에는 신규주택을 포함한다)을 처분하는 경우 해당 신규주택을 말한다. (2023.02.28. 개정)

② 제1항을 적용할 때 조합원입주권 또는 주택 분양권을 1개 소유한 1세대가 그 조합원입주권 또는 주택 분양권을 소유한 상태에서 신규주택을 취득한 경우에는 해당 조합원입주권 또는 주택 분양권에 의한 주택을 취득한 날부터 일시적 2주택 기간을 기산한다. (2020.08.12. 신설)

③ 제1항을 적용할 때 종전주택 등이 「도시 및 주거환경정비법」 제74조 제1항에 따른 관리처분계획의 인가 또는 「빈집 및 소규모주택 정비에 관한 특례법」 제29조 제1항에 따른 사업시행계획인가를 받은 주택인 경우로서 관리처분계획인가 또는 사업시행계획인가 당시 해당 사업구역에 거주하는 세대가 신규주택을 취득하여 그 신규주택으로 이주한 경우에는 그 이주한 날에 종전주택 등을 처분한 것으로 본다. (2020.12.31. 신설)

▲ 위 3항에 대한 설명

재건축 등 사업구역 내 종전주택(A)을 보유하고 1세대가(사업구역에 거주) 같은 사업구역이 아닌 다른 곳에 있는 신규주택(B)을 취득하여 2주택이 된 경우

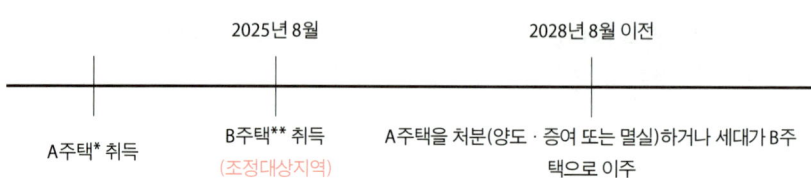

*A주택 : 재건축 등 사업구역 내 소재하는 주택으로서 멸실 전 주택
**B주택 : A주택의 사업구역이 아닌 다른 곳에 소재하는 주택

(옵션 1) B주택을 취득한 날부터 3년 이내에 A주택을 처분(양도·증여 또는 멸실)하는 경우 B주택의 취득세를 중과하지 않는다.

(옵션 2) 세대가 B주택으로 이주를 한 경우에는 그 이주한 날에 A주택을 처분한 것으로 보아 B주택의 취득세를 중과하지 않는다.

4) 1주택(A)을 보유하고 있는 1세대가 재건축 등으로 멸실 예정인 신규주택(B)을 취득하여 2주택이 되는 경우

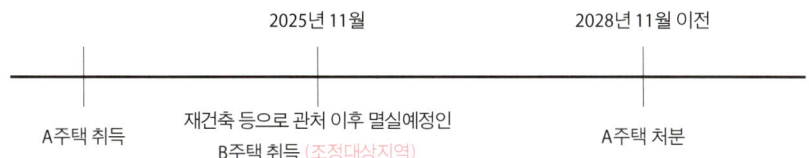

▲ B주택의 철거(멸실) 여부와 상관없이 B주택을 취득한 날부터 3년 이내에 A주택을 처분하는 경우 B주택의 취득세를 중과하지 않는다.

> 2025년 3월 : 다주택자가 지방 주택을 추가로 취득하는 경우 취득세 중과를 폐지하겠다는 개선안을 정부 여당에서 발표

2. 주택 무상 증여 취득세

2023.01.01. 이후부터 증여 취득세를 부과하는 기준이 주택 공시가격 등에서 시가 인정액(이하, 시가)으로 개정되었다. (지방세법 제10조의 2)

주택 무상 증여 취득세 등 세율

구분	전용면적	'20.08.12. 前	'20.08.12. 이후
조정대상지역 내 공시가격 3억 원 이상*	85㎡ ↓	3.8%	12.4%
	85㎡ ↑	4.0%	13.4%
非 조정대상지역 주택 또는 조정대상지역 공시가격 3억 원 ↓	85㎡ ↓	3.8%	〈좌 동〉
	85㎡ ↑	4.0%	〈좌 동〉

부동산 등을 증여로 취득하는 경우 취득세 과세표준은 취득일 현재의 시가 인정액 (매매 사례가액·감정가액 및 공매가액 등 대통령령으로 정하는 바에 따라 시가로 인정되는 것을 포함한다)으로 한다.

다만, 시가를 산정하기 어려운 경우에는 지방세법 4조에서 정하는 시가 표준액(공시가격 등)을 시가로 본다. 또한 시가표준액(이하 "공시가격 등"이라 한다) 1억 원 이하인 부동산 등도 시가인정액과 법 제4조에 따른 시가표준액 중에서 납세자가 정하는 가액으로 한다. (지법 제10조의2 ②, 지방세법 시행령 제14조의 2)

---

* 단, 1세대 1주택자가 소유주택을 배우자·직계존비속에게 증여하는 경우 3.8%(4.0%)를 적용한다. (증여하는 주택 외 1소형주택 등을 보유한 경우 또는 일시적 2주택자도 1세대 1주택으로 보지 아니한다)

| 관련 규정 | 지방세법 제14조【시가 인정액의 산정 및 평가 기간의 판단 등】

〈중간 생략〉

⑤ 제1항부터 제4항까지의 규정에 따라 시가 인정액으로 인정된 가액이 없는 경우에는 취득한 부동산 등의 면적, 위치, 종류 및 용도와 법 제4조에 따른 시가표준액이 동일하거나 유사하다고 인정되는 다른 부동산 등(이하 "유사부동산 등"이라 한다)의 제1항 각호에 따른 가액[취득일 전 1년부터 법 제20조 제1항에 따른 신고·납부 기한의 만료일까지(이하 "유사부동산 등 평가 기간"이라 한다)의 가액으로 한정한다]을 해당 부동산 등의 시가 인정액으로 본다. (2024.12.31. 개정)

⑥ 제5항에도 불구하고 납세자 또는 지방자치단체의 장은 부동산 등의 취득일 전 2년부터 법 제20조 제1항에 따른 신고·납부 기한의 만료일까지의 기간 중 유사부동산 등 평가 기간에 해당하지 않는 기간에 유사부동산 등의 매매 등이 있는 경우에는 행정안전부령으로 정하는 바에 따라 지방세심의위원회에 해당 매매 등의 가액을 제1항 각호의 가액으로 인정하여 줄 것을 심의 요청할 수 있다. (2024.12.31. 신설)

⑦ 제6항에 따른 심의요청을 받은 지방세심의위원회는 부동산 등의 취득일부터 유사부동산 등의 제2항 각호의 날까지의 기간 중에 시간의 경과와 주위 환경의 변화 등을 고려할 때 가격변동의 특별한 사정이 없다고 인정하는 경우에는 제6항에 따른 기간 중의 유사부동산 등의 매매 등의 가액을 제1항 각호의 가액으로 심의·의결할 수 있다. (2024. 12. 31. 신설)

⑧ 유사부동산 등에 대한 판단기준은 행정안전부령으로 정한다. (2024. 12. 31. 개정)

그렇다면 증여세 신고는

(원칙) 상속세나 증여세가 부과되는 재산의 가액은 상속개시일 또는 증여일(이하 "평가 기준일"이라 한다) 현재의 시가(時價)에 따른다. (상속세 및 증여세법 제60조 ①)

증여 취득세 과세표준

2023.01.01. 前	2023.01.01. 이후
주택 공시가격 등(시가표준액)	시가 인정액

◎ **부담부증여*로 주택을 취득하는 경우 다음 ①, ② 세율을 동시에 적용받게 된다.**

① 무상 분 취득세 세율 (증여인 세대의 주택 수 등을 기준으로 한다)

-85㎡ ↓ : 3.8% or 12.4%

-85㎡ ↑ : 4.0% or 13.4%

② 유상 분(채무) 취득세 세율 (수증인 세대의 주택 수 등을 기준으로 한다)

1.1%~3.5% or 8.4%(9.0%) or 12.4%(13.4%)

---

* 증여를 할 때 그 증여재산에 담보된 채무(보증금 포함)로서 그 채무를 함께 증여하는 것을 말한다. 그 금액은 유상취득에 해당하여 유상 분 취득세 세율을 적용받게 되며, 또한 증여세를 신고할 때 증여가액에서 차감하고 증여세를 계산한다. 한편, 그 금액은 양도에 해당하여 양도소득세 비과세 대상이 아닌 경우 증여자는 양도소득세를 신고, 납부해야 한다.

조정대상지역 지정일 및 해제일

지 역	지정일	해제일
대전광역시	2020. 06. 19.	2022. 09. 26.
세종시	2016. 11. 03.	2022. 11. 14.

주의 증여 취득세 중과(12.4% or 13.4%)에서 말하는 1세대 1주택자는 증여자의 세대를 기준으로 판단하는데, 이때 2020. 08. 12. 이후에 취득한 입주권, 분양권 및 오피스텔(단, 재산세가 주택으로 과세가 되는 경우)을 보유하고 있는 경우에도 주택의 수에 포함하며 시가표준액(주택 공시가격) 1억 원 이하의 주택도 주택의 수에 포함한다.

(사례 1) 조정대상지역에 있는 공시가격 3억 원 이상 되는 아파트를 별도의 1세대를 구성하고 있는 자녀에게 증여하는 경우

⇒ 증여자가 공시가격 1억 원 이하에 해당하는 주택을 1채 더 보유하고 있는 경우에는 증여 취득세를 중과한다. 그 이유는 증여자가 1세대 2주택이기 때문이다.

(사례 2) 증여자(1세대 1주택)가 소유하고 있는 조정대상지역에 있는 시가표준액 3억 원 이상 되는 아파트를 별도의 1세대를 구성하고 있는 자녀에게 증여하는 경우

⇒ 증여를 받는 수증자가 시가표준액 1억 원 이상 또는 시가표준액 1억 원 이하에 해당하는 주택을 1채 이상 보유하고 있는 경우에도 증여 취득세를 중과하지 않는다. 그 이유는 증여자가 1세대 1주택이기 때문이다.

◆ **조정대상지역 지정·해제일**

서울 전 지역 및 경기 12개 지역이 조정대상지역으로 2025.10.16. 지정·고시되었다.

조정대상지역 지정·해제

조정대상지역			지정일	해제일
서울특별시	종로구·중구·성동구·광진구·동대문구·중랑구·성북구·강북구·도봉구·노원구·은평구·서대문구·마포구·양천구·강서구·구로구·금천구·영등포구·동작구·관악구·강동구		'17.8.3.	'23.1.5.
	서초구·강남구·송파구·용산구			-
경기도	과천시·광명시·하남시		'17.8.3.	'23.1.5.
	성남시	중원구	'17.8.3.	'22.11.14.
		분당구·수정구		'23.1.5.
	화성시	동탄2택지개발지구	'17.8.3.	'22.11.14.
		서신면	'20.6.19.	'22.7.5.
		이외 지역		'22.11.14.
	구리시		'18.8.28.	'22.11.14.
	안양시	동안구	'18.8.28.	'22.11.14.
		만안구	'20.2.21.	
	용인시	수지구·기흥구	'18.12.31.	'22.11.14.
		처인구 (포곡읍, 모현면, 백암면, 양지면 및 원삼면 가재월리, 사암리, 미평리, 좌항리, 맹리, 두창리 제외)	'20.6.19.	
		광교지구	'18.8.28.	
	수원시	광교지구	'18.8.28.	'22.11.14.
		팔달구	'18.12.31.	
		영통구·권선구·장안구	'20.2.21.	
	의왕시		'20.2.21.	'22.11.14.
	고양시	삼송택지개발지구, 원흥·지축·향동 공공주택지구, 덕은·킨텍스 1단계 도시개발지구, 고양관광문화단지(한류월드) 도시개발구역	'17.8.3.	'22.11.14.
		이외 지역	최초 지정	'17.8.3.	'19.11.8.
			재지정	'20.6.19.	'22.11.14.
	남양주시	다산동, 별내동	'17.8.3.	'22.11.14.
		이외 지역	최초 지정	'17.8.3.	'19.11.8.
			재지정 (화도읍, 수동면 및 조안면 제외)	'20.6.19.	'22.11.14.
	군포시·부천시·시흥시·오산시·의정부시·광주시(초월읍, 곤지암읍, 도척면, 퇴촌면, 남종면 및 남한산성면 제외)		'20.6.19.	'22.11.14.
	안산시	단원구	대부동동, 대부남동, 대부북동, 선감동, 풍도동	'20.6.19.	'22.7.5.
			이외 지역		'22.11.14.
		상록구			
	양주시	백석읍, 남면, 광적면, 은현면	'20.6.19.	'20.12.18.
		이외 지역		'22.9.26.
	평택시		'20.6.19.	'22.9.26.
	안성시	미양면, 대덕면, 양성면, 고삼면, 보개면, 서운면, 금광면, 죽산면(죽산리, 용설리, 장원리, 매산리, 장원리, 두현리 제외), 삼죽면(명월리, 덕산리, 율곡리, 내장리, 배태리 제외)	'20.6.19.	'20.12.18.
		이외 지역 (일죽면 제외)		'22.9.26.
	김포시	(통진읍, 대곶면, 월곶면, 하성면 제외)	'20.11.20.	'22.11.14.
	파주시	(문산읍, 파주읍, 법원읍, 조리읍, 월롱면, 탄현면, 광탄면, 파평면, 적성면, 군내면, 장단면, 진동면 및 진서면 제외)	'20.12.18.	'22.9.26.
	동두천시	(광암동, 걸산동, 안흥동, 상봉암동, 하봉암동, 탑동동 제외)	'21.8.30.	'22.9.26.

조정대상지역 지정·해제

조정대상지역			지정일	해제일
인천광역시	중구	을왕동, 남북동, 덕교동 및 무의동	'20.6.19.	'20.12.18.
		이외 지역		'22.11.14.
	동구·미추홀구·연수구·남동구·부평구·계양구·서구(강화군, 옹진군 제외)			'22.11.14.
세종특별자치시	세종시 (가람동, 고운동, 나성동, 누리동, 다솜동, 다정동, 대평동, 도담동, 반곡동, 보람동, 새롬동, 산울동, 세종동, 소담동, 아름동, 어진동, 명호동, 종촌동, 집현동, 한솔동, 한별동, 합강동, 해밀동)		'17.8.3.	'22.11.14.
대전광역시	중구·동구·서구·유성구·대덕구		'20.6.19.	'22.9.26.
충청남도	천안시	동남구 (목천읍, 풍세면, 광덕면, 북면, 성남면, 수신면, 병천면 및 동면 제외)	'20.12.18.	'22.9.26.
		서북구 (성환읍, 성거읍, 직산읍 및 입장면 제외)		
	논산시 (강경읍, 연무읍, 성동면, 광석면, 노성면, 상월면, 부적면, 연산면, 벌곡면, 양촌면, 가야곡면, 은진면 및 채운면 제외)			
	공주시 (유구읍, 이인면, 탄천면, 계룡면, 반포면, 의당면, 정안면, 우성면, 사곡면 및 신풍면 제외)			
충청북도	청주시 (낭성면, 미원면, 가덕면, 남일면, 문의면, 남이면, 현도면, 강내면, 옥산면, 내수읍 및 북이면 제외)		'20.6.19.	'22.9.26.
광주광역시	동구·서구·남구·북구·광산구		'20.12.18.	'22.9.26.
전라남도	여수시 (율산읍, 율촌면, 화양면, 남면, 화정면 및 삼산면 제외)		'20.12.18.	'22.7.5.
	순천시 (승주읍, 황전면, 월등면, 주암면, 송광면, 외서면, 낙안면, 별량면 및 상사면 제외)			
	광양시 (봉강면, 옥룡면, 옥곡면, 진상면, 진월면 및 다압면 제외)			
전북특별자치도	전주시 완산구·덕진구		'20.12.18.	'22.9.26.
대구광역시	수성구		'20.11.20.	'22.9.26.
	중구·서구·동구·남구·북구·달서구·달성군(가창면, 구지면, 하빈면, 논공읍, 옥포읍, 유가읍 및 현풍읍 제외)		'20.12.18.	'22.7.5.
경상북도	포항시 남구 (구룡포읍, 연일읍, 오천읍, 대송면, 동해면, 장기면 및 호미곶면 제외)		'20.12.18.	'22.9.26.
	경산시 (하양읍, 진량읍, 압량읍, 와촌면, 자인면, 용성면, 남산면 및 남천면 제외)			'22.7.5.
부산광역시	해운대구·동래구·수영구	최초 지정	'17.8.3.	'19.11.8.
		재지정	'20.11.20.	'22.9.26.
	연제구·남구	최초 지정	'17.8.3.	'18.12.31.
		재지정	'20.11.20.	'22.9.26.
	부산진구	최초 지정	'17.8.3.	'18.12.31.
		재지정	'20.12.18.	'22.9.26.
	동구·서구·북구·영도구·금정구·강서구·사상구·사하구		'20.12.18.	'22.9.26.
	기장군	일광면	'17.8.3.	'18.12.31.
		일광면 제외 모든 읍·면		'18.8.28.
울산광역시	중구·남구		'20.12.18.	'22.9.26.
경상남도	창원시 성산구		'20.12.18.	'22.9.26.

부록

부록

부록 1. 2024년 8.8부동산 대책
부록 2. 2024년 세법개정안
부록 3. 2024년 세법개정에 따른 후속 시행령 개정

부록 4. 증여세·상속세 세율
부록 5. 종합부동산세 세율
부록 6. 주택임대소득에 대한 소득세 과세 대상 및 계산 방법

부록 7. 2025년 세법개정안
부록 8. 유산취득세[59]로 상속세 과세체계 전면 개편에 따른 세법 개정안

해당 법 또는 시행령이 개정되어야 한다. 더 세부적인 내용은 개정안이 나오면 그때 확인 바랍니다. (일부는 개정이 되었다)_

※ 법 개정은 국회 문턱을 넘어야 한다. 일부 개정안은 개정이 되었으므로 최신 개정 세법 등을 꼭 확인하시길 바랍니다.

---

[59] 증여세, 취득세처럼 각자 받은 재산을 가지고 상속세를 계산하여 신고 납부

부록 1 2024년 8.8 부동산 대책

1. (등록임대사업자) 세제 혜택 일몰 연장 및 대상·범위 확대

1) (단기 등록임대 도입) 1호만으로도 사업자 등록이 가능한 6년 단기 등록임대를 도입하여 소형주택 공급 활성화(아파트는 제외)

* 1주택자가 소형주택(아파트는 제외) 구입 및 6년 단기 임대(신설·도입되었음) 등록 시 1세대 1주택 특례 적용

2) (일몰 연장) 임대사업자의 등록임대주택(장기 일반·공공지원)에 대한 취득세·재산세 감면* 일몰 기한을 연장('24.12. → '27.12.)

* (취득세) 공동주택(신축·최초분양)·오피스텔(최초분양) 60m^2 이하 면제, 60~85m^2 50% 감면 (재산세) 공동주택·오피스텔·다가구 40m^2 이하 면제, 40~60m^2 75% 감면, 60~85m^2 50% 감면

○ 건설형 등록임대주택에 대한 양도세 장기보유특별공제 70%를(10년 보유 시, 비등록은 20%) 적용하는 일몰 기한을 연장('24.12. → '27.12.)

2. (임대인) 임대수요 정상화

1) 신축 소형주택*을 구입하는 경우, 취득·종부·양도세 산정 시 주택 수 제외하는 기간을 '27.12.까지 확대(준공·취득일 기준, 現~'25.12.)

*소형주택: 전용 60㎡ 이하 수도권 6억 원·지방 3억 원(취득가격) 이하 다가구 주택, 연립·다세대, 도시형생활주택, 주거용 오피스텔

2) 기축 소형주택**'27. 12.까지 구입하여 등록임대주택으로 등록(매입임대)하는 경우, 세제 산정 시 주택 수에서 제외

**소형주택: '24.1.~'27.12.간 구입 및 임대 등록한 전용 60㎡ 이하, 수도권 6억 원·지방 3억 원(취득가격) 이하 다가구주택, 연립·다세대, 도시형생활주택, 주거용 오피스텔

3. 지방 준공 후 미분양에 대한 세 부담 경감

1) (사업자) 지방 준공 후 미분양 주택을 임대주택으로 활용* 시 주택 건설사업자의 원시취득세를 최대 50% 감면

* '24.01.~'25.12. 준공된 취득가액 3억 원 이하, 전용면적 85㎡ 이하 미분양 주택으로서, '25.12.까지 임대계약(2년 이상)을 체결한 주택(법 25% + 조례 25%)

2) (구입자) 기존 1주택자가 '25.12.31.까지 지방 준공 후 미분양주택*을 최초로 구입 시 1세대 1주택 특례**(양도세 · 종부세) 적용

*미분양 주택: '24. 1.~'25. 12. 준공된 취득가격 6억 원 이하, 전용면적 $85㎡$ 이하의 준공 후 수도권 밖 미분양 주택

**특례: 기존 1주택 양도세 12억 원 비과세 및 장기보유특별공제 최대 80%, 종부세 12억 원 기본공제 등

부록 2 2024년 세법 개정안

개정안 중 양도소득세, 증여세·상속세 부분

1. 혼인으로 일시적 2주택이 된 경우 양도소득세 비과세 처분 기간을 5년에서 10년으로 연장(개정되었다)

2024.11.11. 이전 양도	2024.11.12. 이후 양도하는 경우부터
혼인일부터 5년	혼인일부터 10년

2. 상생임대주택 요건 중 상생임대차계약 기간을 '24.1.31.까지에서 '26.12.31.까지로 연장(개정되었다)

3. 1주택을 보유한 1세대가 인구감소지역에 있는 1주택을 취득하는 경우 기존 주택을 양도할 때는 1주택으로 간주하여 비과세를 적용. (개정되었다. 조특법 제71조의 2)

1) 1주택*을 보유한 1세대가 다음 요건을 충족하는 주택 1채를 신규 취득 시 1주택자로 간주, 1세대 1주택 특례 적용

*주택이 아닌 조합원입주권 또는 분양권을 1개 보유한 경우도 포함한다.

○ **(주택 요건) 아래 요건을 모두 충족할 것**

❶ (소재지) 인구감소지역(다만, 수도권·광역시는 제외하되 수도권 내 접경지역 및 광역시 내 군 지역은 포함)

– 기존 1주택과 동일한 시·군·구 소재 주택 취득은 제외한다.

❷ (가액 상한) 공시가격 4억 원*(개정안: 비수도권 인구감소 지역에 한해서 9억 원) 을 초과하지 않을 것
 * (양도소득세) 취득 시 주택공시가격 기준
   (종합부동산세) 과세기준일 공시가격 기준

❸ (취득 기한) '24. 01. 04.부터 '26. 12. 31.까지

○ (특례내용) 양도소득세, 종합부동산세에 대해 1세대 1주택 특례* 적용

* (양도소득세) 기존 1주택 12억 원 비과세 및 장기보유특별공제 최대 80%

(종합부동산세) 기본공제 12억 원(다주택자 9억 원) 및 고령자·장기보유 세액공제 최대 80%

〈적용 시기〉 2025.01.01. 이후 결정 또는 경정하는 분부터 적용

4. 1주택을 보유한 1세대가 준공 후 미분양 주택을 취득하는 경우 1세대 1주택 특례 적용(개정되었다. 조특법 제98조의 9)

1) 1주택을 보유한 1세대가 준공 후 미분양 주택을 취득하는 경우 1세대 1주택 특례 적용

○ (주택 요건) 아래 요건을 모두 충족할 것

❶ '24.01.10.~'25.12.31. (개정안: '27.12.31.) 기간 중 취득
❷ 수도권 밖의 지역에 소재할 것
❸ 전용면적 85㎡, 취득가액 6억 원(개정안:9억 원) 이하일 것

〈❶, ❷ 개정안 적용시기〉 2026.1.1. 부터

○ (특례내용) 양도소득세 및 종합부동산세에 대해 1세대 1주택 특례* 적용

* (양도소득세) 기존 1주택 12억 원 비과세 및 장기보유특별공제 최대 80%

 (종합부동산세) 기본공제 12억 원(다주택자 9억 원) 및 고령자·장기보유 세액공제 최대 80%

〈적용 시기〉 2025.01.01. 이후 결정 또는 경정하는 분부터 적용

관련규정 | 조세특례제한법 제98조의 9 【수도권 밖의 지역에 있는 준공 후 미분양 주택 취득자에 대한 양도소득세 및 종합부동산세 과세특례】

① 1주택을 보유한 1세대(「소득세법」 제88조 제6호의 1세대를 말한다)가 2024년 1월 10일부터 2025년 12월 31일까지의 기간 중에 다음 각호의 요건을 모두 충족하는 준공 후 미분양 주택(이하 이 조에서 "준공 후 미분양 주택"이라 한다)을 취득한 후 준공 후 미분양 주택을 취득하기 전에 보유한 주택을 양도하는 경우에는 그 준공 후 미분양 주택을 해당 1세대의 소유주택이 아닌 것으로 보아 같은 법 제89조 제1항 제3호를 적용한다. (2024. 12. 31. 신설)

1. 수도권 밖의 지역에 소재할 것
2. 전용면적, 취득가액 등 대통령령으로 정하는 요건을 갖출 것

② 1주택을 보유한 1세대(「종합부동산세법」 제2조 제8호의 세대를 말한다)가 2024년 1월 10일부터 2025년 12월 31일까지의 기간 중에 준공 후 미분양 주택을 취득한 경우에는 같은 법 제8조 제1항 제1호에 따른 1세대 1주택자로 본다. (2024. 12. 31. 신설)

③ 제2항을 적용받으려는 납세의무자는 해당 연도 9월 16일부터 9월 30일까지 대통령령으로 정하는 바에 따라 관할세무서장에게 신청하여야 한다. (2024. 12. 31. 신설)

④ 제1항 및 제2항을 적용할 때 준공 후 미분양 주택의 확인 절차, 그 밖에 필요한 사항은 대통령령으로 정한다. (2024. 12. 31. 신설)

부칙 (2024.12.31. 법률 제20617호)

제15조 【수도권 밖의 지역에 있는 준공 후 미분양 주택 취득자에 대한 양도소득세 및 종합부동산세 과세특례에 관한 적용례】

제98조의 9의 개정규정은 이 법 시행 이후 결정하거나 경정하는 경우부터 적용한다.

5. 증여세·상속세 최고세율 인하 및 과세표준 조정 (법 개정안)

※ 법 개정안이다. 시행령이 아닌 법 개정안은 국회 문턱을 넘어야 한다.

현행		개정안	
과세표준	세율	과세표준	세율
1억 원 이하	10%	2억 원 이하	10%
1억 원 초과~5억 원 이하	20%	2억 원 초과~5억 원 이하	20%
5억 원 초과~10억 원 이하	30%	5억 원 초과~10억 원 이하	30%
10억 원 초과~30억 원 이하	40%	10억 원 초과	40%
30억 원 초과	50%		

〈개정안 적용 시기〉 2025.01.01. 이후 상속이 개시되거나 증여받는 분부터 적용

6. 상속세를 계산할 때 상속공제 중 자녀 공제를 1인당 5천만 원에서 1인당 5억 원으로 상향

☐ **법 개정안이다. 즉, 국회 문턱을 넘어야 한다.**

구분	현행	개정안
① 기초공제	2억 원	〈좌 동〉
② 자녀공제	1인당 5천만 원	1인당 5억 원
③ 일괄공제	5억 원	〈좌 동〉

(예시) 피상속인의 배우자는 없고 자녀만 3명이라고 했을 때

구분	현 행	개정안 적용 시
각 항별 공제금액	① 기초공제 : 2억 ② 자녀공제 : 1억 5천 ③ 일괄공제 : 5억	① 기초공제 : 2억 ② 자녀공제 : 15억 ③ 일괄공제 : 5억
상속공제 합계금액	5억 원 [3억 5천만 원(①+②)과 5억 원 중 (③) 큰 금액으로 공제 가능]	17억 원 [17억(①+②)과 5억 원 (③) 중 큰 금액으로 공제 가능]

〈개정안 적용 시기〉 2025. 01. 01. 이후 상속이 개시되는 분부터 적용

부록 3 2024년 세법개정에 따른 후속 시행령 개정

1. 양도소득세 및 종합부동산세 과세특례(194페이지 조특법 제71조의 2)를 적용받는 인구감소지역주택의 세부 요건 등을 시행령으로 규정하려고 함

시행령이 개정(신설)되었습니다.

조세특례제한법 시행령 제68조의 2 [개정(신설)]

구분	요건
지역	취득 당시 인구감소지역에 소재할 것 −수도권·광역시는 제외한다. 다만, 수도권 내 접경지역** 및 광역시 내 군 지역은 포함한다. −기존 1주택 등과 동일한 시·군·구 지역에 소재하는 인구감소지역 주택 취득은 제외한다.
주택 가액기준	공시가격 4억 원(개정안:비수도권 인구감소 지역에 한해서 9억 원) 이하 −양도소득세 : 취득일 현재 기준 −종합부동산세 : 과세기준일(6월 1일) 현재
적용 시기	2025년 1월 1일 이후 결정 또는 경정하는 분부터
특례 규정	1주택***을 보유한 1세대가 인구감소지역 주택 1채를 취득하여 2주택이 된 경우에도 인구감소지역주택을 취득하기 전에 보유하고 주택 등을 양도하는 경우에는 인구감소지역주택은 해당 1세대의 소유주택이 아닌 것으로 보아 1세대 1주택 비과세 등 규정을 적용한다.

* 종합부동산세: 1주택을 보유한 1세대가 인구감소지역 주택 1채를 취득한 경우에도 1세대 1주택자로 본다.
** 「접경지역 지원 특별법」 제2조
*** 주택이 아닌 분양권 또는 조합원입주권을 1개를 보유한 경우에도 포함한다.

관련 규정 | 조세특례제한법 시행령 제68조의 2

【인구감소지역 주택 취득자에 대한 양도소득세 및 종합부동산세 과세특례】

① 법 제71조의 2 제1항에서 "대통령령으로 정하는 주택"이란 다음 각호의 요건을 모두 충족하는 주택(이하 이 조에서 "인구감소지역주택"이라 한다)을 말한다. (2025.02.28. 신설)

1. 취득 당시 인구감소지역에 소재할 것. 다만, 다음 각 목의 어느 하나에 해당하는 지역에 소재하는 주택은 제외한다.

가. 수도권(「접경지역 지원 특별법」 제2조 제1호에 따른 접경지역은 제외한다)
나. 광역시(광역시에 있는 군은 제외한다)
다. 해당 주택 취득 전에 보유한 주택(해당 주택 취득 전에 조합원입주권 또는 분양권을 보유한 경우에는 해당 조합원입주권 또는 분양권을 통해 공급하는 주택)과 동일한 시·군·구

2. 주택 및 이에 딸린 토지의 가액(「소득세법」 제99조 제1항에 따른 기준시가를 말한다)의 합계액이 해당 주택 취득일(법 제71조의 2 제2항을 적용하는 경우에는 해당 주택 취득일 및 「종합부동산세법」 제3조에 따른 과세기준일) 현재 4억 원을 초과하지 않을 것

② 법 제71조의 2 제1항에 따른 과세특례를 적용받으려는 자는 「소득세법」 제105조 또는 같은 법 제110조에 따른 양도소득과세표준신고와 함께 기획재정부령으로 정하는 과세특례 신고서를 제출해야 한다. 이 경우 납세지 관할세무서장은 「전자정부법」 제36조 제1항에 따른 행정정보의 공동이용을 통해 다음 각호의 서류를 확인해야 한다. (2025.02.28. 신설)

1. 인구감소지역주택의 토지대장 및 건축물대장
2. 인구감소지역주택 취득 전에 보유한 주택의 토지대장 및 건축물대장

③ 인구감소지역주택 취득 전에 조합원입주권 또는 분양권을 보유한 자는 제2항에 따라 양도소득과세표준신고와 함께 과세특례 신고서를 제출하는 경우에는 해당 조합원입주권 또는 분양권 보유 여부를 증명할 수 있는 서류를 함께 제출해야 한다. (2025.02.28. 신설)

④ 법 제71조의 2 제2항에 따른 과세특례를 적용받으려는 1세대 1주택자는 기획재정부령으로 정하는 신청서를 관할세무서장에게 제출해야 한다. 다만, 최초로 신청을 한 연도의 다음 연도부터는 그 신청 내용에 변동이 없으면 신청하지 않을 수 있다. (2025.02.28. 신설)

2. 비수도권 준공 후 미분양 주택 취득자에 대한 과세특례(조특법 제98조의 9)를 적용받는 세부 요건 등을 시행령으로 규정하려고 함

시행령이 개정(신설)되었습니다.

조세특례제한법 시행령 제98조의 8 [개정(신설)]

구분	요건
지역	수도권 밖의 지역에 소재하고 있는 준공 후 미분양 주택
면적 기준	전용면적 85 m^2 이하
주택가액 기준	취득가액 6억 원 이하
취득 기한	2024년 1월 10일부터~2025년 12월 31일(정부개선안:2026.12.31.) 까지 취득 -최초 매매계약 체결자만. 즉, 명의변경으로 취득한 자는 해당 사항 없음
미분양 확인	해당 주택 관할 시장·군수·구청장이 공급계약서에 준공 후 미분양 된 주택임을 사실 확인 날인
적용 시기	2025년 1월 1일 이후 결정 또는 경정하는 분부터
특례 규정*	1주택을 보유한 1세대가 각 요건을 모두 충족하는 준공 후 미분양 주택을 취득한 후 준공 후 미분양 주택을 취득하기 전에 보유하고 주택 등을 양도하는 경우에는 그 준공 후 미분양 주택은 1세대의 소유주택이 아닌 것으로 보아 1세대 1주택 비과세 등 규정을 적용한다.

*종합부동산세: 1주택을 보유한 1세대가 준공 후 미분양 주택을 취득한 경우에도 1세대 1주택자로 본다.

| 관련 규정 | 조세특례제한법 시행령 제98조의 8

【수도권 밖의 지역에 있는 준공 후 미분양 주택 취득자에 대한 양도소득세 및 종합부동산세 과세특례】

① 법 제98조의 9 제1항 제2호에서 "전용면적, 취득가액 등 대통령령으로 정하는 요건"이란 다음 각호의 요건을 말한다. (2025.2.28. 신설)

1. 전용면적이 85제곱미터 이하일 것
2. 취득가액이 6억 원(개정안:9억 원) 이하일 것
3. 양도자가 다음 각 목의 어느 하나에 해당할 것

가. 「주택법」 제54조 제1항 각호 외의 부분 전단에 따른 사업 주체
나. 「건축물의 분양에 관한 법률」 제2조 제3호에 따른 분양사업자
다. 가목에 따른 사업 주체 또는 나목에 따른 분양사업자로부터 주택의 공사대금으로 해당 주택을 받은 시공자
4. 양수자가 해당 주택에 대한 매매계약(주택공급계약 및 분양계약을 포함한다. 이하 이 항에서 같다)을 최초로 체결한 자일 것
5. 「주택법」 제49조에 따른 사용검사(같은 조 제4항 단서에 따른 임시 사용승인을 포함한다) 또는 「건축법」 제22조에 따른 사용승인(같은 조 제3항 각호의 어느 하나에 따라 건축물을 사용할 수 있는 경우를 포함한다)을 받은 날까지 분양계약이 체결되지 않아 선착순의 방법으로 공급하는 것일 것

② 법 제98조의 9 제1항 각호의 요건을 모두 충족하는 준공 후 미분양 주택(이하 이 조에서 "준공 후 미분양 주택"이라 한다)의 확인 절차는 다음 각호의 순서에 따른다. (2025.02.28. 신설)

1. 양도자는 해당 주택의 소재지를 관할하는 시장·군수·구청장에게 해당 주택이 준공 후 미분양 주택인지 여부를 확인해 줄 것을 요청

2. 제1호에 따라 요청받은 시장·군수·구청장은 해당 주택이 준공 후 미분양 주택임을 확인한 경우에는 해당 주택의 매매계약서에 기획재정부령으로 정하는 준공 후 미분양 주택 확인 날인을 하여 양도자에게 내주고, 그 확인 내용을 기획재정부령으로 정하는 준공 후 미분양 주택 확인 대장에 기재하여 매매계약서 사본과 함께 보관

3. 양도자는 제2호에 따라 준공 후 미분양 주택 확인 날인을 받은 매매계약서를 양수자에게 교부

4. 시장·군수·구청장은 매매계약서에 준공 후 미분양 주택임을 확인하는 날인을 한 날이 속하는 분기의 말일부터 1개월 이내에 기획재정부령으로 정하는 준공 후 미분양 주택 확인 대장을 정보처리장치 등의 전자적 형태로 해당 주택의 소재지를 관할하는 세무서장에게 제출

③ 법 제98조의 9 제1항에 따른 과세특례를 적용받으려는 자는 「소득세법」 제105조 또는 같은 법 제110조에 따른 양도소득과세표준신고와 함께 기획재정부령으로 정하는 과세특례 신고서와 준공 후 미분양 주택 확인 날인을 받은 매매계약서 사본을 제출해야 한다. (2025.02.28. 신설)

④ 법 제98조의 9 제2항에 따른 과세특례를 적용받으려는 1세대 1주택자는 기획재정부령으로 정하는 신청서와 준공 후 미분양 주택 확인 날인을 받은 매매계약서 사본을 관할세무서장에게 제출해야 한다. 다만, 최초로 신청을 한 연도의 다음 연도부터는 그 신청 내용에 변동이 없으면 신청하지 않을 수 있다. (2025.02.28. 신설)

부록 4 증여세·상속세 세율

1) 2025년 8월 기준

과세표준	세율	누진공제
1억 원 이하	10%	–
1억 원 초과~5억 원 이하	20%	1천만 원
5억 원 초과~10억 원 이하	30%	6천만 원
10억 원 초과~30억 원 이하	40%	1억 6천만 원
30억 원 초과	50%	4억 6천만 원

※ 세대를 건너뛴 증여: 산출세액의 30%가 가산되며, 수증자가 미성년자인 경우로서 증여재산 가액이 20억 원을 초과하는 경우 산출세액의 40%를 가산한다.

증여세 과세표준 신고·납부 기한

증여세 신고 및 납부는 증여 등기접수일 그달의 말일부터 3개월 이내.

2) 2024년 세법 개정안

※ 국회 문턱을 넘어야 하는 법 개정안이다.

과세표준	세율	누진공제
2억 원 이하	10%	–
2억 원 초과~5억 원 이하	20%	2천만 원
5억 원 초과~10억 원 이하	30%	7천만 원
10억 원 초과	40%	1억 7천만 원

〈개정안 적용 시기〉 2025.01.01. 이후 상속이 개시되거나 증여하는 분부터 적용

3) 증여재산 공제액

관계 (기준 : 증여인)	2016.01.01 이후	2024.01.01 이후
배우자	6억 원	〈좌 동〉
직계존속 (계부모 포함)	5천만 원 (미성년자는 2천만 원)	5천만 원(미성년자는 2천만 원) (혼인·출산의 경우 추가 1억 원)
직계비속	5천만 원	〈좌 동〉
기타 친족(형제 등)* –4촌 이내의 혈족 –3촌 이내의 인척	1천만 원	〈좌 동〉
타인	–	–
합산 기간	10년	〈좌 동〉
	(증여자가 직계존속인 경우 그 직계존속의 배우자를 포함한다.)	

---

*기타 친족: 2025.03.14. 이전에 증여받은 경우에는 6촌 이내의 혈족, 4촌 이내의 인척 (부칙 : 2025.3.14. 법률 제20777호)

혼인·출산 지원을 위해 혼인신고일 전후 각 2년 또는 자녀의 출생일부터 2년 이내에 직계존속으로부터 증여받는 재산은 최대 1억 원까지 증여세 과세 가액에서 공제한다. (2024.1.1. 증여하는 분부터)

※ 기본공제 5천만 원과 별도로 적용하며, 혼인 공제와 출산 공제의 통합 한도는 1억 원이다.
※ 혼인 또는 출산 시 증여받은 자금도 10년 합산 대상이다.

부록 5 종합부동산세

1) 종합부동산세

매년 6월 1일 현재 국내에 소재한 재산세 과세 대상인 주택 및 토지를 유형별로 구분하여 **개인별**(세대 합산이 아님)로 합산한 결과, 그 공시가격 합계액이 각 유형별로 공제금액을 초과하는 경우 그 초과분에 대하여 과세되는 세금이다. 납세자 주소지 관할 세무서에서 부과한다.

유형별 과세 대상	공제금액 (주택 공시가격 등)	
	2021년 이후 과세분	'23년 이후 과세분
주택 (주택 부속 토지 포함)	㉮ 인별 : 6억 원 ㉯ 1세대 1주택 : 세대 기준 11억	㉮ 인별 : 9억 원 ㉯ 1세대 1주택 : 세대 기준 12억
종합합산 토지 (나대지·잡종지 등)	5억 원	〈좌 동〉
별도합산 토지 (상가·사무실 부속 토지 등)	80억 원	〈좌 동〉

※ 주택 : 법인은 2021년 과세분부터 공제금액 없음.

㉯ 1세대 1주택 : 1세대 1주택자란 거주자로서 세대원 중 1명만이 재산세 과세대상인 1주택을 단독으로 소유한 경우를 말한다.

※ '21년 납세분부터는 부부 공동명의 1세대 1주택의 경우에도 위 ㉮ ㉯ 중 유리한 쪽으로 선택이 가능하다.

① **종합부동산세 합산배제 주택 등**

법에서 말하는 일정한 요건을 갖춘 임대주택, 미분양 주택 등과 주택건설사업자의 주택신축용 토지에 대하여는 9.16일부터 9.30일까지 합산배제신고하는 경우 종합부동산세에서 과세 제외된다.

▢ 종합부동산세법 시행령 제3조【합산배제 임대주택】
▢ 종합부동산세법 시행령 제4조【합산배제 사원용 주택 등】

② **일시적 2주택 등**

상속 및 일시적 2주택 등 주택의 수에서 제외하고 있는 지방 저가 주택 1채·인구감소지역 주택 1채·지방 준공 후 미분양 주택을 취득한 경우에도 ㉯1세대 1주택자로 본다.

▢ 종합부동산세법 시행령 제4조의 2【1세대 1주택자의 범위】
▢ 조세특례제한법 시행령 제68조의 2【인구감소지역 주택 취득자에 대한 양도소득세 및

종합부동산세 과세특례】

☐ 조세특례제한법 시행령 제98조의 8【수도권 밖의 지역에 있는 준공 후 미분양 주택 취득자에 대한 양도소득세 및 종합부동산세 과세특례】

재산세로 부과된 세액 중 종합부동산세 과세표준 금액에 부과된 재산세 상당액은 '종합부동산세'에서 공제하며
⑭ 1세대 1주택자의 경우 보유기간 및 나이에 따라 20%~50%(최고 80%)까지 공제가 가능하다.

종합부동산세 합산배제 임대주택의 범위에 6년 단기임대주택 신설 (종합부동산세법 시행령 제3조 1항)

〈중간 생략〉

10. 건설임대주택 중 「민간임대주택에 관한 특별법」 제2조 제6호의 2에 따른 단기 민간임대주택으로서 다음 각 목의 요건을 모두 갖춘 주택이 2호 이상인 경우 그 주택 (2025.2.28. 신설)

가. 전용면적이 149제곱미터 이하로서 2호 이상의 주택의 임대를 개시한 날(2호 이상의 주택의 임대를 개시한 날 이후 임대를 개시한 주택의 경우에는 그 주택의 임대를 개시한 날을 말한다) 또는 최초로 제9항에 따른 합산배제신고를 한 연도의 과세기준일의 공시가격이 6억 원 이하일 것

나. 6년 이상 계속하여 임대하는 것일 것

다. 임대료 등의 증가율이 100분의 5를 초과하지 않을 것. 이 경우 임대료 등 증액 청구는 임대차계약의 체결 또는 약정한 임대료 등의 증액이 있은 후 1년 이내에는 하지 못하고, 임대사업자가 임대료 등의 증액을 청구하면서 임대보증금과 월 임대료를 상호 간에 전환하는 경우에는 「민간임대주택에 관한 특별법」 제44조 제4항에 따라 정한 기준을 준용한다.

11. 매입임대주택 중 「민간임대주택에 관한 특별법」 제2조 제6호의 2에 따른 단기 민간임대주택으로서 가목1)부터 3)까지의 요건을 모두 갖춘 주택. 다만, 나목1) 및 2)에 해당하는 주택의 경우는 제외한다. (2025.2.28. 신설)

가. 적용요건

1) 해당 주택의 임대를 개시한 날 또는 최초로 제9항에 따른 합산배제신고를 한 연도의 과세기준일의 공시가격이 다음의 구분에 따른 금액 이하일 것

가) 해당 주택의 소재지가 수도권인 경우: 4억 원
나) 해당 주택의 소재지가 수도권 밖의 지역인 경우: 2억 원

2) 6년 이상 계속하여 임대하는 것일 것
3) 임대료 등의 증가율이 100분의 5를 초과하지 않을 것. 이 경우 임대료 등 증액 청구는 임대차계약의 체결 또는 약정한 임대료 등의 증액이 있은 후 1년 이내에는 하지 못하고, 임대사업자가 임대료 등의 증액을 청구하면서 임대보증금과 월 임대료를 상호 간에 전환하는 경우에는 「민간임대주택에 관한 특별법」 제44조 제4항에 따라 정한 기준을 준용한다.

나. 제외되는 주택

1) 1세대가 국내에 1주택 이상을 보유한 상태에서 세대원이 새로 취득(제7항 제2호 또는 제7호에 따라 임대 기간이 합산되는 경우의 취득은 제외한다)한 조정대상지역에 있는 「민간임대주택에 관한 특별법」 제2조 제6호의 2에 따른 단기 민간임대주택[조정대상지역의 공고가 있은 날(이미 공고된 조정대상지역의 경우 2018년 9월 13일을 말한다) 이전에 주택(주택을 취득할 수 있는 권리를 포함한다)을 취득하거나 취득하기 위하여 매매계약을 체결하고 계약금을 지급한 사실이 증빙서류에 의하여 확인되는 경우는 제외한다]

2) 법인 또는 법인으로 보는 단체가 조정대상지역의 공고가 있은 날(이미 공고된 조정대상지역의 경우 2020년 6월 17일을 말한다)이 지난 후에 사업자등록증을 신청(임대할 주택을 추가하기 위한 등록사항의 변경 신고를 포함하며, 제7항 제7호에 따라 임대 기간이 합산되는 경우는 멸실된 주택에 대한 신청을 말한다)한 조정대상지역에 있는 「민간임대주택에 관한 특별법」 제2조 제6호의 2에 따른 단기 민간임대주택

☐ 아파트는 주임사 등록 ✕

2) 주택 종합부동산세 세율 (종합부동산세법 제9조)

과세표준	2주택 이하 (법인은 전 구간 2.7%)		3주택 이상 (법인은 전 구간 5%)	
	'21년 이후 과세분	누진 공제	'23년 이후 과세분	누진 공제
3억 원 이하	0.5%	–	0.5%	–
3억~6억 이하	0.7%	60만 원	0.7%	60만 원
6억~12억 이하	1.0%	240만 원	1.0%	240만 원
12억~25억 이하	1.3%	600만 원	2.0%	1,440만 원
25억~50억 이하	1.5%	1,100만 원	3.0%	3,940만 원
50억~94억 이하	2.0%	3,600만 원	4.0%	8,940만 원
94억 초과	2.7%	1억 180만 원	5.0%	1억 8천 340만 원

※ 주택 수는 조정대상지역 등 지역을 따로 구분하지 않는다.

(종부세) 1세대 1주택 특례가 적용되는 지방 저가 주택의 범위

○ 종합부동산세법 시행령 제4조의 2 ③

구분	요건
지역	다음 어느 하나에 해당하는 지역에 소재하는 주택일 것 가. 수도권 밖의 지역 중 광역시 및 특별자치시가 아닌 지역 나. 수도권 밖의 지역 중 광역시에 소속된 군 다. 「세종특별자치시 설치 등에 관한 특별법」 제6조 제3항에 따른 읍·면 라. 서울특별시를 제외한 수도권 중 「국가균형발전 특별법」 제2조 제9호에 따른 인구감소 지역이면서 「접경지역 지원 특별법」 제2조 제1호에 따른 접경지역에 해당하는 지역으로서 부동산 가격의 동향 등을 고려하여 기획 재정부령으로 정하는 지역

구분	요건
주택가액 기준	공시가격 3억 원 이하 (개정 : 4억 원 이하) (개정안:비수도권 인구감소 지역에 한해서 9억 원) -과세기준일(6월 1일) 현재
적용 시기	(3억 원) 2023.02.28. 이후 납세의무가 성립하는 경우부터 (4억 원) 2025.02.28. 이후 납세의무가 성립하는 경우부터
특례 규정	1세대 1주택자 판정 시 지방 저가 주택은 주택 수에서 제외한다. 다만, 과세표준에는 합산한다.

부록 6 주택임대소득에 대한 소득세 과세 (소득령 제53조의 2)

다주택자는 매년 1월 1일부터 2월 10일까지 전년도 주택임대현황에 대해서 사업장현황신고를 이행해야 한다. 현황 신고를 한다고 해서 무조건 소득세가 발생하는 것은 아니다.

구분		보증금	월세
① 1주택	국내 소재 정부 공시가격(기준시가) 12억 원 이하	×	×
	국내 소재 정부 공시가격(기준시가) 12억 원 초과 주택 또는 국외 주택으로부터 월세 수입이 있는 경우	×	과세
② 2주택 '26.01.01. 이후부터	1채라도 해당 과세기간의 기준시가가 12억 원을 초과하지 않는 경우 or 2주택 모두 기준시가가 12억 원을 초과하지 않는 경우	×	과세
	2주택 모두 해당 과세기간의 기준시가가 12억 원을 초과하는 경우로서 그 2주택 보증금의 합계액이 3억 원 이상의 금액으로서 12억 원을 초과하는 경우 (과세 대상이 되는 전세보증금의 금액 기준은 시행령에 위임한다) (예상) 보증금 합계액 12억 원 초과분의 60%에 대한 이자 상당액(간주임대료)에 해당하는 금액을 과세할 듯. 이 부분은 시행령 등이 개정되면 확인 필요.	과세	과세

구분		보증금	월세
③ 3주택 이상	보증금의 경우 소형주택을 제외한 나머지 주택의 수가 3주택 이상인 경우로서 소형주택의 보증금을 제외한 보증금의 합계액이 3억 원을 초과하면 3억 원 초과분의 60%에 대한 이자 상당액(간주임대료)에 해당하는 금액을 과세한다. - 소형주택(주거 전용면적 40㎡ 이하인 주택으로서 기준시가 2억 원 이하의 주택)은 2026.12.31.까지는 주택 수에 포함하지 아니한다. - 소형주택도 월세는 과세 대상이다.	과세	과세

▫ 직전년도 주택임대 수입금액이 2천 4백만 원 미만인 경우 단순경비율 적용대상자.

○ 주택임대소득 총수입금액의 합계액이 2천만 원 이하인 경우 종합과세와 분리과세 중 선택 가능하다. (소득세법 64의2, 소득세법시행령 122의2)

구 분	분리과세	종합과세
세율	주택임대소득 × 14% 종합과세 다른 소득 × 6~45%	(주택임대소득 + 종합과세 다른 소득) × 6~45%

○ **주택임대소득 분리과세 계산 구조**

구 분	등록임대주택*	미등록임대주택
수입금액	월세+간주임대료	월세+간주임대료
필요경비	수입금액의 60%를 필요경비로 공제한다.	수입금액의 50%를 필요경비로 공제한다.
소득금액 (과세표준)	수입금액-필요경비-기본공제**(4백만 원)	수입금액-필요경비-기본공제**(2백만 원)
산출세액	과세표준 × 14%	과세표준 × 14%
세액감면***	단기 임대(4년) 30%(20%), 장기 임대(8·10년)**** 75%(50%)	-
결정세액	산출세액 - 세액감면	산출세액 - 세액감면

*등록임대주택 : 지자체와 세무서에 모두 등록하고 5% 증액 제한 요건을 지킬 것.

**기본공제: 분리과세 주택임대소득을 제외한 종합소득금액이 2천만 원 이하인 경우에만 기본공제가 가능하다.

***세액감면: 국민주택규모의 임대주택으로 조세특례제한법 제96조의 요건을 충족하여야 세액감면이 가능하다.

****임대주택: ('20.8.18.) 「민간임대주택에 관한 특별법」 개정으로 단기 임대 및 아파트 장기 임대 폐지, 10년 장기 임대 신설

부록 7 ― 2025년 세법 개정안 (개정되었다)

1) 증여재산 공제가 적용되는 친족의 범위 축소 (상증법 제53조)

개정 전	개정(2025.03.14)
□ 증여재산 공제 적용 범위 □ (배우자) 6억 원 □ (직계존속) 5천만 원 　- 미성년자 2천만 원 □ (직계비속) 5천만 원 □ (6촌 이내 혈족, 4촌 이내 인척) 1천만 원	□ 증여재산 공제 적용 범위 □ (좌 동) □ (4촌 이내 혈족, 3촌 이내 인척) 1천만 원

〈적용 시기〉 2025.03.14. 이후 증여하는 경우부터 적용한다.

2) 공익사업용 토지 등에 대한 양도소득세 감면율 상향(조특법 제77조 ① ④)

개정 전	개정(2025.03.14)
□ 공익사업용 토지 등에 대한 양도소득세 감면 □ (요건) ❶ + ❷ ❶ 2년 이상 보유 (사업인정고시일 기준) ❷ 사업 시행자에게 양도 또는 수용 　□ (감면율) 　현금 보상 : 10% 　채권 보상 : 15% 　　-3년 만기 : 30% 　　-5년 만기 : 40%	□ 감면율 상향 □ (좌 동) 　□ (감면율) 　현금 보상 : 15% 　채권 보상 : 20% 　　-3년 만기 : 35% 　　-5년 만기 : 45%

〈적용 시기〉 2025.01.01. 이후 양도하는 경우부터 적용한다.

3) 개인 양도소득세 감면 종합 한도 상향 (조세특례제한법 제133조 ②)

> 주의 공익사업수용이라고 해서 무조건 감면 종합한도가 상향되는 것은 아니다. 주의가 필요하다.

개정 전	개정(2025.03.14)
☐ 조세특례제한법에 따른 양도소득세 감면의 종합한도* * 감면 세액 총계에 적용	☐ 양도소득세 감면 종합한도 상향
☐ 1개 과세기간 감면* 합계액 한도 : 1억 원 * 공익사업용 토지 수용·협의매수 등에 대한 **16개 감면***	☐ 1개 과세기간 감면 한도 조정 - 공익사업용 토지 수용·협의매수, 개발제한 구역 내 토지 협의매수 등* : 2억 원 * 비자발적양도^{주1)}에 대한 3개 감면 - 그 외 : 현행 유지
☐ 5개 과세기간 감면* 합계액 한도 : 2억 원 * 공익사업용 토지 수용·협의매수 등에 대한 **11개 감면***	☐ 5개 과세기간 감면 한도 조정 - 공익사업용 토지 수용·협의매수, 개발제한 구역 내 토지 협의매수 등* : 3억 원 * 비자발적양도^{주2)}에 대한 3개 감면 - 그 외 : 현행 유지

〈적용 시기〉

① 2025.01.01. 이후 양도하는 경우부터 적용한다.

② 제133조 제2항 제2호의 개정 규정을 적용하는 경우 이 법 시행(2025.03.14.) 전에 제77조의 3*에 따라 감면받은 세액은 이를 합산하지 아니한다.

주1) 주2) : 조세특례제한법 제77조【공익사업용 토지 등에 대한 양도소득세의 감면】, 제77조의 2【대토보상에 대한 양도소득세 과세특례】, 제77조의 3【개발제한구역 지정에 따른 매수 대상 토지 등에 대한 양도소득세의 감면】.

양도소득세 감면의 종합한도는 복잡하다. 추가적인 논의에 대해서는 저자의 블로그에서 확인해 보시길 바랍니다. [제목 : 공익사업으로 토지 등이 수용이 되는 경우 감면율 및 감면 종합한도가 상향되었습니다. (작성일자:2025.3.14.)]

관련 규정 | 조세특례제한법 제133조【양도소득세 및 증여세 감면의 종합한도】

2025. 03. 14. 제20778호 개정

① 개인이 제33조, 제43조, 제66조부터 제69조까지, 제69조의 2부터 제69조의 4까지, 제70조, 제85조의 10 또는 법률 제6538호 부칙 제29조에 따라 감면받을 양도소득세액의 합계액 중에서 다음 각호의 금액 중 큰 금액은 감면하지 아니한다. 이 경우 감면받는 양도소득세액의 합계액은 자산 양도의 순서에 따라 합산한다. (2025.03.14. 개정)

1. 제33조, 제43조, 제66조부터 제69조까지, 제69조의 2부터 제69조의 4까지, 제70조, 제85조의 10 또는 법률 제6538호 부칙 제29조에 따라 감면받을 양도소득세액의 합계액이 과세 기간별로 1억 원을 초과하는 경우에는 그 초과하는 부분에 상당하는 금액 (2025.03.14. 개정)

---

* 개발제한구역 지정에 따른 매수 대상 토지 등에 대한 양도소득세의 감면.

2. 5개 과세기간의 합계액으로 계산된 다음 각 목의 금액 중 큰 금액. 이 경우 5개 과세기간의 감면받을 양도소득세액의 합계액은 해당 과세기간에 감면받을 양도소득세액과 직전 4개 과세기간에 감면받은 양도소득세액을 합친 금액으로 계산한다. (2020.06.09. 개정)

가. 5개 과세기간의 제70조에 따라 감면받을 양도소득세액의 합계액이 1억 원을 초과하는 경우에는 그 초과하는 부분에 상당하는 금액

나. 5개 과세기간의 제66조부터 제69조까지, 제69조의 2부터 제69조의 4까지 또는 제70조에 따라 감면받을 양도소득세액의 합계액이 2억 원을 초과하는 경우에는 그 초과하는 부분에 상당하는 금액 (2025. 03. 14. 개정)

다. 삭제(2017.12.19.)

② 개인이 제77조, 제77조의 2 또는 제77조의 3에 따라 감면받을 양도소득세액의 합계액 중에서 다음 각호의 금액 중 큰 금액은 감면하지 아니한다. 이 경우 감면받는 양도소득세액의 합계액은 자산 양도의 순서에 따라 합산한다. (2025.03.14. 신설)

1. 제77조, 제77조의 2 또는 제77조의 3에 따라 감면받을 양도소득세액의 합계액이 과세 기간별로 2억 원을 초과하는 경우에는 그 초과하는 부분에 상당하는 금액

2. 5개 과세기간의 제77조, 제77조의 2 또는 제77조의 3에 따라 감면받을 양도소득세액의 합계액이 3억 원을 초과하는 경우에는 그 초과하는 부분에 상당하는 금액. 이 경우 5개 과세기간의 감면받을 양도소득세액의 합계액은 해당 과세기간에 감면받을 양도소득세액과 직전 4개 과세기간에 감면받은 양도소득세액을 합친 금액으로 계산한다.

③ 제1항 제1호 및 제2항 제1호를 적용할 때 토지를 분할(해당 토지의 일부를 양도한 날부터 소급하여 1년 이내에 토지를 분할한 경우를 말한다)하여 그 일부를 양도하거나 토지의 지분을 양도한 후 그 양도한 날로부터 2년 이내에 나머지 토지나 그 지분의 전부 또는 일부를 동일인이나 그 배우자에게 양도하는 경우에는 1개 과세기간에 해당 양도가 모두 이루어진 것으로 본다. (2025.03.14. 개정)

④ 제71조에 따라 감면받을 증여 세액의 5년간 합계가 1억 원(이하 이 항에서 "증여세감면한도액"이라 한다)을 초과하는 경우에는 그 초과하는 부분에 상당하는 금액은 감면하지 아니한

다. 이 경우 증여세감면한도액은 그 감면받을 증여 세액과 그 증여일 전 5년간 감면받은 증여세액을 합친 금액으로 계산한다. (2025.03.14. 개정)

부 칙 (2025.3.14. 법률 제20778호)

제1조【시행일】
이 법은 공포한 날부터 시행한다. 다만, 제86조의 3 제4항의 개정 규정은 2025년 7월 1일부터 시행한다.

〈중간 생략〉

제10조【공익사업용 토지 등에 대한 양도소득세의 감면에 관한 적용례】

제77조 제1항 및 제4항의 개정 규정은 이 법 시행일이 속하는 과세 연도에 양도하는 경우부터 적용한다.

〈중간 생략〉

제15조【양도소득세 감면의 종합한도 변경에 따른 적용례 등】

① 제133조 제1항부터 제3항까지의 개정 규정은 이 법 시행일이 속하는 과세 연도에 양도하는 경우부터 적용한다.

② 제133조 제2항 제2호의 개정 규정을 적용하는 경우 이 법 시행 전에 제77조의 3에 따라 감면받은 세액은 이를 합산하지 아니한다.

부록 8 — 유산취득세로 상속세 과세체계 전면 개편에 따른 세법 개정안

유산취득세: 증여세, 취득세처럼 각자 받은 재산을 가지고 상속세를 계산하여 신고 납부

■ 세법 개정안 내용 중 주요 내용

1. 상속세 과세대상 기준 변경(상증법 §3, §3의 2)

현 행	개 정 안
ㅁ (과세대상) 피상속인의 거주자 여부 기준	ㅁ 상속인(수유자)·피상속인의 거주자 여부* 종합 고려 * 단기 거주 외국인(상속개시일 이전 10년 동안 국내에 주소·거소를 둔 기간 합계가 5년 이하인 경우)은 비거주자로 간주
ㅇ 피상속인이 거주자 : 국내외 모든 상속재산	ㅇ 상속인·수유자가 거주자인 경우: 국내외 모든 상속취득재산
ㅇ 피상속인이 비거주자 : 국내 소재 상속재산	ㅇ 상속인·수유자가 비거주자인 경우 – 피상속인이 거주자 : 국내외 모든 상속취득재산 – 피상속인이 비거주자 : 국내 소재 상속취득재산

〈개정안 적용 시기〉 이 법 시행 이후 상속이 개시되는 분부터 적용

2. 상속세 납부 의무(상증법 3의2)

현 행	개 정 안
□ 상속세납부 의무	□ 상속세 납부 의무 조정
○ 상속인·수유자는 피상속인의 상속재산*에 대한 상속세를 각자 받았거나 받을 재산을 기준으로 안분한 금액 납부 * 상속개시일 전 10년 이내(상속인 외의 자는 5년 이내) 증여재산 포함	○ 상속인·수유자는 각자가 취득한 상속취득재산*에 대한 상속세를 납부 * 상속개시일 전 10년 이내 증여재산 포함
□ 연대납세의무	□ 제한적 연대납세의무

○ 동일한 피상속인으로부터 재산을 상속받은 모든 상속인·수유자*에게 상속재산에 대한 연대납세의무 부과	○ ① 상속인에 대한 조세채권 확보가 곤란하거나 ②위장분할*한 경우
	
	* 상속취득재산의 명의자와 실제 귀속되는 자가 다른 분할
	
	※ 우회 상속 시 연대납세는 별도 규정(§27의2)
	  - (조세채권 확보 곤란) 해당 상속인*의 상속세를 상속인 간 연대납세
	
	  * 주소·거소 불분명, 상속세 납부 능력 없음, 비거주자 등
	
	  - (위장분할) 실제 귀속에 따른 상속세를 위장분할과 관련된 상속인·수유자 간 연대납세

〈개정안 적용 시기〉 이 법 시행 이후 상속이 개시되는 분부터 적용

---

* 사망한 자의 재산을 취득하는 자를 말한다. 수유자는 상속세의 납세의무자가 된다.

3. 상속재산가액에 가산하는 증여재산 범위 합리화(상증법 13)

현 행	개 정 안
□ 상속재산가액에 사전증여재산 가산	□ 상속취득재산 가액에 가산하는 사전증여재산의 범위 합리화
ㅇ (합산대상) 상속개시 전 증여재산가액	ㅇ (좌 동)
- (상속인) 상속개시일 전 10년 이내	- 상속개시일 전 **10**년 이내
- (수유자) 상속개시일 전 5년 이내	
- (기타*) 상속개시일 전 5년 이내 * 상속인·수유자가 아닌 자	- (기타) 합산 대상에서 제외

〈적용 시기〉 이 법 시행 이후 상속이 개시되는 분부터 적용.

〈경과조치〉 이 법 시행 전에 상속인이 아닌 수유자가 피상속인으로부터 재산을 증여받은 후 5년이 경과한 경우 종전 규정에 따라 그 재산을 해당 수유자의 상속취득 재산 가액에 가산하지 아니함.

4. 자녀 등에 대한 인적공제 제도 개편(상증법 §18, §20, §21)

현 행	개 정 안

□ (기초·일괄공제) 피상속인의 전체 상속재산에서 다음의 인적공제액 공제
 	
○ (기초공제) 2억 원
○ (일괄공제) 5억 원
  – (요건) 기초공제와 추가공제의 합계액이 5억 원 미만*
 	
* 단, 배우자 단독상속 시 적용 배제
 	
□ 추가공제
○ (자녀) 1명당 5천만 원
○ (미성년)19세까지연수×1천만 원
○ (장애인)기대여명×1천만 원
○ (연로자)1명당5천만 원
	□ (기본공제) 상속인·수유자의 개별 상속취득 재산에서 다음의 인적공제액 공제
	
	○ 상속인(배우자 제외)
	  – (직계존비속) 5억 원
	  – (기타) 2억 원
	
	○ 상속인이 아닌 수유자*
	  * 상속 포기로 상속받는 후순위 상속인 포함
	
	  – (직계존비속 등*) 5천만 원
	    * 직계존속과 혼인 중인 배우자 등 포함
	
	  – (기타 친족*) 1천만 원
	    * 4촌 이내 혈족 및 3촌 이내 인척
	
	□ 상속인·수유자별 추가공제 적용
	○ 기본공제로 통합
	
	○ (좌 동)

〈개정안 적용 시기〉 이 법 시행 이후 상속이 개시되는 분부터 적용

5. 배우자 상속공제 합리화(상증법 §19)

현 행	개 정 안
□ (공제 방법) 전체 상속세 과세가액에서 배우자 실제 상속금액 공제	□ 배우자의 상속세 과세가액에서 배우자가 상속받은 금액 공제
○ '실제 상속금액'에서 **사전증여재산 제외**(공제 대상에서 배제)	○ '상속받은 금액'에 **사전증여재산 포함**(공제 대상에 포함)
□ (공제 한도) ①·② 중 적은 금액	□ 한도 조정
① 배우자의 법정상속분 상당액 (사전증여 재산분 제외)	① 배우자의 법정상속분 상당액 (사전증여 재산분 포함) − 다만, ①의 금액이 10억 원 미만인 경우 **10억 원 한도 내에서 배우자가 상속받은 금액 공제**
② 30억 원	② (좌 동)
□ (최소공제액) 배우자 상속액이 5억 원 미만인 경우 5억 원 공제	□ 최소공제액 폐지
□ (공제요건) 분할 기한 내 상속재산 분할	□ 미분할 시 공제범위 명확화
○ (분할 기한) 상속세 신고 기한 다음날부터 9개월	
〈신설〉	○ 다만, 상속재산을 분할하지 않은 경우 법정상속분 상당액(10억 원 이내) 공제 ※ (현행) 분할 기한 내 분할하지 않은 경우 5억 원 공제(국세청 통칙)

〈개정안 적용 시기〉 이 법 시행 이후 상속이 개시되는 분부터 적용

유산취득세로 상속세 과세체계 전면 개편에 따른 세법 개정안 내용은 상당히 복잡합니다.

더 많은 법 개정안 내용과 자세한 내용은 기획재정부 홈페이지 또는 저자의 블로그에서 확인하실 수 있습니다.

책 뒤표지 날개에 있는 QR코드를 핸드폰 카메라로 촬영을 하면 블로그 등으로 이동합니다.

◆ 유산취득세로의 전환에 따른 상속세 인적공제 개편안 (요약)

현행

일괄공제	or	기초공제	인적공제
5억 원		2억 원	• 자녀 1인당 5000만 원 • 미성년자 1인당 1000만 원 x 19세까지 잔여연수 • 연로자 1인당 5000만 원 • 장애인 1인당 1000만 원 x 기대여명 연수
+ 배우자 공제			→ 최저: 5억 원(배우자 상속 없어도 공제) → 최대: 법정상속분 또는 30억 원 중 작은 금액

개정이 되는 경우

	기본공제	+ 추가공제
상속인	• 직계존비속 5억 원 ※ 인적공제 최저한으로 10억 원까지 가능 • 직계존비속 외 2억 원	• 미성년자 1인당 1000만 원 x 19세까지 잔여재산 • 연로자 1인당 5000만 원 • 장애인 1인당 1000만 원 x 기대여명 연수
수유자	• 직계존비속 5000만 원 • 기타친족 1000만 원 ※ 4촌 이내 혈족 및 3촌 이내 인척	
+ 배우자 공제	→ 배우자가 받은 상속재산이 10억 원 이하인 경우 법정상속분 관계없이 전액 공제 → 최대: 법정상속분 또는 30억 원 중 작은 금액	

양도소득세 특강문의: dr.song1107@gmail.com

마치며

세법은 수시로 개정이 된다. 책 내용이 마무리가 다 된 시점에서도 세법 개정안이 계속해서 발표되고 있다. 누더기 세법이라는 말이 그냥 나오는 것이 아니다.

또한 반복하여 드리는 말씀이지만, 유권해석은 변하기도 한다. 저자가 작성한 책 내용을 참고하되, 실무 적용 시에는 최신 세법과 최신유권해석을 꼭 확인하시길 바랍니다.

양도박사 송견근과 함께하는
양도소득세 절세 전략

1판 2쇄 발행   2025년 12월 4일

지은이   송견근
펴낸이   정원우
편집총괄   민지현
디자인   홍성권

펴낸곳   어깨 위 망원경
출판등록   2021년 7월 6일 (제2021-00220호)
주소   서울시 강남구 강남대로 118길 24 3층
이메일   book@premiumpublish.com

ISBN   979-11-93200-45-2 (03320)

ⓒ2025, 송견근 All rights reserved.

이 책은 저작권법에 따라 보호받는 저작물이므로 무단전재와 무단복제를 금지하며,
이 책의 내용을 이용하려면 반드시 저작권자와 본사의 서면동의를 받아야 합니다.